2023年度国家社会科学基金项目“四川广元千佛崖摩崖造像北朝洞窟考古调查与研究”（批准编号：23BKG027）的阶段性成果

2023年财政支持历史文化遗产保护利用重大工程文物保护重点项目

广元石窟考古报告系列

广元千佛崖莲花洞考古报告

广元石窟研究所
四川石窟寺保护研究院
西南民族大学
四川大学考古文博学院
编著

科学出版社
北京

内 容 简 介

本书是"广元石窟考古报告系列"的首部成果，书中全面系统地记录了广元千佛崖摩崖造像莲花洞（第535号窟）的基本概况，正壁、北壁、南壁三大龛造像，以及补凿的99个小龛的相对位置、时代、龛形、保存状况、造像内容、装彩等情况，对洞窟内早期遗迹进行了辨识，从而推断莲花洞开凿于北魏晚期、改凿于唐武周时期。

本书可供考古学、宗教学及美术史等领域的专家学者以及大专院校相关专业师生参考、阅读。

图书在版编目（CIP）数据

广元千佛崖莲花洞考古报告 / 广元石窟研究所等编著. -- 北京：科学出版社，2025. 5. -- ISBN 978-7-03-081986-4

Ⅰ. K879.35

中国国家版本馆CIP数据核字第2025915UU3号

责任编辑：柴丽丽 / 责任校对：邹慧卿

责任印制：肖 兴 / 封面设计：美光设计

科学出版社 出版

北京东黄城根北街 16 号

邮政编码：100717

http://www.sciencep.com

北京汇瑞嘉合文化发展有限公司印刷

科学出版社发行 各地新华书店经销

2025年5月第 一 版 开本：889 × 1194 1/16

2025年5月第一次印刷 印张：12 3/4 插页：82

字数：600 000

定价：328.00元

《广元千佛崖莲花洞考古报告》编辑委员会

《广元千佛崖莲花洞考古报告》编纂工作组

调查记录　王剑平　雷玉华　张　亮　王　婷　舒灵扬　李　凯

模型构建　舒灵扬　侯文嫣　屈傲雪

线图绘制　侯文嫣

图版拍摄　杨　星　杨　潇　何睿琦　刘　蕊

报告编写　舒灵扬　张　亮　杨　星　刘　蕊

报告统稿　舒灵扬

报告校对　舒灵扬　刘　蕊　杨　星

报告审定　王剑平　雷玉华

凡 例

1.《广元千佛崖莲花洞考古报告》洞窟编号采用2000年以来考古调查所形成的窟龛编号，即按照千佛崖崖壁自北向南依次编号，将莲花洞编为第535窟。莲花洞窟内除三壁大龛外，小龛亦按照所属壁面自北向南、自上而下依次编为535-1龛至535-99龛，编号采用“窟号-阿拉伯数字”的方式表示，如“535-1龛”表示第535窟第1龛。

2. 本考古报告关于洞窟壁面的划分，以窟口所在壁面为“前壁”，正对窟口之壁面为“正壁”，正壁之南北为“北壁”和“南壁”。窟内小龛之壁面，以龛内造像或主尊之左右为“左壁”和“右壁”。

3. 本考古报告之前后、上下、左右均指窟龛内正壁主尊或描述对象自身之左右。“宽”为窟南北壁或龛左右壁之间的长度，“高”为窟龛顶最高点至窟龛底平面之间的距离，“深”为窟龛前后壁之间的距离。

4. 本考古报告洞窟按照窟顶、地面、正壁、北壁、南壁的顺序描述。窟龛描述顺序按照主尊至胁侍、自内侧向外侧、由上至下依次描述。窟龛及造像描述按照龛形、保存状况、造像内容、装修等内容分点描述。

5. 本考古报告碑刻题记将竖排改为横排，“/”表示提行，“□”表示一字磨灭不清，“……”表示多字磨灭不清。依古代书写行文习惯，题记录文之“左”“右”为面向题记所在壁面的书写、阅读者之左右。

6. 本考古报告以“厘米”作为洞窟、造像测量单位，小龛记录高、宽、深、龛向，造像记录像高、像肩宽、座高，部分龛窟造像因残损不存有数据不全的情况。

前　言

一

这本报告是三代人的心愿。

2000年夏天，我们对广元千佛崖摩崖造像开始调查时，北京大学马世长、李崇峰两位教授便提出要按照考古报告规范的要求开展工作。时任北京大学考古文博学院副院长的孙华先生促成了这次调查。对石窟寺知之甚少的我们以为能够完成许多石窟寺考古报告，川北只是开始，而广元只是川北的一部分。

雄心勃勃的我们在北京大学老师们的指导下，成都市文物考古研究所、巴中市文物管理所、广元市文物管理所的支持下，开启了考古工作。我和当时北京大学的博士生姚崇新先生从巴中开始，简单了解巴中石窟的情况后，他前往广元与王剑平汇合，全面调查广元地区，我则留在巴中与程崇勋先生全面调查巴中地区。半年后，我又前往广元千佛崖与他俩汇合。二十五年过去了，我们的调查仅是在多年之后出版了几处石窟的内容总录，调查成果使我和姚崇新先生各自完成了自己的博士论文。调查过程中，也逐渐明白，对于川北石窟的考古报告，我们其实已经无能为力，其中最大的拦路虎就是绘图。

几年之后，三维扫描技术开始在石窟寺绘图中应用，我们又看到了希望，又开始了各种尝试。很快就发现靠机器绘制不出合格的考古线图，最主要的原因是买不起机器，也支付不起屡败屡试的成本。请有机器的公司来绘制也不容易，对基层文物单位来说费用昂贵，而且跨专业的磨合甚为艰难。十几年的折腾，最终没有绘制出合格的石窟寺考古线图。

幸运的是，随着社会经济的发展，国家进一步加强了对文化遗产保护利用的力度，同时绘图技术也有了极大提高，并因2021年以来国家文物局的两次石窟寺考古培训班而得到普及应用，我们这本报告也最终得以完成。虽然倡导完成石窟寺考古报告的北京大学教授宿白先生于2018年离开了我们，教导我们如何做好石窟寺考古报告田野记录的马世长老师也早已仙去，但四川石窟寺考古报告能够在我们及后来的年轻人手中逐渐完成，他们也一定很欣慰。

二

报告历时越二十年。

2021年全国石窟寺专项调查显示，川渝石窟寺（含摩崖造像）合计达2850处，正在进行的第四次全国文物普查将会更新这一数据。数量众多、点位分散、延续时间长是其最大特点。研究川渝石窟从何入手，是初入川渝石窟研究领域者遇到的第一个问题。从考古学的角度，当然是全面梳理资料，可是资料都没有做过，如何梳理？

20世纪80年代，四川省社会科学院的胡文和先生、中国社会科学院的丁明夷先生都曾试图全面调查川渝石窟，刊布基础资料。他们以个人之力或带领团队开启了调查，都曾力争做到全面。虽然由于点太多、数量太大、交通太难、好多点位崖面太高等各种因素最终难以完成，但是他们为学界打开了川渝石窟寺研究的大门，也为四川石窟寺研究留下了第一批田野调查基础资料，培养了石窟寺基层管理单位的文物工作者，带动了四川基层文物管理部门对石窟寺的调查、编号和建档等最基础的工作，推动了四川石窟寺基础资料的刊布和内容题材的研究。

1988年、1995年北京大学在山西云冈石窟、新疆克孜尔石窟先后举办了第一期和第二期石窟寺考古培训班（分别被称为云冈班和新疆班），为基层石窟寺单位培养石窟寺考古及保护的专业人才。这批学员均来自基层石窟寺保护管理单位，人数虽然不多，但覆盖面广，全国许多重要石窟寺点位管理单位都有人员参加。当时四川的广元市文物管理所（今广元石窟研究所前身）、巴中市文物管理所（今巴中市文物保护研究中心、巴中石窟研究中心前身）、重庆大足石刻艺术博物馆（大足石刻研究院前身）等单位有了第一批经过专门培训的石窟寺考古与保护的专业人才。培训班第一期的四川学员李良、程崇勋，第二期的四川学员何汇、蒋思维、刘贤高等后来都成了川渝地区文博领域石窟寺的主要研究者和保护工程参与者。

2000年，北京大学考古文博学院、成都市文物考古研究所与广元市文物管理所、巴中市文物管理所合作开启的新一轮川北石窟寺考古调查是丁明夷先生他们工作的延续，但工作思路和方法有了调整：一是我们确定了从石窟由中原进入川渝地区的主要区域——川北地区的广元和巴中入手，全面调查。二是在丁明夷先生团队留下的调查登记表基础上，马世长老师给我们提出了新的要求，特别是要求我们观察、记录“后代遗迹”“窟龛之间的崖面关系”，使我们的观察、记录与此前的调查资料仅关注内容题材有了较大的不同，也是我个人观察石窟寺历史保护性设施的开始，开启了四川石窟考古与石窟寺保护工程最早的关联。三是北京大学孙华教授根据实际情况，确定了四川石窟寺考古大系的三种成果序列：考古报告系列、内容总录系列、通俗读物系列，使我们的工作目标非常明确。

2000年5月，我们先是在巴中南龛用竹子搭了简易的脚手架，准备测图；记录则用两架27步竹梯。两个绘图技工，只要天一亮就爬上架子，半年只画了6个龛，文字记录40多天才初步完成。8月，又开始在广元千佛崖用钢管搭脚手架，钱不够租钢管，也请不了许多工人。守门的祝师父一个人给我们搭架，架子几十米高，只有一块木板宽，搭好一小段，编号与记录完成后马上拆下来继续向前搭，没有空间、没有人，也没有时间画图，架子还有些晃晃悠悠的，我们就这样勉强做完了记录。所以千佛崖的编号顺序至今是一段从上至下，一段又从下至上，看起来并不科学，这是我们当时工作状况的反映。为了减少错误，编号自始至终由王剑平一个人完成，姚崇新完成了大部分记录。我则主要记录那些有路可达、架子低处、有安全落脚点的龛像。

2000年冬季，在完成了巴中南龛、广元千佛崖和观音岩的记录工作后，北京大学与四川省文物管理局在广元举办了为期一周的石窟寺考古短期培训班，全川有石窟寺和摩崖造像的市县几乎都有学员参加。四川省全方位开启了基层石窟寺考古和管理专业人才的培训工作。2001年夏季至2002年春季，四川省文物管理局又与北京大学合作举办了延续云冈班、新疆班的第三期石窟寺考古培训班，这次培训班被称为四川班。授课地点在广元和成都大邑，实习在广元千佛崖和安岳圆觉洞。

在几年的川北石窟寺考古工作中，我们发现，由于受人员、经费、技术（主要是考古绘图难以解决）等条件的限制，短时间内考古报告恐难完成。于是我们调整为内容总录的形式，在全面、系统的考古报告出来之前，人们能够有比较准确、较为系统、较为详细的资料进行研究。因此，第一本《巴中石窟内容总录》除了描述对象的相对位置关系，对每一窟、每一龛中的每一尊造像也进行了详细描述，还增加了后代遗迹等内容，并刊发所能看到的各类题记；每个窟（龛）至少要配一张照片，以便研究者核对或日后去现场校勘。为了方便阅读并节约出版经费，出版时均用黑白照片，图随文走。总录整理过程中，我们按计划出版了《广元石窟》《巴中石窟》两本通俗读物，同时，也形成了一些初步研究成果，带动了一批年轻人参与其中。之后广元皇泽寺、千佛崖等重要点位的内容总录也相继出版，但考古报告没能完成。

2018年，我调到西南民族大学工作。2020年，西南民族大学与四川省文物考古研究院受中国文化遗产研究院委托，联合广元千佛崖石刻艺术博物馆对“十四五”期间立项的川渝石窟保护示范项目“广元莲花洞造像保护修复项目”进行考古专项调查和评估。工作过程中，我们观察到了许多新的遗迹现象，对《广元石窟内容总录·千佛崖卷》中莲花洞的年代等问题进行了修正。之后四川大学团队加入到合作中来。2021年，北京大学再次在洛阳举办石窟寺考古培训班，新技术在石窟寺绘图中的应用取得突破性进展，更多观察、测绘的理念和技术推动了石窟寺保护与研究工作一体化进行，新一代年轻人对新技术的应用如鱼得水，他们重新绘制了莲花洞内全部龛像图，梳理了全部调查资料、工程档案，按照国家文物局新颁布的《石窟寺考古报告编写体例指南》重新整理、补充，形成了这本报告。

三

莲花洞是蜀道上最早、打破关系最复杂的洞窟。

川渝地区的佛教艺术萌芽于汉代，最早的石窟开凿于蜀道古金牛道旁的广元千佛崖和皇泽寺，它们从中原地区传入，是佛教中国化、地方化最好的诠释。

莲花洞位于广元城北嘉陵江畔金牛道旁，是北魏占领广元时期开凿的。洞窟保持了北魏龙门石窟的基本特点，穹隆顶，有少许前壁，窟顶有朵硕大的莲花，与龙门莲花洞一样，其也因此被称为“莲花洞”。窟内立有三尊大像，大像前面有宽广的空间，可以被称为“石窟寺”。其左右两侧有第726窟和第226窟两个同期的北朝洞窟，分别被称为“大佛窟”和“三圣堂”，它们与莲花洞是千佛崖蜀道上最早的三个洞窟。位于千佛崖下游城西皇泽寺的第15窟等与它们同时。

从石窟所在位置观察，千佛崖的第226窟为三壁三龛式，虽有窟形，但其内部空间较小，不能满足“寺”的全部功能，已经不能称作“寺”了。第726窟与第535窟两个洞窟大致并列，洞窟内有足够的活动空间，是同等级的北朝“石窟寺”。千佛崖第726窟为大像窟，造一佛二菩萨三尊大像，后期改造相对较少。第535号窟（莲花洞）在唐代武周时期造像被改刻、空间被拓展，以至于长期以来被误认为是唐代石窟，窟内关系复杂；同时，它也是广元千佛崖本体保护工程的试点洞窟，保护工程开展过程中的考古学观察与记录更完善。因此，我们选择了莲花洞作为广元千佛崖考古报告的开始。

这是广元石窟的第一本考古报告，也是对国家文物局《中国石窟寺考古中长期计划（2021—2035年）》《石窟寺考古报告编写体例指南》的贯彻落实。由于没有地下考古发掘资料，虽然与“全要素”考古还有距离，但在编写过程中，我们尽量将其置于中国南方石窟的时空关系中来认识相关问题，尽量在现有条件下进行“全要素”记录。随着工作的进展，只有像莲花洞一样的更多点位的考古资料陆续刊布，“全要素”认识、解读中国南方石窟寺才能够逐步实现。

雷玉华

2025年3月10日于成都

目　　录

插图目录

图版目录

第一章　绪　　论

一、地理环境与历史

（一）地理位置与地貌特征

广元市，北与甘肃省、陕西省交界，南与南充市为邻，西与绵阳市相连，东与巴中市接壤，素有“蜀北重镇，川北门户”之称。

千佛崖摩崖造像位于广元市城北5千米嘉陵江畔，地处四川盆地北部边缘山地向盆地过渡地带。在大地构造上位于扬子地台西缘北段，龙门山造山带和前陆盆地区，东侧与大巴山造山带及其前陆盆地相邻。亚热带湿润季风气候，地理坐标为东经105°85′、北纬32°47′。

（二）历史沿革与选址特点

市郊张家坡、邓家坪和朝天区中子镇营盘梁的考古发掘证实旧石器时代末广元境内已有先民栖居生息。西周时，巴、蜀、苴、氐先民在嘉陵江、白龙江台地上建立奴隶制式国家“鄁”。春秋战国时，为蜀王领地。开明氏蜀王第九世尚，“别封其弟于汉中，号苴侯”。以葭萌（今昭化镇）为都邑。公元前316年，因“苴蜀相攻击”，秦惠文王趁机伐蜀并苴，在苴侯都邑（今昭化）设葭萌县。两汉时县名沿袭未变，蜀汉刘备改为汉寿县。西晋改为晋寿县。东晋太元十五年（390年）析县境东北置兴安县（治今老城区），又置晋寿郡，改晋寿县为益昌县，郡、县同治今昭化镇。南北朝时，南齐明帝永泰元年（498年）在兴安县置东晋寿郡。北魏又改为西益州。梁改为黎州。西魏改为利州，并置利州总管府。北周沿袭未变。隋改兴安县为绵谷县，改利州为义城郡，仍置总管府。唐复改义城郡为利州，辖利、龙、始、蓬、静、沙六州；继升为都督府，辖利、隆、始、静、西、龙六州。五代基本沿袭唐制，今广元老城区为县、州、府、军治地。宋代，绵谷县治初为利州益川郡、昭武军治地，继为利州都督府益川郡，宁武军节度。元代，初在绵谷县置都元帅府，继从京兆（今咸阳）移陕西、四川行中书省于利州。至元时，取《易经》“大哉乾元”与元朝德威广播、疆土广大之意，改绵谷县为广元县，改利州路为广元路，辖绵谷（广元）、昭化两县，保宁一府，剑、龙、巴、沔四州，后升广元县为广元府。明代，初为广元府，继改为州，再降为县。清代、民国皆沿明制。1986年广元撤县建市[①]。

千佛崖摩崖造像的雕凿与经崖前而过的金牛古蜀道密切相关，尤其是唐宋时期利州益昌郡、绵谷县、益昌县、三泉县等一州郡、三县的建置，嘉陵河谷逐渐代替白水河谷成为金牛道北段社会经济和军事政治的中心，金牛道线路从白水河改道顺嘉陵江南下，经金牛驿至阳平关后，沿嘉陵江岸至朝天驿，过广元、入剑门直至成都，千佛崖是当时关中入蜀之必经之地[②]。

二、千佛崖摩崖造像基本情况

广元千佛崖摩崖造像位于广元市城北5千米的嘉陵江东岸，唐代称作柏堂寺，五代、两宋时期一直沿用，元代开始改称“千佛崖”，1961年3月被列入第一批全国重点文物保护单位（图一；图版一）。

（一）龛窟规模与分布

千佛崖龛窟分布的崖面最北端至最南端全长约295米，最高龛窟窟顶距最低龛窟窟底约58米，龛窟分布区崖下路面与水平方向夹角约2.5°，方向为北偏东53°，由南向北逐渐升高。崖前为原川陕公路旧址，经2009年考古发掘后部分路段呈现出金牛古道的原貌（图版二，1）。

（二）窟龛数量与编号

1989年，广元市文物管理所[③]对千佛崖的主要龛窟进行了编号，大多数龛窟未被编记在册。2000年，调查人员对龛窟进行了全面普查，进行了编号。编号次序自北端开始，由北向南进行，共编号848龛（其中619号龛为误标，实为崖面自然裂隙）。在2011年千佛崖石窟灾害治理及重点龛窟保护修复工程中，工作人员又对未编号龛窟进行了补标，新编龛窟113座。全崖现存大小龛窟共编号961座，实为960座龛窟（其中619号龛为误标）[④]（图版二，2）。

① 广元市档案馆.广元历史文化概况介绍［EB/OL］.（2012-10-10）［2024-8-2］. http://www.gysdag.cn/New/Detail/33039744cafa4935988c8d286db5b8f2.html.

② 邓阿莲. 蜀道金牛道北段改线的地理背景与考古学证据［J］. 四川文物，2023，（6）：95-111.

③ 广元石窟研究所前身。

④ 北京国文琰信息技术有限公司. 广元千佛崖摩崖造像壁画数字化勘查测绘报告［R］. 2016.

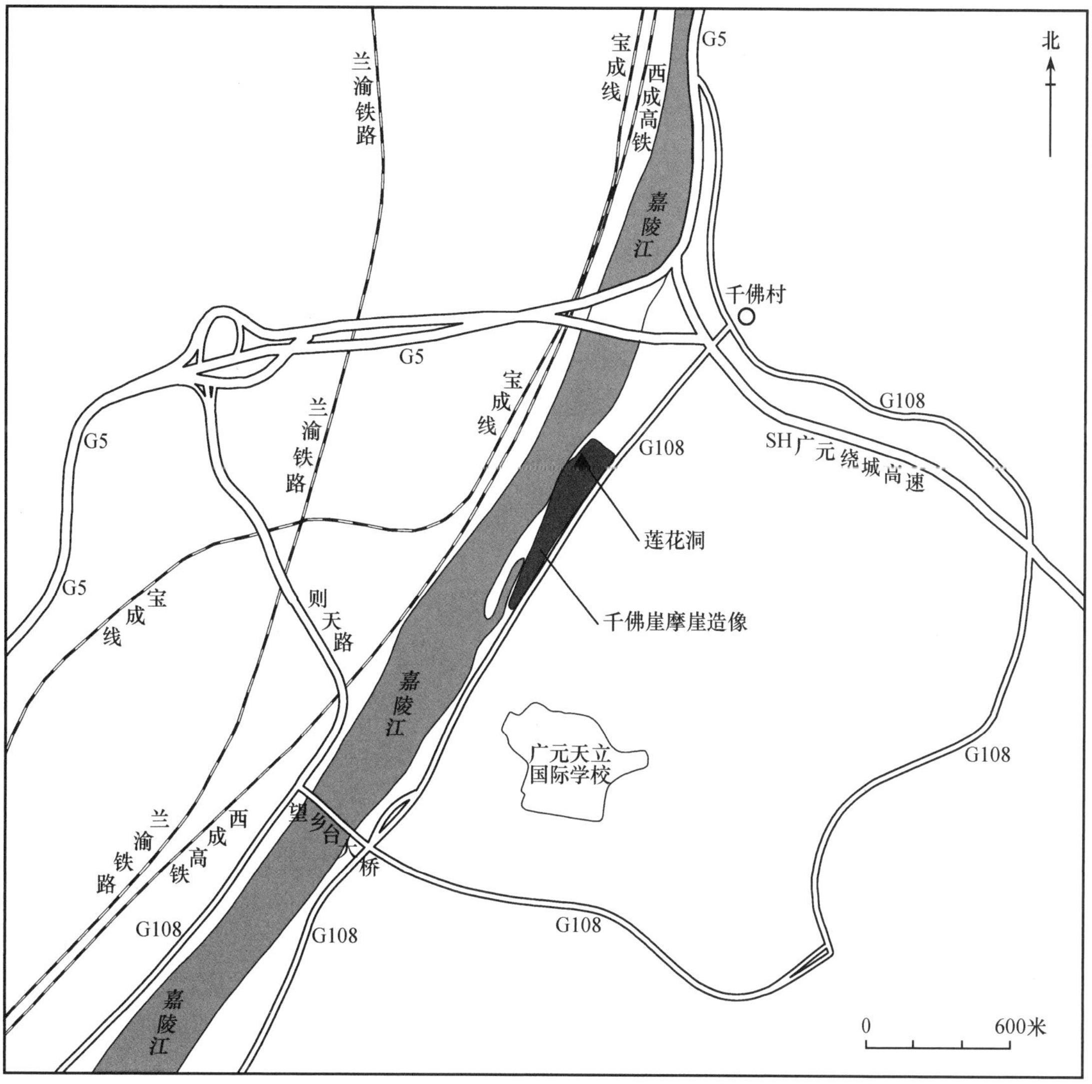

图一 第535窟位置示意图

三、千佛崖水文地质概况

千佛崖地貌单元属四川盆地北部边缘弧形褶皱构造剥蚀单斜低山地貌区，山体为典型的长梁状单斜丘陵。场地地势起伏大，地形东高西低、北高南低，东侧崖壁陡峭、直立，区内制高点位于岩背上，海拔622.5米，最低点位于嘉陵江畔，海拔480米，西侧紧邻陡坡、陡坎，坡度45°—65°；场地中央为狭窄带状台地地形。千佛崖处于嘉陵江上游，嘉陵江紧临千佛崖西侧呈新月形展布，其年均径流量为204.9亿立方米。

四川千佛崖摩崖造像分布区域地层出露单一，为侏罗系千佛崖统泥质砂岩。原岩为绿灰色，风化层为褐灰色；斜层理发育，局部可见状层理。岩层产状210-240°＜23-29°，石窟层厚＞40米[①]。

① 宗静婷. 广元千佛崖摩崖石质文物保护的环境地质问题研究［D］. 西北大学博士学位论文，2011.

四、千佛崖调查研究和保护修缮史

针对千佛崖摩崖造像的调查研究，最早始于19世纪末20世纪初，此后陆续有中外学者关注到这一四川境内规模最大的摩崖造像群。以新中国的建立为分界，又可划分为两个阶段。新中国成立前，学者主要以影像拍摄为主并附简要介绍，对千佛崖摩崖造像的开凿时间做了推论。新中国成立后，千佛崖摩崖造像逐渐受到国内专家学者的关注，相关科研院校相继对千佛崖摩崖造像开展了调查与研究，并取得了诸多成果。20世纪80年代起，千佛崖摩崖造像实施了一系列培修保护工程，有效解决了文物安全险情。21世纪以来，全面性调查、预防性保护和系统性研究持续展开，千佛崖摩崖造像保护研究利用事业翻开崭新的篇章。

（一）19世纪末至20世纪中叶（1890—1941年）的调查情况

19世纪末20世纪初，国外探险家开始进入中国，开展考察活动，掀开了广元石窟考察的序幕，最早对广元石窟表现出兴趣的是日本学者。

1893年7月，东京美术学院校长冈仓天心按日本宫内厅的要求，以帝国博物馆理事的身份开始了他的第一次中国之行，目的是对中国美术进行考察①。10月底，冈仓天心一行考察了千佛崖摩崖造像并拍摄了照片。从刊布的资料看，其拍摄了崖壁核心区北段第251龛及周边造像，崖壁核心区中、南段局部以及因地震掉落的散件造像②。这组照片反映了第251龛及周边造像，千佛崖摩崖造像中、南段的整体保存状况，可见当时千佛崖摩崖造像南段分布有较多龛像及摩崖题刻，其中不乏大型窟龛。

1902年3月，在东京美术学院兼职任教的伊东忠太受校长冈仓天心的影响来华考察③。同年10月，伊东忠太经陕西汉中到达四川广元，随即考察了千佛崖、皇泽寺摩崖造像，手绘了千佛

---

① 冈仓天心（1863—1913），日本明治维新时期著名的美术家、思想家、美术批评家和教育家。日本首个官立美术学校——东京美术学校（现东京艺术大学）的创立者，代表作有《东洋的理想》《东洋的觉醒》《日本的觉醒》《茶之书》等。1904—1913年，冈仓天心任美国波士顿美术馆中国·日本美术部部长。1893—1912年间，先后五次到访中国，除第一次到访为学术考察外，之后均为收购中国艺术品，以充美国波士顿美术馆之展陈，详见蔡春华.东西方文化冲突下的亚洲言说：冈仓天心研究［M］.北京：人民出版社，2017：4、87-89，村田雄二郎.冈仓天心的中国南北异同论［J］.华东师范大学学报（哲学社会科学版），2015，47（4）：11-18.

② 〔日〕大村西崖.中国雕塑史［M］.范建明，译.北京：中国画报出版社，2020：14、21、813注7、821-822.

③ 伊东忠太（1867—1954），日本建筑学科创始者、东亚建筑研究先驱、著名建筑史学家，有“工学泰斗”“建筑巨人”之称。代表作有《中国建筑史》《中国建筑装饰》《东洋建筑之研究》等。1901—1920年，伊东忠太先后六次来华开展建筑考古调查，尤以1902—1904年第二次来华考察最为重要，其足迹遍及北京、天津、河北、山西、河南、陕西、四川、湖北、湖南、贵州和云南等十余省市，不仅考察各地建筑，亦关注各地石窟及佛教圣地，详见〔日〕伊东忠太.中国纪行——伊东忠太建筑学考察笔记［M］.薛雅明，王铁钧，译.北京：中国画报出版社，2017：编者序Ⅲ-Ⅴ.另见郑彤彤.伊东忠太与中国建筑的起源［D］.兰州大学，2018：2.

崖摩崖造像第726窟（大佛窟）左侧菩萨局部、第214窟外经幢及塔以及皇泽寺摩崖造像第28窟（大佛窟）两尊天众、第45窟（中心柱窟）中心柱，并拍摄了一张千佛崖213、214窟外经幢及塔的照片。伊东忠太认为“千佛崖佛刻不乏唐代以后艺术风格与雕刻手法”，“皇泽寺建筑，与之前所见千佛崖及龙门同，俱呈典型唐代风格”，并且伊东忠太敏锐地察觉到皇泽寺摩崖造像中“佛祖龛”（今第45窟）北魏艺术风格明显①。

1909年7月至1912年6月，在东京美术学院学习的福田眉仙遵照校长冈仓天心的建议，前往中国进行绘画锻炼②。在华游历期间，福田眉仙前往千佛崖摩崖造像进行写生，手绘了第366窟（菩提瑞像窟）和第211龛（苏颋龛）③。

1914年，在东京美术学院任教的大村西崖出版《中国美术史·雕塑篇》一书④。此书出版之时，大村西崖尚未到访过中国，但其倾心中国文化日久，搜访文献遗品颇多，终成“斯道研究之津梁”。书中所涉千佛崖、皇泽寺摩崖造像之资料，依照寓居京都的中国学者罗振玉借览之题记拓片，结合文献收录千佛崖摩崖造像题记十四种（含皇泽寺摩崖造像第13窟题记一则），并使用了师长冈仓天心、学友福田眉仙传赠之照片及手稿⑤。

1939—1941年，常盘大定和关野贞共同编撰的《中国文化史迹》陆续出版⑥。书中收录了二人历年来华调查所拍摄的照片与拓片。书中所涉千佛崖、皇泽寺摩崖造像之资料，使用了前文所述的冈仓天心所拍摄千佛崖照片（图版一四五），伊东忠太所拍摄千佛崖213、214窟外经幢及塔的照片，以及一张拍摄者不明的窟龛照片（今已不存）资料。此外，常盘大定结合《广元县志》《元和郡县志》等资料做了相应解说⑦。

稍晚于日本学者，德国和法国学者也对广元石窟开展调查研究。

---

① 〔日〕伊东忠太. 中国纪行——伊东忠太建筑学考察笔记［M］. 薛雅明，王铁钧，译. 北京：中国画报出版社，2017：148-150.

② 福田眉仙（1875—1963），日本画家，1899年进入冈仓天心创立的日本美术学院学习。代表作有《中国大观》《中国三十图卷》等，详见〔日〕山脇佐江子. 福田眉仙—近代日本画発展のかけで［J］. 姬路市美术馆研究纪要，2007，8：1-12.

③ 〔日〕大村西崖. 中国雕塑史［M］.范建明，译. 北京：中国画报出版社，2020：16，813注7、8，823.

④ 大村西崖（1868—1927），日本美术史学者、美术评论家。曾任母校东京美术学校教授，讲授美术、雕刻、美学、考古学、东洋史、东洋美术史等课程。后任帝室博物馆雕刻科主任。代表作有《中国美术史·雕塑篇》（今名《中国雕塑史》）《中国绘画小史》《密教发达志》《东洋美术史》（五卷）等. 1921—1926年，大村西崖先后五次来华开展美术考察，热衷于中日美术学术交流，详见〔日〕大村西崖. 中国雕塑史［M］. 范建明，译. 北京：中国画报出版社，2020：主编序3-4.

⑤ 〔日〕大村西崖. 中国雕塑史［M］. 范建明，译. 北京：中国画报出版社，2020：14-16.

⑥ 常盘大定（1870—1945），日本佛教学者、日本古建筑学家。1898年毕业于东京帝国大学。1917—1929年曾五次来华实地考察佛教遗迹，搜集大量佛、道、儒资料。代表作有《佛性的研究》《中国佛教的研究》《中国佛教史迹踏查记》等。关野贞（1868—1935），日本东洋建筑史学者，1895年毕业于东京帝国大学，1902年以后调查研究朝鲜半岛、中国的建筑。代表作有《平城京及大内里考》《辽金时代的建筑及其佛像》等，详见〔日〕常盘大定，关野贞. 中国文化史迹（一）［M］. 复旦大学文史研究院编. 上海：上海辞书出版社，2018：1.

⑦ 〔日〕常盘大定，关野贞. 中国文化史迹（一）［M］. 复旦大学文史研究院编. 上海：上海辞书出版社，2018：解说X-1.

1906—1909年，德国学者恩斯特·伯施曼在德国皇家基金会的赞助下，对当时中国各省的古建筑进行了较为专业和先进的田野调查，目的是考查中国建筑及其与中国文化的关系[①]。1908年7月，恩斯特·伯施曼到达广元，考察了千佛崖、皇泽寺摩崖造像，并拍摄了千佛崖摩崖造像核心区北段局部（图版一四六，1）、第535窟（莲花洞）全景（图版一四六，2），以及皇泽寺摩崖造像全景、第28窟及周边窟龛[②]。目前所见最早关于千佛崖摩崖造像核心区北段及第535窟的影像资料便是由其拍摄，这些影像资料对我们了解1935年修建川陕公路前第535窟的整体原貌具有极为重要的价值。

1914年2月，维克多·谢阁兰（或译为“色伽兰”）在法兰西铭文与美文学术院、法国公共教育部等机构的资助下开始了他的第二次中国考察之行[③]。较之于1909年第一次考察中国“异国情调”之旅，这次考察将重点放在了四川省古物调查，“缘川省之古物，世所鲜知，故此次考察之地，务求其广”[④]。考察团由谢阁兰、奥古斯都·吉尔贝·德·瓦赞和吉恩·拉尔蒂格三人组成[⑤]。3月29—30日，考察团一行考察了飞仙寺、千佛崖和皇泽寺，测量了皇泽寺、千佛崖石窟和造像的尺寸，拍摄了一组皇泽寺码头、外景和远眺的照片，皇泽寺第28窟左侧菩萨像、第45窟照片，以及千佛崖摩崖造像全景图（图版一四七）、第512窟（大云古洞）左壁前碑刻、第747龛及龛内北侧天龙八部特写和两龛今已不存的造像的照片[⑥]。此外，谢阁兰对千佛崖、皇泽寺两处摩崖造像的开凿年代进行了讨论，认为千佛崖摩崖造像开凿于公元722年，皇泽寺摩崖造像“据武后碑文，此寺诸佛龛之开凿在7世纪末”[⑦]。

---

① 恩斯特·伯施曼（Ernst Boerschmann，1873—1949），德国汉学家、中国建筑学家。多次来华考察中国建筑艺术，足迹遍布中国十四个省，收集拍摄了大量照片，并对中国古代建筑进行了实测工作。代表作有《中国的建筑艺术和宗教文化》《中国的建筑与景观（1906—1909年）》《中国建筑》《中国建筑陶器》等，详见吴悦茜. 20世纪以来德国汉学家的中国情结——以卫礼贤、鲍希曼、顾彬为研究对象［J］.外国语言文学，2024，41（1）：113-121+136.

② 恩斯特·伯施曼. 中国的建筑与景观（1906—1909年）［M］. 段芸，译. 北京：中国建筑工业出版社，2010：111-114.

③ 维克多·谢阁兰（Victor Segalen，1878—1919），法国著名诗人、作家、汉学家和考古学家。三次来华考察陕、川两省汉唐陵墓、石雕与佛教造像，测量数据，绘图，制作拓片、照片，进行图像与风格的考察与记录研究。代表作有《中国，伟大的雕塑艺术》《汉代墓葬艺术》等，详见别致. 谢阁兰、瓦赞、拉尔蒂格1914年在华考古行动考述［J］. 中山大学学报（社会科学版），2022，62（6）：135-146.

④ 〔法〕色伽兰，郭鲁柏. 中国西部考古记 西域考古记举要［M］. 冯承钧，译. 郑州：中州古籍出版社，2017：2.

⑤ 奥古斯都·吉尔贝·德·瓦赞（Augusto Gilbert de Voisins，1877—1939）为谢阁兰前两次在华探索、考察之旅的主要赞助人。家产颇丰，后移居巴黎，专注写作、收藏和旅游。吉恩·拉尔蒂格（Jean Lartigue，1886—1940）毕业于海军学校，军事测绘经验丰富，并因表现出色被都大号（Doudart de Lagrée）舰长推荐给法国海军水文测绘处，详见别致. 谢阁兰、瓦赞、拉尔蒂格1914年在华考古行动考述［J］. 中山大学学报（社会科学版），2022，62（6）：135-146. DOI:10. 13471/j. cnki. jsysusse. 2022. 06. 017.

⑥ 〔法〕谢阁兰. 中华考古图志［M］. 赵省伟主编. 刘雪菲，译. 北京：北京日报出版社，2024：145-152.

⑦ 〔法〕色伽兰，郭鲁柏. 中国西部考古记 西域考古记举要［M］. 冯承钧，译. 郑州：中州古籍出版社，2017：25-27.

（二）20世纪30年代国内学者的调查情况

张大千于1939年、1940年、1943年三次考察千佛崖①。1939年，张大千与张目寒、黄君璧考察千佛崖、皇泽寺摩崖造像，拍摄了千佛崖北端及崖前公路、千佛崖第535窟、千佛崖第213龛、皇泽寺第28窟、皇泽寺第45窟、皇泽寺武则天真容像等照片，从照片中可以看出当时崖前川陕公路与崖壁的关系以及造像保存的情况（图版一四九；图版一五〇，1）。1940年与1943年的两次考察分别为张大千去往敦煌及返回途中所做。在1943年10月的考察中，张大千对千佛崖摩崖造像的开凿年代进行了判断，提出了千佛崖在开元以前就开凿的结论（图版一五〇，2）。

1939年，营造学社在川康地区的古建石刻调查中，对广元石窟进行了考察②。1939年12月6日，营造学社刘敦桢、梁思成等人考察了皇泽寺摩崖造像，对寺殿建筑、第28窟、45窟等进行记录和拍摄。12月7日，梁思成一行考察了千佛崖摩崖造像，对其地理位置、自然环境、铭文题记等做了记录，对现第726窟、744窟（牟尼阁）以及746窟（睡佛龛）的开凿年代、壁画题材、风格演变做了判断。他们拍摄了千佛崖第535窟（图版一四八）、千佛崖中段崖壁、第726窟菩萨、第746窟经变浮雕、第211窟，以及皇泽寺第28窟、第45窟等的照片③，这些照片资料具有重要研究价值。营造学社调查时听闻千佛崖摩崖造像因修路将被继续破坏的消息，遂向当地政府请求对其进行保护，后续梁思成又致函时任交通部部长的张嘉璈，详述千佛崖摩崖造像现状，并陈明文物保护之重要性④。梁思成的疾呼对千佛崖摩崖造像的保护起到很大的作用，20世纪50年代四川省文物管理委员会调查时拍摄了千佛崖摩崖造像的现状照片（图版一五五），与梁思成所摄的照片相比，路边崖壁并未有更多明显破坏⑤（图版一五一——图版一五四）。

（三）20世纪中叶（1950—1965年）的调查情况

新中国成立后，许多从事美术史和石窟寺研究的国内学者开始注意对广元石窟的研究，并取得了许多成果。

1952年7月1日，宝成铁路（原名天成铁路）开工建设，为配合宝成铁路建设工程，当时的西南文教部立即指令西南博物院筹备处组建“宝成铁路文物古迹保护委员会”。1953年2月24日，“宝成铁路文物古迹保护委员会”成立，“绵广段”铁路沿线调查小组（杨有润、沈仲

① 李永翘. 张大千年谱［M］成都：四川省社会科学院出版社，1987：116、117、128、174.

② 刘敦桢. 刘敦桢全集：第三卷［M］. 北京：中国建筑工业出版社，2007：299-302.

③ 梁思成. 西南建筑图说（一）——四川部分［M］// 梁思成. 梁思成全集：第三卷. 北京：中国建筑工业出版社，2001：206-210.

④ 王方捷. 梁思成函请保护广元千佛崖［J］. 建筑史学刊，2023，4（3）：161-165.

⑤ 王方捷，宋艺. “保存什么，如何保存”——1949—1980年四川文物保护单位遴选与公布工作探析［J］. 中国文化遗产，2023，（6）：80-99.

常和龚廷万）从绵阳出发调查绵阳至广元段铁路施工沿线的文物情况，该小组在广元期间，调查了千佛崖、皇泽寺摩崖造像[①]。后由王家祐结合残存题记，将皇泽寺摩崖造像的开凿年代暂定为唐代，并对第12、13、20、23、24等窟龛的洞窟形制、造像题材等做了简要介绍并拍摄了照片，这次调查是目前所见新中国成立后对千佛崖、皇泽寺摩崖造像开展时间最早的专业考古调查[②]。

1961年起，中国美术研究所（中国艺术研究院前身之一）陆续安排人员对全国石窟寺进行勘察和拍摄[③]，其中史岩和温廷宽前往广元考察了千佛崖摩崖造像。史岩指出，研究千佛崖摩崖造像的开创时代，有助于解决佛教文化艺术如何传入四川以及南北朝佛教雕刻艺术交流互鉴等问题，其通过对千佛崖第726窟和第226窟（三圣堂）两个洞窟的观察并结合题记内容及造像风格纠正了千佛崖摩崖造像创凿时代为开元三年（715年）的舛误[④]。这是学术界第一次明确提出千佛崖摩崖造像中有南北朝时期开凿的造像，并进一步推定其为北朝系统风格且与麦积山石窟风格相近，其观点时至今日也是正确的。稍晚于史岩撰文的温廷宽，除了支持史岩关于千佛崖摩崖造像开凿始于北魏晚期的观点外，更进一步填补了千佛崖创凿于开元前期的文献资料，并着重介绍了千佛崖较为重要的代表唐窟。此外，温廷宽还依据第726窟造像风格及所处位置，辨别出大佛窟造像存在着北朝时期造像的若干特征，肯定了这些早期造像与邻近的麦积山石窟北朝造像之间的密切关系以及其对研究南北朝佛教造像在西部地区传播交流的重要价值[⑤]。前辈学者的开创之功，对后来学者的研究起到了极大的推动作用。

1961—1965年，阎文儒为编写《佛教百科全书》中国石窟寺部分，对全国的石窟寺进行了全面系统的考察[⑥]。1961年1月和1962年7月，阎文儒分别考察了皇泽寺和千佛崖摩崖造像，对皇泽寺、千佛崖摩崖造像的地理位置、历史沿革、窟龛数量和造像风格做了记录，统计了摩崖造像的开凿年代[⑦]。此后，其以此为据进行了讨论，认为这两处石窟因距麦积山石窟较近，受其影响而与麦积山石窟风格类似，并结合千佛崖、皇泽寺摩崖造像中的早期造像与成都万佛寺出土的萧梁造像风格相似的情况，从而推断“北朝艺术的发展较南朝为晚”[⑧]。

除此之外，涉及广元石窟的还有陈明达《略述西南区的古建筑及研究方向》一文，文章是其1940年跟随刘敦桢对西南地区的古建筑进行调查测绘的总结，其中“佛窟”部分简要梳理了千佛崖、皇泽寺摩崖造像的保存现状、造像特点及艺术风格等问题[⑨]。

---

① 龚廷万. 西南博物院宝成铁路文物保护工作记［J］. 长江文明，2011，（2）：46-52.

② 王家祐. 广元皇泽寺及其石刻［J］. 文物参考资料，1956，（5）：57-60.

③ 朱京生. 美术研究所50年（1953-2003）［J］. 美术观察，2004，（1）：25-30.

④ 史岩. 关于广元千佛崖造像的创始时代问题［J］. 文物，1961，（2）：24-26+62.

⑤ 温廷宽. 广元千佛崖简介［J］. 文物，1961，（12）：31-37.

⑥ 《中国大百科全书》第三版网络版：历史学. 文物. 石寺、石刻. 人物. 阎文儒［EB/OL］.（2023-6-7）［2024-8-29］. https://www.zgbk.com/ecph/words?SiteID=1&ID=398071.

⑦ 阎文儒. 中国石窟艺术总论［M］. 天津：天津古籍出版社，1987：42-43.

⑧ 阎文儒. 四川广元千佛崖与皇泽寺［J］. 江汉考古，1990，（3）：87-93.

⑨ 陈明达. 略述西南区的古建筑及研究方向［J］. 文物参考资料，1951，（11）：106-113.

（四）20世纪末（1985—1990年）的调查情况

四川省社会科学院胡文和先生从20世纪80年代中期开始对四川石窟进行全面的调查，其间调查了广元和巴中等川北石窟，他的成果主要见于1994年四川人民出版社出版的《四川道教佛教石窟艺术》一书中。2004年，胡文和撰文对其早年观点进行了修正与完善①。

1989年9—12月，中国社会科学院宗教研究所丁明夷一行人先后对广元、巴中、通江等地的石窟进行了实地调查，丁明夷等人考察了千佛崖、皇泽寺、观音岩、鹤鸣山和环梁子等摩崖造像，对广元石窟进行了较为系统的调查，形成了一系列研究论文②。丁明夷对四川早期佛教发展的背景进行了简述，梳理了与广元、巴中开窟造像活动密切相关的功德主，继而对川北地区石窟寺的年代进行了分期排年，对川北地区流行的造像题材加以剖析，并联合广元市文物管理所对皇泽寺、千佛崖摩崖造像开展了考古调查。邢军对千佛崖摩崖造像中第366、535窟两处密教造像予以关注，对于造像主尊题材、四川密教传入、显密造像结合等问题进行了讨论。罗世平结合千佛崖第366窟中的“菩提像颂碑”，对第366窟的开凿时间及开窟者进行了考证，讨论了洞窟主尊的洞窟形制和组合形式。中国社会科学院宗教研究所此次实地踏查是针对广元石窟开展的第一次系统性考古调查。

（五）21世纪以来研究与保护情况

1. 广元市文物管理所时期

2000—2002年，广元市文物管理所联合北京大学考古文博学院、成都文物考古研究所分阶段对广元石窟的所有窟龛开展全面的调查和整理工作，对皇泽寺、千佛崖、观音岩等摩崖造像进行了编号、记录、测量、照相。此后几年，在此次调查基础上推出了一系列重要的学术成果。

2002年，雷玉华、王剑平等人编撰的《广元石窟》一书出版。书中介绍了广元石窟的概况，对历史沿革和研究状况进行了梳理；记录了千佛崖、皇泽寺的重要窟龛，对各窟龛年代进行了排年；阐释了广元石窟的相关问题，对北朝造像、密教造像、沙门形地藏及人形化天龙八部等问题进行了讨论，并对广元石窟中的题记铭文进行了收录，纠正了过去由于资料不足而产生的谬误，对一些窟像性质和开凿时代提出了与20世纪80年代学者不同的推测。

---

① 胡文和. 广元千佛崖石窟艺术考察研究——中国石窟艺术中的“广元模式”［C］//李振刚. 2004年龙门石窟国际学术研讨会文集. 郑州：河南人民出版社，2006：436-454.

② 研究文章主要有：①马彦，丁明夷. 广元千佛崖石窟调查记［J］. 文物，1990，（6）：1-23+97+99-103. ②马彦，丁明夷. 广元皇泽寺石窟调查记［J］. 文物，1990，（6）：24-29+33+98. ③罗世平. 千佛崖利州毕公及造像年代考［J］. 文物，1990，（6）：34-36. ④邢军. 广元千佛崖初唐密教造像析［J］. 文物，1990，（6）：37-40+53.

2008年和2012年，《广元石窟内容总录·皇泽寺卷》和《广元石窟内容总录·千佛崖卷（上、下）》（下称《总录》）相继出版。《总录》较之于《广元石窟》，增补了极为翔实的内容，全书收录窟龛905个，基本涵盖了千佛崖、皇泽寺的所有窟龛，对各窟龛相对位置、窟龛形制、保存状况等进行了准确记录；对开凿年代、题材内容、后代遗迹等进行了细致辨识。《总录》的出版，第一次较为系统全面地反映了千佛崖、皇泽寺摩崖造像的整体情况，尤其是原则上保证了各窟龛一窟一照，留存了当时窟龛现状，为后续保护研究工作提供了基础资料，具有极为重要的价值与意义。姚崇新以前述考古调查资料为基础完成了博士论文《广元石窟造像的分期与研究》，并发表了一系列学术成果①。对广元石窟基本情况、窟龛分期排年、窟龛形制与造像题材、广元石窟与周边石窟关系及相关具体问题进行了讨论与研究，以川北石窟为突破口，将石窟造像研究纳入佛教社会史视野，将图像、石刻、文献相结合，推进了广元石窟的系统性研究。

2008年“5·12”汶川特大地震后，广元市委市政府整合灾后重建资金，对千佛崖、皇泽寺摩崖造像进行灾后重建工作，将通行于千佛崖前的108国道和皇泽寺前的宝成铁路改由山后穿隧道而行。实施了“公路铁路为文物让路”的文物保护创举，继而对千佛崖摩崖造像开展了一系列文物保护工程。

2011—2016年实施了广元千佛崖摩崖造像灾害治理及重点窟龛保护修复工程，加固了千佛崖摩崖造像赋存岩体，修复了12个重点窟龛及造像，以及拆除了崖壁临时附属建筑，一定程度上解决了当时千佛崖摩崖造像面临的“急难险重”问题。其间，广元市千佛崖石刻艺术博物馆②联合成都文物考古研究所对千佛崖摩崖造像第512窟进行了考古调查，运用考古学方法考察了第512窟与崖壁其他窟龛、窟内造像与现存遗迹的关系，并将第513窟一并纳入考察范围，提出了“它可能由韦抗组织发起，地方官员拥护开凿而成”的观点，推进了千佛崖摩崖造像开凿营建工程的认识③。此外，龚静秋、王洪燕等人对千佛崖摩崖造像前金牛道的发掘情况作了比较详细的记录与整理④。

2. 广元市千佛崖石刻艺术博物馆时期

2017—2019年，广元千佛崖摩崖造像壁画数字化勘察测绘项目实施，该项目对千佛崖摩崖造像崖壁、代表窟龛及造像进行了数字化勘察测绘。该项目建立了文物赋存崖壁、重点窟龛及内部造像三维模型，拍摄了文物赋存崖壁、造像壁画正射影像，绘制了造像及壁画病害分布

---

① 后经修改，以《巴蜀佛教石窟造像初步研究：以川北地区为中心》一书出版，详见姚崇新. 巴蜀佛教石窟造像初步研究：以川北地区为中心［M］. 北京：中华书局，2011.

② 广元石窟研究所前身。

③ 雷玉华，王剑平. 四川广元千佛崖大云古洞（512号窟）的考古学观察——兼及与韦抗窟（513号窟）之关系［C］// 成都考古研究（三）. 北京：科学出版社，2016：374-388.

④ 龚静秋，王洪燕. 千佛崖金牛道遗址发掘记［C］// 中国蜀道学术研讨会论文集. 西安：三秦出版社，2014：483-490.

图，编制了数字化勘察测绘工程成果集，搭建了数字化管理系统，形成了窟龛、造像和壁画等数字化档案。该项目的开展是对千佛崖摩崖造像的一次全方位、多层次的文物保护勘察，特别是建立了文物赋存环境及本体三维模型和正射影像等数字影像，留存了质量极高的文物数字化资料，而作为数字化勘察测绘工程成果之一的《广元千佛崖摩崖造像壁画数字化勘察测绘报告文集》（七卷本），是迄今为止针对千佛崖摩崖造像编制的最为全面的专业勘察报告，分“崖壁”、“重点窟龛”及“附件”三部分，详细准确地记录与比对了文物赋存岩体稳定性及表面硬度、实时微环境、雨水与风力、温湿度、光照度等实时与历时信息，文物赋存环境与本体风险病害勘察成因与分析以及数字化系统建设等内容。

紧随广元千佛崖摩崖造像壁画数字化勘察测绘项目而展开的是广元千佛崖摩崖造像——莲花洞造像保护修复项目（第一阶段），该项目对造像保存微环境、病害类型、劣化原因等进行详细勘察与评估，针对造像现存病害进行实验室和现场详细、系统的保护修复试验及效果评估。随后采用传统技术和现代科学技术相结合的方式，遵循“修旧如旧、不改变文物原状”及可再处理性、稳定性、可识别性的原则，进行了文物赋存岩体剥离和空鼓灌浆加固、裂隙修补、残缺区域修补以及粉化加固；造像彩绘表面清理、颜料层起甲加固以及粉化加固；窟顶莲花彩绘岩石剥离和空鼓灌浆加固。该项目对修复全程进行了记录，编制了30张本体保护施工图，涵盖了窟顶、3个大龛及57个小龛，包含了修复施工位置示意、修复技术手段说明、修复施工面积统计等信息。该项目综合考虑文物的科学保护和考古学的研究价值等因素，极大程度上清除和治理了莲花洞造像及彩绘的现存病害，有效地防止病害进一步发展，延缓了莲花洞造像及彩绘破坏速度，保证在目前保存环境条件下造像及彩绘的安全性和稳定性，最大限度地留存莲花洞所赋存的历史信息。

2019年12月至2020年7月，借由广元千佛崖摩崖造像——莲花洞造像保护修复项目（第一阶段）的开展，千佛崖石刻艺术博物馆与四川大学考古文博学院、西南民族大学、四川省文物考古研究院联合组成调查组对第535窟开展考古调查工作。联合调查组对第535窟内102个大小龛进行了考古学观察与记录，以早年间《总录》内容为底本，充实了窟龛形制、造像题材及保存现状等内容，辨识了窟整体、各窟龛修复前历史遗迹；给予了窟整体、各窟龛修复建议；评估了修复前现状、历史遗迹价值影响以及修复效果。此次考古调查最为重要的成果则是依据正壁中央底部佛坛上存原主尊足下的半圆形浅莲台，正壁单龛上部中央及左、右侧对称位置存北魏造像头光痕迹，南、北壁大龛内侧原造像头光痕以及北壁头光下部的佛坛上方形石坯，并通过与广元地区北魏晚期摩崖造像、邺城北魏第一期谭副造像以及龙门石窟北魏晚期宾阳中洞等造像比对，“推测此窟开凿于北魏后期，武周时期在三壁开了大龛”，并于洞窟前壁新发现一龛武周时期开凿的造像及题记。故千佛崖摩崖造像现可认定开凿于北魏时期的窟龛除第226窟和726窟外，新增了第535窟①。

① 张宁，雷玉华，王婷，李凯. 四川广元千佛崖莲花洞考古新发现［J］. 四川文物，2020，（6）：88-95.

3. 广元石窟研究所时期

2023年3月，通过整合广元市千佛崖石刻艺术博物馆和广元市皇泽寺博物馆原有力量，成立了广元石窟研究所。与此同时，国家社会科学基金项目“四川广元千佛崖摩崖造像北朝洞窟考古调查与研究”、四川省文物局文物博物馆领域科研课题“广元千佛崖摩崖造像大佛窟（第726号窟）考古调查与整理”等一批社科课题获批立项，推动了以千佛崖摩崖造像第535窟为代表的北朝窟龛调查研究工作。广元石窟研究所通过与四川大学考古文博学院、西南民族大学和四川省文物考古研究院等高等院校和科研院所的合作，对千佛崖摩崖造像北朝时期窟龛位置、规模、形制组合以及后代改造与利用进行了考古调查与研究。

五、考古报告编写情况

（一）莲花洞考古工作编制背景

2020年7月，广元市千佛崖石刻艺术博物馆联合四川大学、西南民族大学和四川省文物考古研究院对千佛崖莲花洞（第535窟）进行了一次专项调查，工作组对莲花洞整窟及其附属小龛进行了观察与记录。随着广元千佛崖摩崖造像——莲花洞造像保护修复项目（第一阶段）的进场施工，工作组得以近距离观察记录以往难以观察的上部窟龛，取得了一些新的成果，深化了莲花洞开凿年代、前代洞窟造像开凿形式等相关问题的认识。

2020年10月，国务院办公厅印发了《关于加强石窟寺保护利用工作的指导意见》，明确提出“有序开展考古调查、价值阐释、艺术研究和成果普及，2021年底前制定出台石窟寺考古中长期计划，2022年底前确定全国重要石窟寺考古报告编写体例并完成样稿，2035年底前完成全国重要石窟寺考古报告出版。”2021年11月，国家文物局又印发了《中国石窟寺考古中长期计划（2021—2035年）》，将“川渝地区中小型窟龛考古项目”纳入“重点区域石窟寺考古调查发掘项目”，“2025年前完成四川广元、资阳、眉山、内江、成都地区，重庆大足、合川、潼南地区石窟寺综合考古项目。2030年前完成四川广元、巴中、资阳、成都和眉山地区，重庆大足、永川、荣昌地区石窟寺综合考古项目。2025年前完成广元地区《广元石窟考古报告系列》（千佛崖早期—唐代洞窟、皇泽寺、观音岩）。2035年前完成《广元千佛崖石窟考古报告》”。鉴于此，我所立足于近年来所开展的基础性工作，启动了《广元千佛崖莲花洞考古报告》的编制工作。

（二）莲花洞考古工作组织分工

工作组分为考古调查组和报告编写组。考古调查组由广元石窟研究所王剑平、舒灵扬，四川省文物考古研究院（四川石窟寺保护研究院）王婷、李凯，西南民族大学雷玉华，四川大学考古文博学院张亮、李芮等人组成。报告编写组由广元石窟研究所王剑平、舒灵扬、杨星和刘蕊，西南民族大学雷玉华、侯文嫣，四川大学考古文博学院张亮等人组成。四川大学考古文博学院杨潇，北京联合大学应用文理学院曲傲雪等人不同程度地参与到了考古报告编写的各阶段之中，在编写组和参与者的共同努力下，考古报告编写工作得以有条不紊地推进，具体工作如下：

2020年7月，考古调查组对莲花洞进行了实地踏查，结合早年《广元石窟内容总录·千佛崖卷》中的内容对莲花洞进行了考古调查，拍摄了窟顶、三壁、窟内小龛及题记的整体与局部照片，绘制了考古线描图，包含三壁大龛纵剖图、窟顶横剖图和地面横剖图（从主尊胸部处、从主尊腿部处）以及98个窟内小龛的正视图。此外还对包括535号窟在内的部分洞窟题记进行了微痕提取。

2021年，考古调查组多次修改《广元千佛崖莲花洞考古报告》（以下简称《考古报告》）的基础文本及考古线描图，并在国家文物局发布《石窟寺考古报告编写体例指南》（以下简称《指南》）后，按照《指南》要求对《考古报告》的架构进行了调整补充，丰富了《考古报告》的内容与形式。

2022年，考古调查组为保证《考古报告》的质量，对莲花洞内小龛进行了数字影像采集，建立了535-2至535-98号龛的数字化模型，重新绘制了考古线描图，补充了小龛的横剖图和纵剖图，并结合《指南》要求，依照前期文物保护项目相关资料对《考古报告》基础文本中“保护状况”部分进行了补充，对窟龛保护现状进行了判断与描述。

2023年，随着相关资料逐渐完善，广元石窟研究所组织开展了广元千佛崖莲花洞考古调查与整理方案编制工作，并上报广元市文广旅局（广元市文物局）及四川省文物局。2月，《广元千佛崖莲花洞考古调查与整理方案》获批，我所按照批复意见及时组织专业人员修改完善《考古报告》文本草稿，并且新绘制了莲花洞位置示意图、所在崖壁横（纵）剖图、外立面正视图，莲花洞窟内横剖图、窟内三壁纵剖图、顶视图，以及535-99号龛正、剖视图等。同时，结合获批立项的2023年度国家社会科学基金项目课题“四川广元千佛崖摩崖造像北朝洞窟考古调查与研究”，将莲花洞整体纳入广元千佛崖摩崖造像北朝时期石窟寺的考古研究中，推出了部分新的研究成果（图版一五六—图版一六〇）。

《考古报告》编写组由广元石窟研究所、四川大学考古文博学院、西南民族大学旅游与历史学院组成，具体分工如下：

凡例：舒灵扬

绪论：舒灵扬、杨星

遗迹：舒灵扬、杨星、刘蕊、张亮
结语：王剑平、舒灵扬
附录及其他：王剑平、舒灵扬
考古线图绘制：侯文嫣
摄影：杨星、杨潇、何睿琦、刘蕊
统稿：舒灵扬
审定：王剑平、雷玉华

第二章　遗　　迹

一、莲花洞位置与窟外遗迹

（一）位置

莲花洞窟号为第535号，位于千佛崖摩崖造像崖壁的中部最下层，西距路基外的嘉陵江9.9米。洞窟海拔530米，窟口方向330°，南、北距北魏开凿的第726、226窟分别3.5、27米，此三窟自南向北渐次升高。北侧5米靠上位置开第512窟和513窟（韦抗窟），窟顶上方密集开武周至玄宗时期小龛（图二、图三）。

（二）窟外遗迹

1. 窟口及外立面

窟口和南、北壁外侧于1935年修建川陕公路时被整体斜切而下，破坏洞窟外侧。向下截切原窟底2米至公路路基，截面凹凸，存细长钢钎痕，路基上亦于20世纪80年代铺混凝土地面，高出路基40—50厘米。根据1908年伯施曼所拍照片复原窟口的大致位置和尺寸，原窟口位于现外立面中部，呈方形，距离南、北侧壁约140厘米，宽约220、高约265、深约20厘米。现窟口于20世纪80年代经钢混结构加固和支撑，维修后窟口呈拱形（图四；图版三、图版四）。

2. 窟前金牛道遗迹

2009年10月至2013年8月，我所陆续对千佛崖段金牛道遗址进行了考古发掘，清理出唐代佛像及佛龛遗址、南北朝栈道孔、明代罗汉像窖藏、清代石栏桥桥面、清代残碑以及约100米的明清石板路等遗迹、遗物。

清理出来的金牛道遗址北至千佛崖藏佛洞前，南至大云寺，长300余米。其中石板路面100余米，主要分布于道路的北段与南段，中段部分是基岩，根据道路的具体走向选择不同规格的石板铺设而成，所用的石板大约长100—120、宽50—80、厚10厘米。从清理的情况来看，北段藏佛洞至睡佛龛处地势较为平坦，整个石板路宽约3米，铺设所选用的石板规格基本一致，中间一组采用长100—120、宽50厘米的石板，边缘和缝隙用规格稍小的石板填补。南段接石栏桥铺设延伸至大云寺前。

石栏桥桥面长约7.3、宽约5米，圆拱形桥，桥面石板规模较小。清理出来的川陕公路基岩长约110米，1935年修川陕公路时，一部分利用原金牛道路面，宽度不足处凿掉部分千佛崖岩体。北段凿进岩体约1米，莲花洞前至大佛窟前凿进约1.3米，大佛窟至睡佛龛凿进约2米，南段凿进崖壁约5米。从目前道路遗迹来看，炸毁崖壁修筑的千佛崖段川陕路最宽约8米，狭窄处约6米（图版五、图版六）。

二、莲花洞窟内遗迹

（一）平面结构与保存状况

第535窟原窟口内收呈方形，平面近马蹄形，浅穹隆式顶，四角抹平，各壁转折不明显，壁面平滑，宽598、高382、深378厘米，窟向329°。武周时期铲尽三壁造像，于三壁中央又开拱形敞口大龛。环三壁开高50—60、深33—72厘米佛坛，佛坛正面小龛内的部分小像略凸出于壁面，中央形成的窟底略凹凸。窟顶中央浅浮雕双层圆形莲瓣，雕刻精细。南、北壁外侧中下部因修路残毁的部分砌筑条石承托上方造像及壁面（图五—图七；图版七—图版九）。

窟内造像头多不存，正壁及南、北壁下部内侧造像残损风化严重，部分仅存轮廓，三壁位置靠上的造像保存较好。正壁靠下的造像多经修补，身体表面存固定泥料的木孔，2020年又对部分残损严重的造像进行除尘加固处理。全窟装彩，窟顶施黑彩，三壁施红彩，造像存绿、青、蓝、黑、白色装彩痕，剥落严重，部分可见分层叠压。造像领边、衣角多以异色区分，小龛内壁面多绘卷云。窟顶彩绘花卉及枝叶，中央莲盘外又彩绘数层。

洞窟三壁存数量不等的原造像之头光、台座遗迹（图版一〇—图版一三）。三壁大龛及四周密布的小龛，佛坛前一字排开的造像均为唐代开凿，这些造像填满窟壁，部分破坏北魏造像痕迹。多为单层拱形敞口浅龛，部分龛之间存在明显的避让或打破现象，近龛顶处的小龛为使壁面平直而上部掏凿较深，形成外龛（图版一四、图版一五）。

（二）窟顶

洞窟顶部为抹角浅穹隆顶，窟顶中央浮雕双层莲花。窟顶中部浮雕一圆形莲蕊，清代时莲蕊彩绘一太极八卦，外侧浮雕两层莲瓣，窟顶施黑彩，其上满绘缠枝花，缠枝花朵、枝条呈白色，叶片呈绿色（图九；图版一六）。

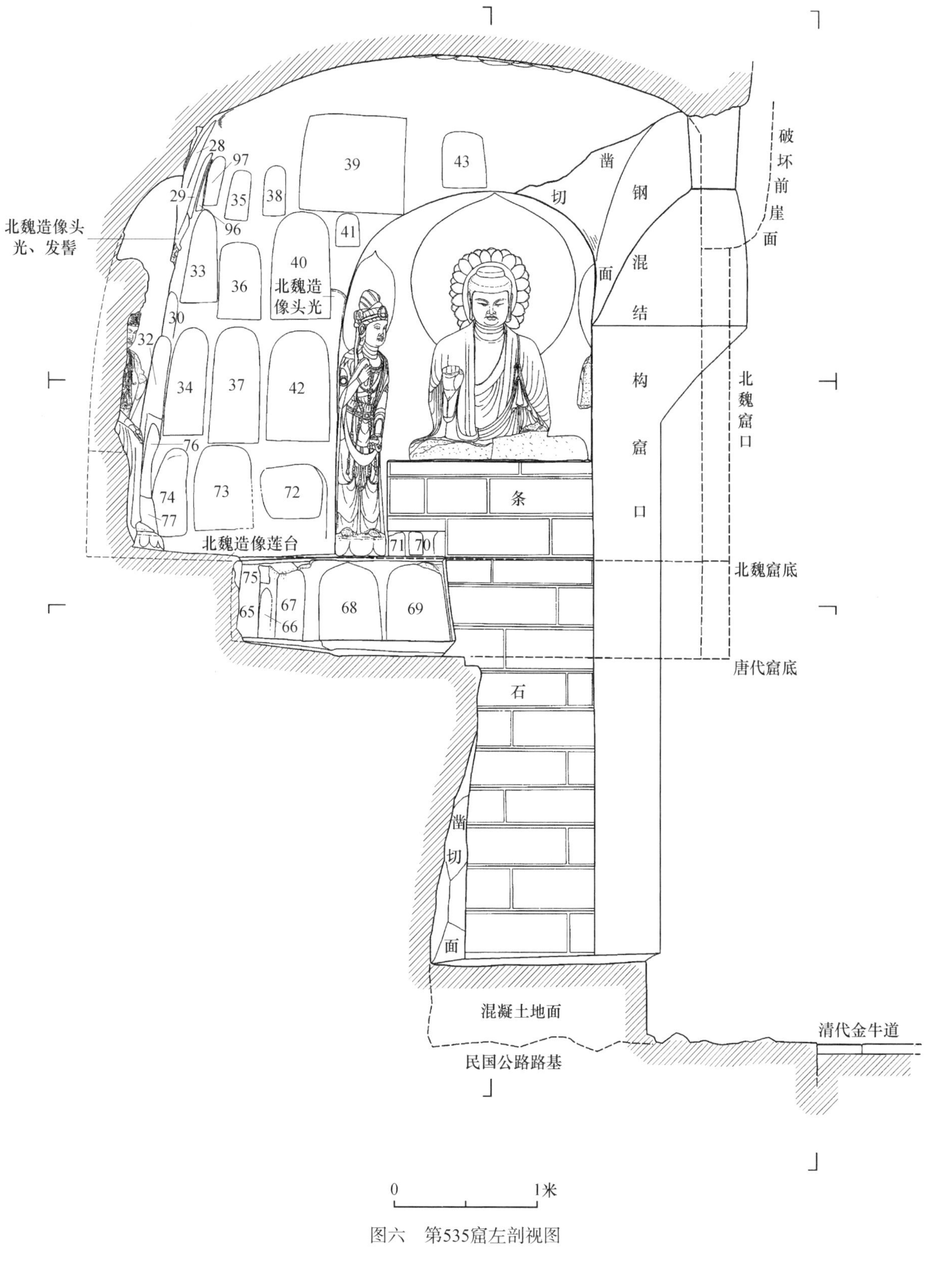

图六　第535窟左剖视图

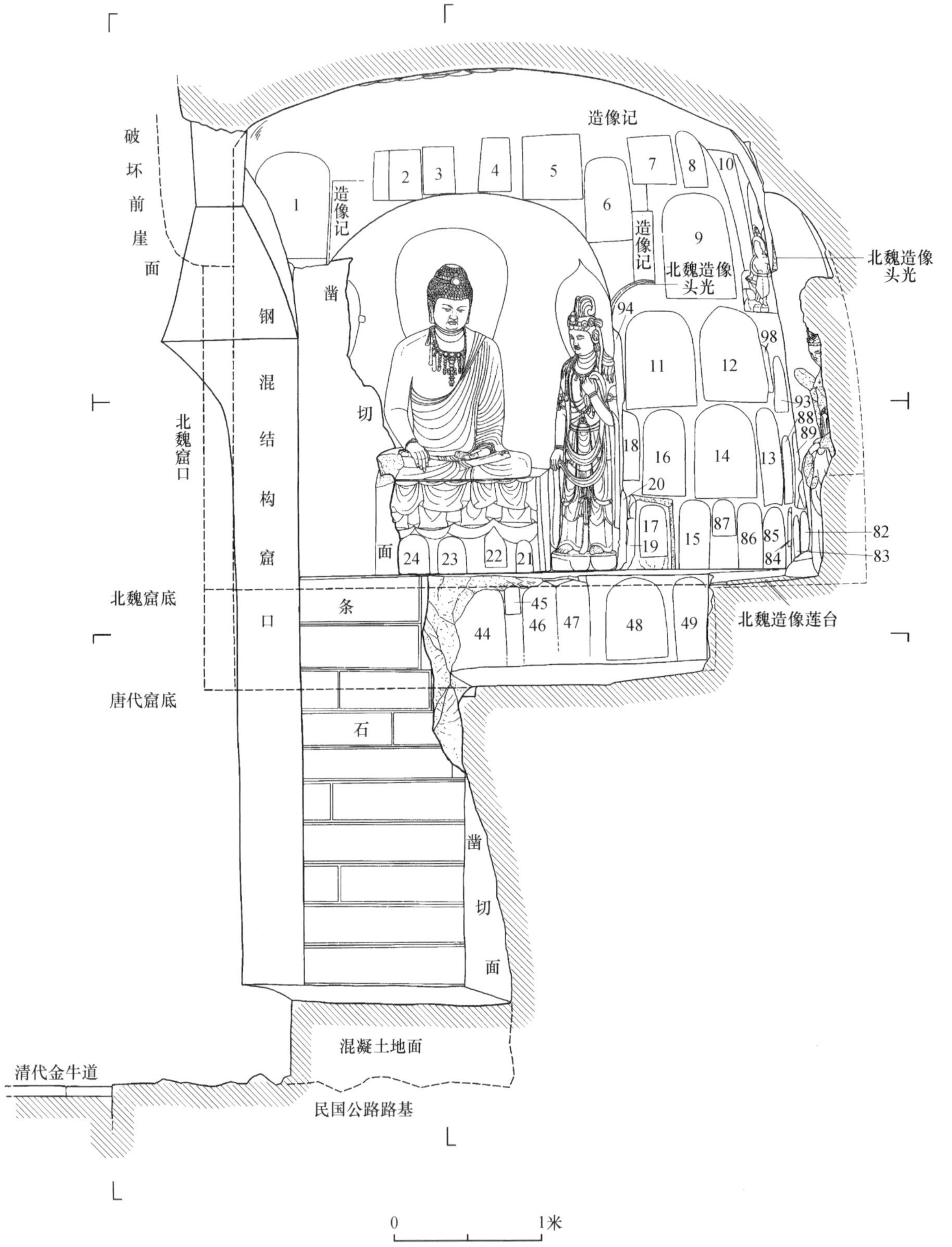

图七　第535窟右剖视图

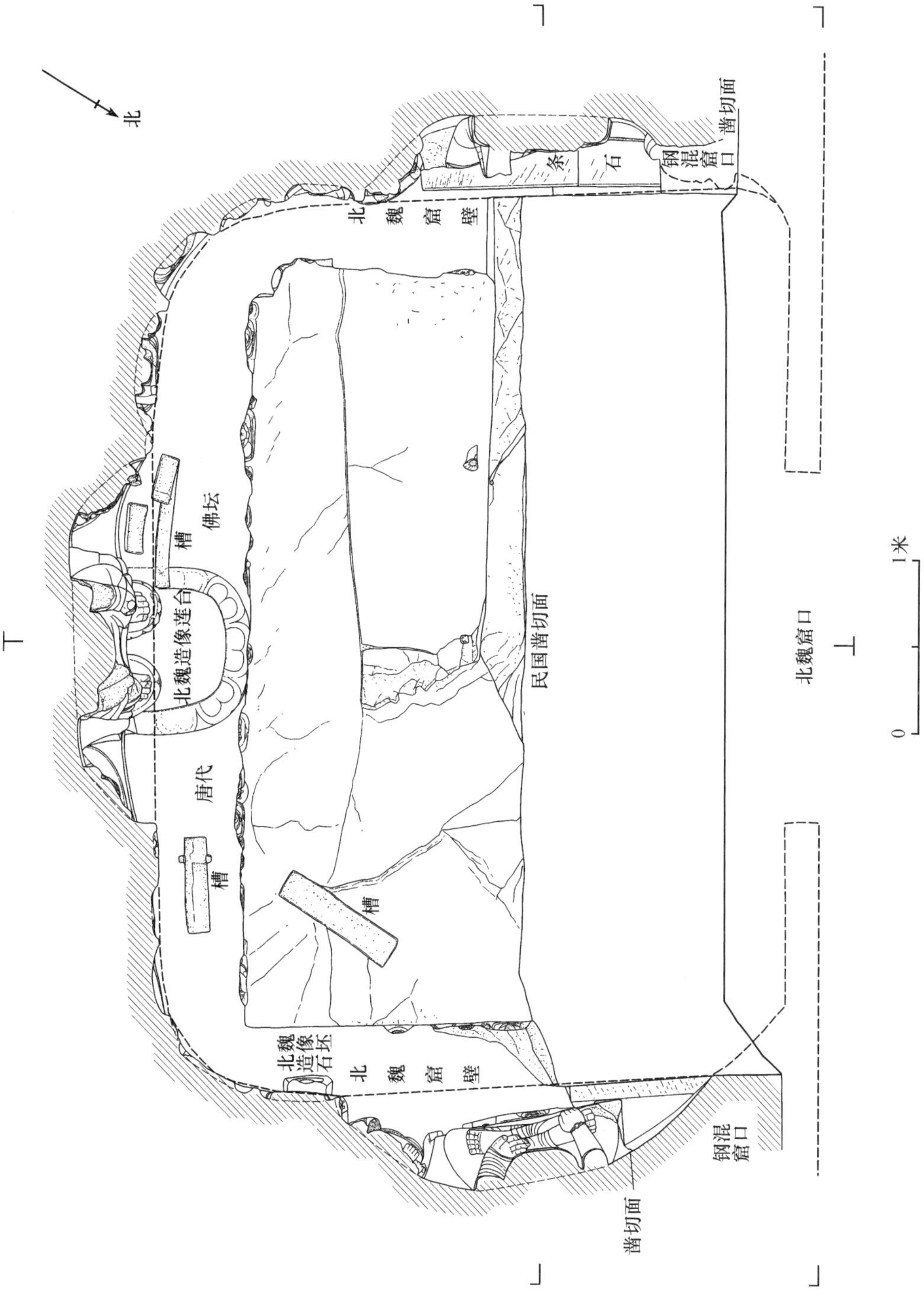

图八 第535窟平剖图

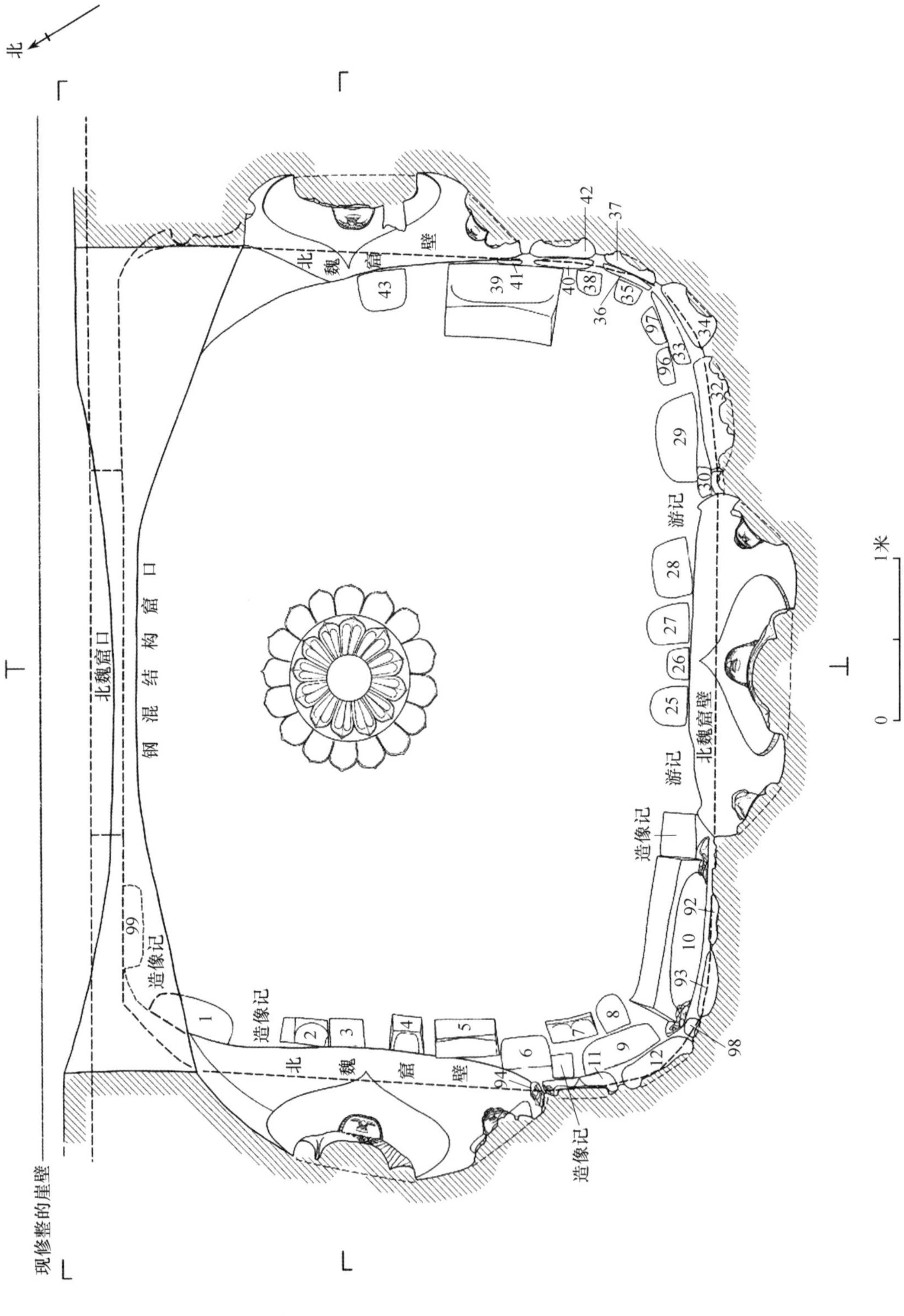

图九　第535窟顶视图

第一层莲瓣，呈十二片，花瓣内部刻出双U形瓣痕，双U形瓣痕顶部处，雕出瓣尖。莲瓣施一层白色地仗，上施绿彩，第一层莲瓣空隙处施黑色地仗，绘十二朵白花，花蕊朝向莲蕊。

第二层莲花，呈十六片，莲瓣内部刻出U形瓣痕，莲瓣施一层白色地仗，上施红彩，第二层莲瓣空隙处施黑色地仗，绘十六朵白花，花蕊背向莲蕊。

浮雕莲花外侧依次施以彩绘，第一、二层各绘一条由青、绿、红、白四色组成的互为反向的圆环，第三层为黑地圆环，上绘十七朵白边绿彩卷云纹，第四层为一个由三十四个白边红彩如意纹组成的圆环。

（三）地面

莲花洞窟内地面为二层地台，第一层地台位于窟口处，为现代水泥砌筑，长213、宽60、高20厘米。二层地台为唐代地面，长220、宽110、高180厘米，其上三壁凿倒凹字形佛坛[①]（图八、图一〇；图版一七）。

（四）三壁大龛

三壁大龛位于三壁中央。

1. 正壁大龛

位于正壁中央，龛顶及左、右壁破坏原造像头光，龛底前方存原造像之台座。圆拱形敞口龛，平面近新月形，平底，各壁面呈弧形转折，壁面打磨平滑。宽225、高263、深50厘米，龛向325°。中下部造像及壁面残损严重，造像经清代大规模修补，脱落严重，存固定泥料木孔，壁面施红彩，绿、黑、白彩绘卷云，造像施绿、青、黑、白彩，剥落均较严重。环三壁凿一佛二菩萨（图一一；图版一八）。

佛居中，善跏趺坐于方座之上，肩、臂、腹部脱落一层，出露清代修补泥料，密布直径1—2厘米深孔，下身全经清代修补，高190、肩宽75、座高68厘米（图版一九）。有尖桃形头光，环绕头部雕一圈长莲瓣，头雕刻较高，磨光肉髻，宽扁且深，存少量凿痕（图版二〇）。面部方圆饱满，双耳近长椭圆形，耳垂长圆宽厚，略后折，颈略长，雕三道宽蚕纹。肩宽胸厚，两臂粗壮。披通肩式上衣，领口开胸前，呈U字形，补塑的双腿略扁，衣纹厚重不流畅。左手托宝珠于左膝上，补塑右手抚右膝。双足各踩补塑的小圆台上，左侧小圆台正面的覆莲瓣系原造像雕刻，圆台下保存原北魏造像之浅莲座。

---

① 佛坛尺寸见前文。

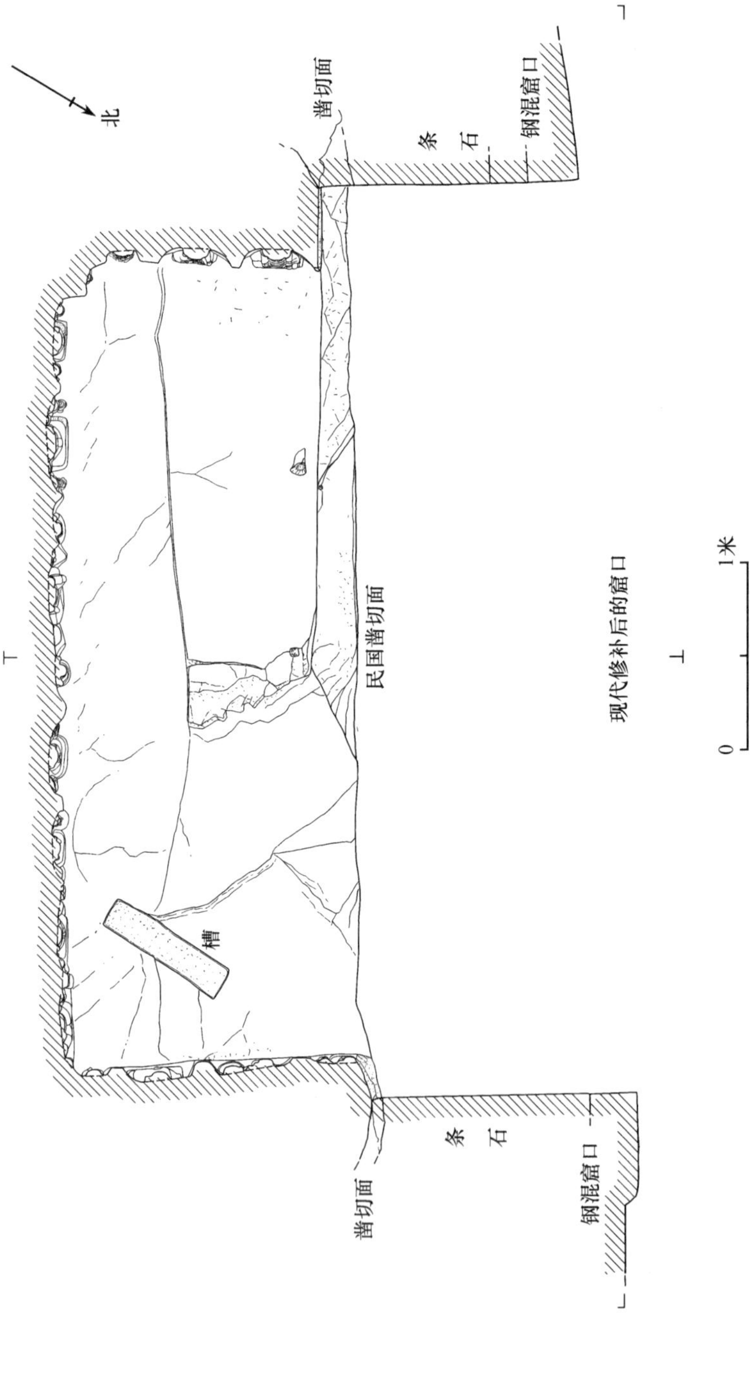

图一〇　第535窟下部（佛坛处）平剖图

图一一　第535窟正壁大龛正、剖视图

菩萨立正壁与左、右壁转折前圆座上。高圆髻，戴束发高冠。帔帛垂体侧，跣足。左侧菩萨双臂、双足残，右小臂、双腿经清代修补，表面磨光，不表现衣纹，高156、肩宽25、座高13厘米（图版二一）。头冠中央及两侧雕5个牌形饰，其上垂挂珠链，两侧缯带系结，垂及肘部。冠中央靠后雕一小佛结跏趺坐于仰覆莲座上，残高3.5、肩宽2、座高4厘米（图版二二）。似披通肩式上衣，双手拢于袖中，拱胸前。额前及两鬓发辫磨光，经耳后垂至两肩，左侧发辫末端呈两道波浪形垂肩侧。面部方圆饱满，耳垂长圆宽厚，后折明显，颈部雕两道宽蚕纹。肩宽胸厚，小腹微鼓。斜披络腋，一角反搭胸前左侧，下着长裙，腰束带，裙尾覆足背，可见踝部及腿侧原裙尾痕，双足间裙纹上存一窄带，帔帛覆左肩，各有一道帔帛绕两臂垂下，右侧一道末端绕搭左肘垂于体侧，左侧一道似为右手所提，垂及台座。戴同心圆珠缀接而成项圈，于胸口中央嵌饰方形物，中央垂一道十字形流苏，其下璎珞呈网状下垂。左手举肩前，似持物，右臂下垂似提帔帛，腰微左扭，朝向右前方（图版二三）。

右侧菩萨仅头上部为原造像遗留，头下部及上身补塑泥料整体脱落，布满圆孔，下身清代修补的泥料尚存，露原造像之双足轮廓，高146、肩宽32、座高10厘米（图版二四）。冠中央雕一佛立于仰莲台上，高10、肩宽3、座高3厘米，身后有卷草构成的梯形背屏，有圆形素面头光，肉髻略宽高（图版二五）。披通肩式上衣，领口开颈下，下露裙尾，双足不明显，左手至腹前，右手举肩侧。冠右侧各饰团花，缯带系结下垂，额上发股缠绕，粗发辫于耳后垂两肩，面部特征与左侧菩萨同。下身有补塑的长裙，跣足，足背及两侧有原造像之裙尾，依原造像轮廓补塑帔帛，垂于身体两侧。腹前中央有二璎珞相交，相交处上部轮廓呈圆形，系原造像遗存，左臂垂体侧，右臂举肩前，腰微右扭，朝向左前方。

2. 北壁大龛

位于北壁中央，圆拱形敞口大型浅龛，平面近新月形，龛内各壁呈弧形转折，壁面打磨平滑，略有凹凸，宽213、高250、深63厘米，龛向222°。近窟口处的右壁及正壁右侧崩塌，随窟口一并经钢混结构修补和加固，表面抹平，下有条石叠砌承托，壁面施红彩，有绿、黑、白彩绘卷云，造像施绿、青、黑、白彩。环三壁造一佛二弟子二菩萨，右侧近窟口处的菩萨已脱落，仅存尖桃形头光内侧（图一二；图版二六、图版二七）。

佛居中，结跏趺坐于方座上，台座右缘脱落并修补，高138、肩宽55、座高63厘米（图版二八）。雕椭圆形素面头光，极薄，头部比例略大，宽平肉髻，十层螺发细密尖圆，呈粗颗粒状，肉髻顶部中央呈素面圆饼状，前方中央饰同心圆饼，螺发仅表现于头中前部，后部紧贴正壁5—8厘米范围内壁面素面磨平。面部方圆饱满，双耳呈钩形，耳垂长圆且厚，微折向后方，颈雕两道蚕纹（图版二九）。肩宽胸厚，两臂粗壮。着袒右袈裟，领边经身后过腋下，上提又覆搭左肩，外翻较宽。腹内侧有一宽32、深0.5厘米的凹槽，打磨平滑，截断上方衣纹。下着裙，露双足，裙尾呈四片悬垂座前，裙尾下又露一层衣摆。右腕饰双重腕钏，于腕背中央嵌饰三同心圆，胸前戴同心扁圆珠缀接而成的项圈，中央垂五道同心圆饼形珠链，末端饰流苏，中央一道呈十字形，可见珠链右侧自颈后垂三道长短不一的窄带（图版三〇）。左手横至腹前左侧，掌心向上，五指并拢，右手抚膝内侧（图版三一），双腿交叠，露双足，宽长扁平，足心向上，右足压左膝，左足压右膝，头略前低。

左侧菩萨立覆莲圆座上，小腿、双足及台座略残损风化，高168、肩宽30、座高13厘米（图版三二）。有尖桃形素面头光，较薄，绾高圆髻，戴束发冠，髻分两半，冠前及两侧雕五个同心圆饼饰，中央三个下有仰莲承托，中央一个外缘雕三颗联珠，两端系结，宽缯带垂及肘内侧，发股缠绕于额前，过双耳后垂下，覆搭两肩，末端呈五道波浪形下垂。面部方圆饱满，长耳，耳垂长圆略向后折，颈雕两道宽蚕纹（图版三三）。体形略瘦高，胸腹较平。斜披络腋，一角反搭于腹前左侧呈倒三角形，下着长裙，裙腰外翻至大腿前呈三片，外束窄带，裙尾垂至小腿前，其下小腿又露一层裙尾覆足背，外翻的裙腰下垂宽结带于两膝之间，系蝴蝶结，末端经双足间垂及台座正面中央上部。帔帛通覆两肩，下垂于腿前横过呈U字形，左侧一道为右手所提，末端垂于右足侧，右侧一道绕搭左肘后垂于左小腿侧。戴双重项圈，内层素面环

图一二 第535窟北壁大龛正、剖视图

状，外层联珠缀接，于胸前中央垂短流苏，由联珠缀连而成的瓔珞于腹前相交呈X形，又分两道垂及膝部，折向身后，相交处饰团花，于膝前又嵌麦穗状饰，螺旋缠绕（图版三四）。双腕饰双重腕钏，上臂饰宽环状臂钏，正面嵌圆饼形饰，内侧两层同心圆，外层饰联珠，右臂臂钏系结，内侧有一宽带至腋下，隐于帔帛后（图版三五）。左手握柳枝于胸前左侧，右手提帔帛垂体侧，腰微左扭，头略前低，身体朝向右侧。

3. 南壁大龛

位于南壁中央，圆拱形敞口大型浅龛，平面近新月形，平底，龛内各壁面呈弧形转折，壁面打磨平滑，宽178、高243、深50厘米。龛向60°（图版三六）。近窟口处的左壁崩塌，随窟口一并经钢混结构修补和加固，表面抹平，下有条石叠砌承托，左侧近窟口处菩萨已脱落，仅存头光内侧及右臂局部，壁面施红彩，有绿、黑、白彩绘卷云，造像存绿、青、黑、白色装彩（图一三；图版三七）。

图一三　第535窟南壁大龛正、剖视图

环三壁凿一佛二菩萨。佛居中，结跏趺坐于方座上，方座已同原窟口被破坏，现为条石叠砌修补而成，腿部被毁，露出岩石断面，右手五指、左手不存，高127、肩宽70厘米（图版三八）。尖桃形素面头光，环绕头部雕一圈长莲瓣，磨光肉髻，头部右后方残留有螺发未打磨完全。面部方圆饱满，耳垂长圆且厚，微折向后方，颈雕两道蚕纹（图版三九）。肩宽胸厚，着中衣搭肘式上衣，上衣右衣角经右腋下绕腹部上提以绳结系于左肩，衣缘外翻，内着僧祇支（图版四〇）。

右侧菩萨立覆莲圆座上，台座、双足风化，高175、肩宽35、座高15厘米（图版四一）。尖桃形素面头光，绾高发髻，戴三珠冠，珠上饰团花，发股缠绕于额前，绕搭双耳，帔帛于两肩处覆菩萨头发露出波状发尾，头后两侧缯带系结，垂及肘内侧。面部方圆饱满，长耳，耳垂长圆略向后折，颈雕两道宽蚕纹（图版四二，1、2）。体形略瘦高，胸腹较平，斜披络腋，衣角绕腹部搭左肩下垂至左侧腰部。下着裙，裙腰外翻至膝盖上方，呈U字形，束绳状腰带，裙尾垂至脚踝上方，下又露一层裙尾覆足背。帔帛搭双肩后绕大腿前呈U字形，两端搭肘垂体侧。颈戴双层项圈，上层为一圈联珠，下层为波状边缘的宽带，项圈缀接璎珞于胸前十字交叉，连接处饰一方形物，其下于腹前X形交叉连接处亦饰一较大方形物，其下璎珞由连续小珠与大珠缀连呈网状，垂至膝前（图版四三）。双腕饰镯形腕钏，上臂皆饰宽环状臂钏，正面嵌圆饼形饰，内侧两层同心圆，外层饰联珠（图版四二，3）。左手下垂于大腿前上勾持一双层塔形法器，右手持柳枝上举至胸前右侧，腰微右扭，身体朝向左侧。

（五）小龛（1—99号）

小龛集中于南、北壁与正壁大龛之间及上方，近窟口处小龛多被破坏不存。南壁大龛与正壁大龛之间小龛共27个，分4层，各11、5、5、6龛，从上至下第一层小龛自南壁大龛上延伸分布至正壁大龛上，第二至四层集中分布于南、正壁大龛之间的正壁南侧及南壁内侧。第一层从外至内依次分布535-43、535-39、535-38、535-35、535-97、535-96、535-29、535-28、535-27、535-26、535-25龛，第二层从外至内依次分布535-41、535-40、535-36、535-33、535-30龛，第三层从外至内依次分布535-42、535-37、535-34、535-32、535-31龛，第四层从外至内依次分布535-72—535-74、535-76、535-78、535-77龛。

北壁大龛与正壁大龛之间的小龛共37个，分5层，各7、4、7、7、12龛，从上至下第一层自北壁大龛上方近窟口处，向内延伸分布至正、北壁过渡前，自外向内依次为535-1—535-5、535-7、535-8龛，第二至五层集中分布于北、正壁大龛之间的正壁右侧及北壁内侧。第二层从外至内依次分布535-6、535-9、535-10、535-95龛，第三层从外至内依次分布535-94、535-11、535-12、535-98、535-93、535-92、535-91龛，第四层从外至内依次分布535-18、535-16、535-14、535-13、535-88—535-90龛，第五层从外至内依次分布535-20、535-19、535-17、535-15、535-87、535-86、535-85、535-84、535-83、535-82、535-81、535-80龛，第三至五层部分龛开于北壁大龛内。

佛坛三壁前小龛一字排开，正、南、北壁各19、3、6龛，共28龛，北壁自外向内编535-44—535-49龛，正壁自北向南编535-50—535-55、535-79、535-56—535-65、535-75、535-66龛，南壁自内向外开535-67—535-69龛。南北壁主尊台座底部亦各开一排小龛，共6龛，南壁自外向内仅存535-70、535-71龛，北壁自外向内开535-24、535-23、535-22、535-21龛。另有535-99龛位于洞窟前壁北侧近窟顶处。

1. 第535-1龛

位于北壁上层靠外近窟口处，第535-99龛左，第535-2龛右，北壁大龛上。圆拱形敞口龛，平面近新月形，顶近平，各壁呈弧形转折，打磨平滑，随窟壁起伏而上深下浅，左、右壁中下部向两侧略拓宽而使外立面略呈凸字形，宽53、高66、深10厘米。龛向200°。龛底右侧于民国修路时被破坏，现有钢混结构的窟顶承托，壁面施红彩，造像存红、绿、青、蓝、白色装彩，剥落严重（图一四；图版四四）。

环三壁造一佛二菩萨，均有尖桃形素面头光。佛居中，结跏趺坐于束腰方座上，台座底部右侧残，高36、肩宽18、座高17厘米（图版四五，1）。头近圆雕，肉髻磨光，宽圆而深，面部方圆饱满，侧脸较宽，双耳仅雕椭圆形轮廓，上、下略翘，颈略长，雕三道浅蚕纹（图版四六）。肩宽胸厚，收腰鼓腹，身体表面素面磨光，不雕衣纹。上衣覆身体左侧，领边自身后覆搭右肩，于右腋下上提，横覆腹腿，搭左小臂垂体侧，于台座前的衣摆呈倒三角形；露中衣右侧领边，于腹前上衣后折腋，垂于台座前呈倒三角形，上提绕搭右腕垂体侧，覆右腿及台座；内着袒右僧祇支。膝下又露一层衣摆。左腕置左膝上，指尖向左，掌心向下，食指扭曲压中指，余三指微屈（图版四五，2），右手抚右膝内侧，头微前低。台座束腰下有两层方形叠涩。

菩萨紧贴佛立于左、右壁前覆莲圆座上。绾高圆髻，戴宽环状束发三珠冠，冠两侧缯带系结分两道垂于肩后，发辫自额两侧向双耳中部折向头后。面部饱满，颈略细长。肩宽胸厚，收腰鼓腹，胯部较宽。斜披络腋，下着长裙，腰束带，腰带于腿前横过呈U字形，于腰侧系结，分两道垂及台座，裙腰外翻呈两片，裙尾覆足背，两侧展开宽且厚，跣足。戴宽环状腕钏。

左侧菩萨左手残，双足及台座略风化，高44、肩宽8、座高4厘米。左手举肩侧，掌心向后，似握一物，右臂垂体侧，隐于佛左腿后，左腿直立，右腿微抬，腰微右扭，身体朝向左前方，上身略扭向窟外，头微前低（图版四七）。右侧菩萨双足及台座不存，残高40、肩宽8厘米，左臂垂体侧，隐于佛右腿后，略前抬，右手持柳枝于肩侧，左腿略抬，右腿直立，腰微右扭，身体朝向左前方，上身略扭向窟内（图版四八）。

窟外左侧存题记一则，为早前装彩所覆，露部分字口，不可辨识。

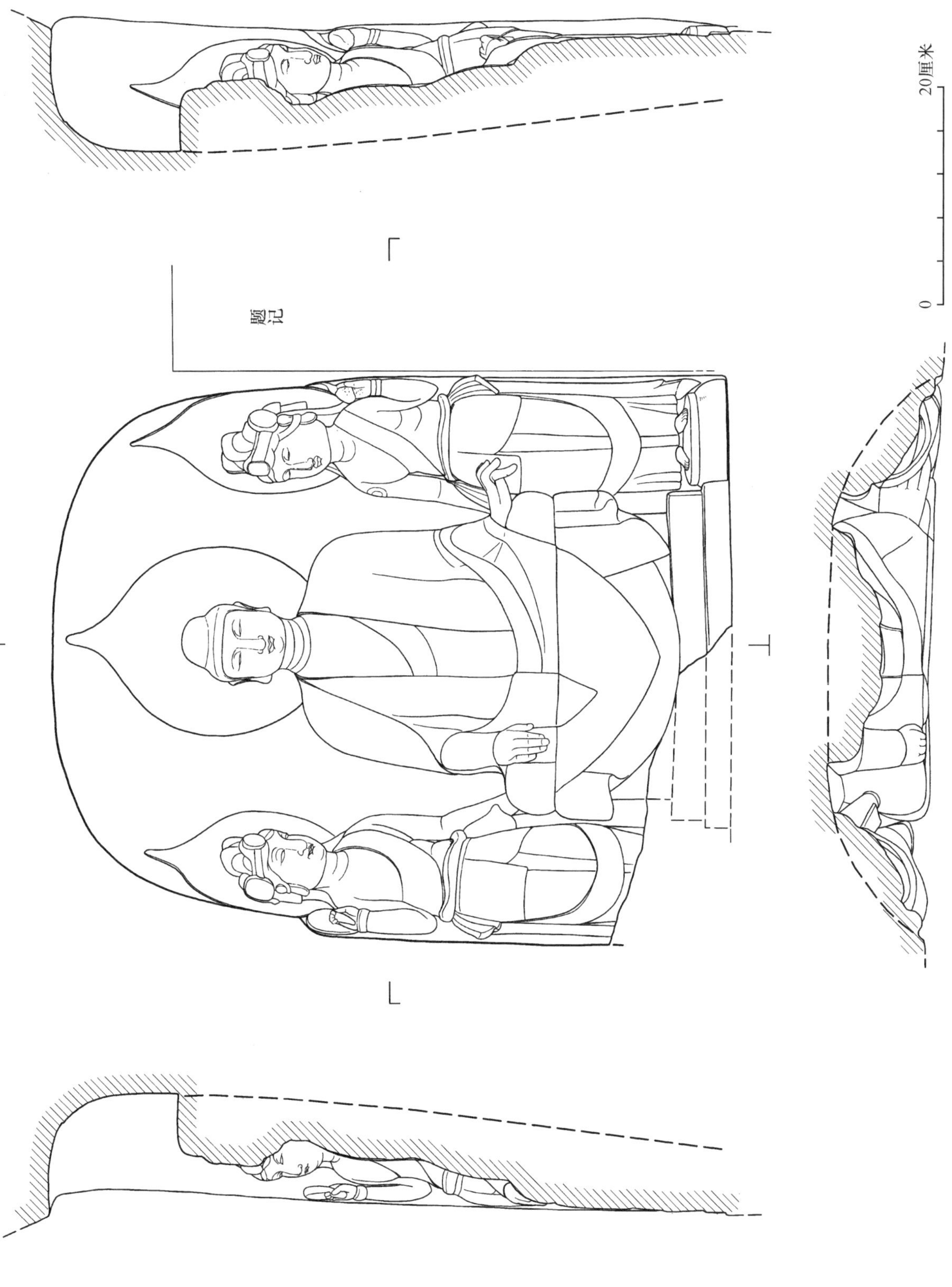

图一四　第535-1龛正、剖视图

2. 第535-2龛

位于北壁上层靠外，第535-1龛左，第535-3龛右，北壁大龛上，左下角紧贴北壁大龛之龛顶。外长方内圆拱形龛，外龛仅随窟壁起伏雕出上部，下部与内龛左、右壁齐平，内龛敞口，平面呈浅弧形，底内高外低，各壁呈弧形转折，打磨平滑，倾斜严重，造像下部表面与窟壁齐平，外龛宽23、高36、深5厘米，内龛宽23、高34、深3厘米。龛向230°。造像及龛形保存基本完整，略风化，壁面施红、黑彩，造像存红、绿、白色装彩，剥落较严重（图一五；图版四九，1）。

内龛正壁前造一弟子半跏趺坐于束腰方座上，双手略风化，高31、肩宽12、座高10厘米。光头，面部宽圆扁平，额部宽平，双耳仅雕出椭圆形轮廓，上、下略翘，耳垂短宽，颈略粗短。肩宽胸厚，收腰鼓腹，身体表面素面磨光，不雕衣纹。着袒右式上衣，于右膝下的衣摆呈倒三角形，左臂下衣摆展开较宽而厚，其下又露一层袖口，上衣下露展开宽且厚的裙尾，跣足。左手托宝珠于肩侧，右手亦托宝珠于右小腿上。左腿垂座前，左足内收踩座前椭圆形座上，足尖向左，右腿盘台座上，足心向左，足尖反勾向下，身体前倾。

3. 第535-3龛

位于北壁上层靠外，第535-2龛左，第535-4龛右，北壁大龛上。长方形龛，平面呈浅弧形，宽20、高34、深5厘米。龛向230°。造像及龛形保存基本完整，造像下部表面与窟壁齐平，略风化，造像经修补加固，壁面因龛上部岩体裂隙渗水而形成白色钙质结壳，覆盖原龛壁装彩，局部露出石岩底色，造像存黑、绿、红色装彩，剥落较严重（图一六；图版四九，2）。

内龛正壁前造一弟子半跏趺坐于束腰方座上，左手风化，手势、持物不可辨，高28、肩宽9、座高10厘米。光头，面部宽圆扁平，额部宽平，双耳仅雕出椭圆形轮廓，颈略粗短。收腰鼓腹。着袒右式上衣，于右膝下的衣摆呈倒三角形，衣缘呈弧形，左臂下衣摆展开较宽而厚，跣足。左手屈肘上举于肩侧，右手托宝珠于右小腿上。左足下垂踩座前椭圆形座上，足尖向左，右腿盘台座上，足心向左。

4. 第535-4龛

位于北壁上层中央，第535-3龛左，第535-5龛右，北壁大龛上，龛底紧贴北壁大龛龛顶。外长方内圆拱形龛，内龛平面呈浅弧形，外层长方形龛随壁面起伏上深下浅，内龛各壁呈弧形转折，壁面打磨平滑，造像与壁面基本齐平，宽25、高40、深10厘米。龛向235°。造像及龛形保存基本完整，略风化，壁面施红彩，造像存黑、红、绿、白色装彩，剥落较严重（图一七；图版四九，3）。

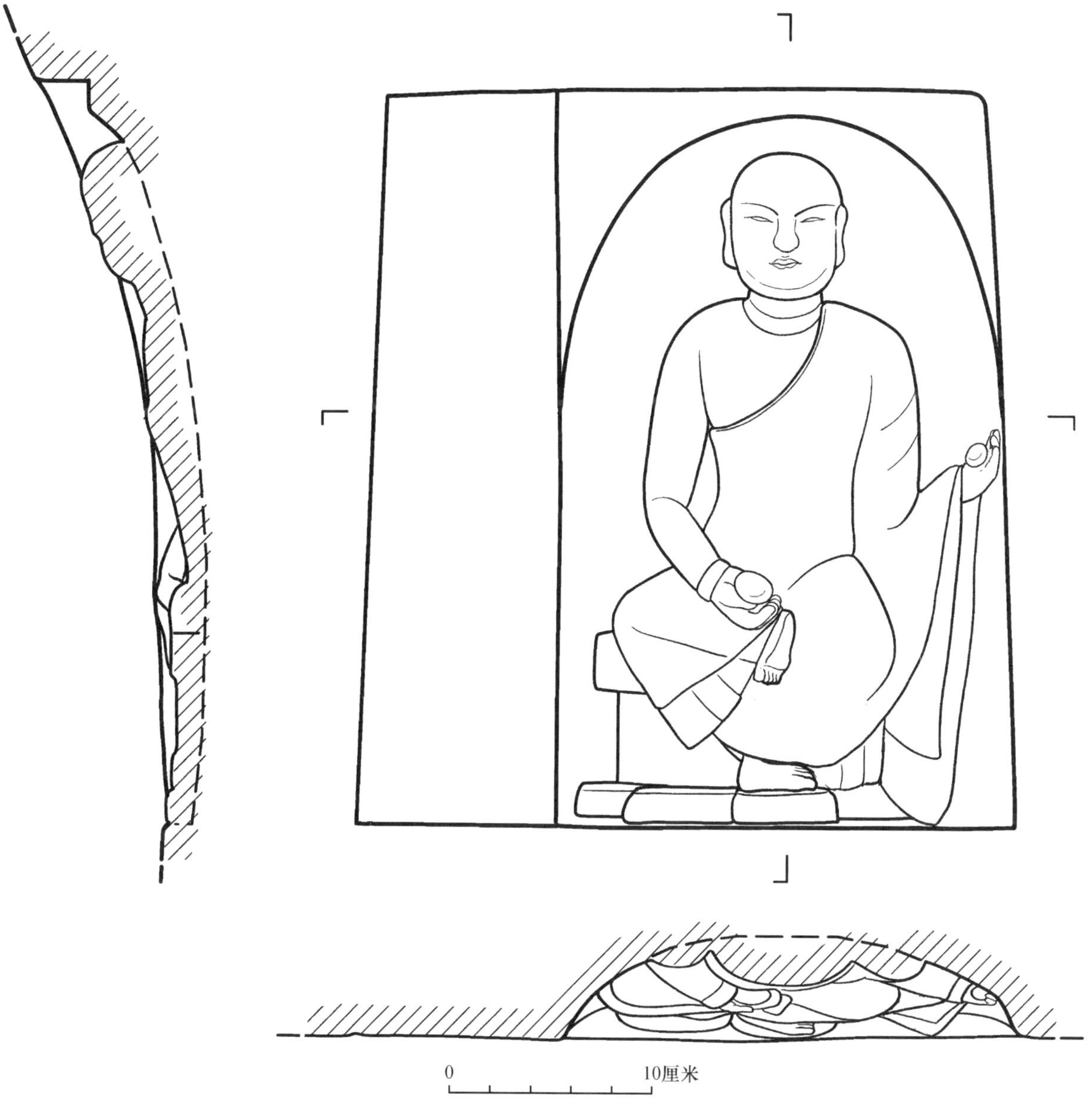

图一五　第535-2龛正、剖视图

正壁前造一菩萨立低方座之上，高33、肩宽7、座高2厘米。绾高发髻，冠饰残损不可辨，中央似有一圆形珠宝。面部方圆饱满，五官风化严重，颈部较短。两肩略宽，收腰鼓腹。斜披络腋，下着长裙，腰束带，膝下方裙摆雕波浪状衣纹，裙尾覆足背，腰两侧结带垂至龛底，饰环形腕钏，右手屈肘上举至肩侧，左手下垂，手部风化严重，手势、持物不可辨。跣足，脚尖风化严重。

图一六　第535-3龛正、剖视图

5. 第535-5龛

位于北壁上层中央，第535-4龛左，第535-6龛右，北壁大龛上，龛底左下角紧贴北壁大龛龛顶。外长方内圆拱形龛，内龛平面呈浅弧形，各壁呈弧形转折，打磨平滑，造像身体表面与左、右及下部窟壁齐平，外层长方形龛随壁面起伏上深下浅，宽40、高48、深13厘米。龛向235°。龛形及造像保存基本完整，略风化，壁面施红彩，造像存黑、红、绿、白色装彩，剥落较严重（图一八；图版五〇，1）。

正壁前造一佛二菩萨。佛居中，结跏趺坐于束腰方座上，高28、肩宽15、座高10厘米（图版五〇，2）。肉髻磨光，面部方圆饱满，双耳宽长，耳郭上部与耳垂略向外撇，颈雕两道蚕纹（图版五一，1）。肩宽胸厚，收腰鼓腹，身体表面素面磨光，不雕衣纹。着露胸通肩式上

图一七 第535-4龛正、剖视图

图一八 第535-5龛正、剖视图

衣，领口开胸前呈深U字形，下摆于座前呈两片，右侧一片较大，呈弧形边缘，右角折掖，左侧衣摆呈倒三角亦于座边缘处折掖。领口、下摆刻出一道线纹表现衣边。双手交叠仰掌置于腿上，捧一宝珠（图版五一，2）。

二菩萨紧贴佛立于左、右低台上，身体略朝向主佛。左侧菩萨较矮，头顶至佛肩位置，手部、双足风化，高27、肩宽6、座高2厘米。绾高发髻。斜披络腋，下着长裙，裙尾覆足背，腰间系结带垂身侧。左手屈肘上举至肩侧，手势不可辨，右手下垂隐于身后（图版五一，3）。右侧菩萨双手、双足风化，高30、肩宽5、座高2厘米。头微前低，绾高发髻，冠前饰宝珠，面部方圆饱满，颈略短。胸厚，收腰，斜披络腋，下着长裙，腰系带，裙腰外翻呈两片，裙尾覆足背。右手屈肘上举至肩侧，左手下垂，手势、持物不可辨（图版五一，4）。

6. 第535-6龛

位于北壁上部内侧，北壁大龛、第535-5龛左，第535-7、535-9龛右，右下角被北壁大龛破坏。圆拱形敞口浅龛，平面略浅弧形，顶、底近平，各壁呈弧形转折，壁面平滑，随壁面走势而上深下浅，宽31、高58、深8厘米。龛向235°。造像及龛形基本完好，壁面施红彩，造像存绿、青、黑、白色装彩，剥落严重（图一九；图版五二，1）。

正壁前造一菩萨立浅圆座上，高50、肩宽12、座高4厘米。戴束发冠，冠中央雕圆饼形饰，绾高圆髻，两侧缯带系结后垂于肩后，面部饱满，双耳仅雕外轮廓，颈部细长，雕三道整齐蚕纹（图版五二，2）。两肩略宽，收腰鼓腹，身体表面素面磨光，不雕衣纹。斜披络腋，下着长裙，腰束带，腿前横过一道，于腰侧系结后分两道垂及龛底，裙腰外翻呈两片，裙尾覆足背，两侧展开较宽且厚。跣足，足小而尖圆。双腕饰钏，左手下伸体侧，掌心向后，四指相捻，小指伸直，右手持柳枝举肩侧，掌心向右（图版五二，3、4）。左腿微抬，右腿直立，头略前低。

7. 第535-7龛

位于北壁上部内侧，第535-6龛左，第535-8龛右，第535-9龛上。外长方内双圆拱形浅龛，外龛仅雕出上部，内龛由左、右二圆拱形敞口浅龛组成，上部雕龛形轮廓，左、右壁下部与窟壁齐平，内龛平面各自近浅弧形，底内高外低，各壁呈弧形转折，打磨平滑，造像身体表面与左、右及下部窟壁齐平，宽31、高35、深4厘米。龛向250°。保存基本完整，造像略风化，壁面施红彩，造像存绿、青、黑、白色装彩（图二〇；图版五三，1）。

二圆拱形内龛各造一菩萨立浅圆座上，雕刻不高，身体略薄。绾高圆髻，发带中央有圆饼形饰，面部方圆饱满，双耳仅雕近方形轮廓，发辫呈椭圆形垂肩，颈略短粗。两肩较宽，胸腹略平，四肢粗壮，身体表面与衣着素面磨平，不雕衣纹。下着长裙，腰束带，裙腰外翻，裙尾覆足背，两侧紧贴脚踝，跣足，足宽扁，不雕五趾，帔帛覆两肩，绕臂后垂及台座。双足呈八字形站立，腰右扭。台座表面内高外低，呈浅椭圆形。

图一九　第535-6龛正、剖视图

左侧菩萨高28、肩宽9、座高3厘米，斜披络腋，裙腰外翻至大腿前；左臂提帔帛垂体侧，右手持短棍状物于肩侧，腰右扭，头略朝向右前方（图版五三，2）。右侧菩萨高29、肩宽9、座高2厘米，上身赤裸，裙腰外翻至膝部；左手垂体侧，握一瓶至颈部，瓶口残，弧肩，深弧腹，高圈足外撇，右手举柳枝于肩侧（图版五三，3）。

图二〇　第535-7龛正、剖视图

8. 第535-8龛

位于北壁上部内侧，北壁与正壁转折处，第535-7龛左，第535-10龛右，第535-9龛上。圆拱形敞口浅龛，平面呈浅弧形，各壁呈弧形转折，壁面平滑，造像下部表面与窟壁齐平，底近平，上深下浅，宽16、高42、深5厘米。龛向260°。造像及龛形基本完好，壁面施红彩，造像存绿、青、黑、白色装彩，剥落较严重（图二一；图版五四，1）。

正壁前造一菩萨立仰莲圆座上，高26、肩宽8、座高5厘米。绾高发髻，戴三珠冠，面部方圆饱满，耳朵宽长且厚，颈雕两道蚕纹，戴项圈（图版五四，2）。斜披络腋，椭圆状发辫覆两肩压帔帛上，帔帛披双肩绕腿前呈U字形，又绕搭双臂下垂至脚边。下着长裙，腰系带，裙腰外翻，露出裙边于腿前呈U字形，裙尾覆足背。腰微右扭，右手执柳枝屈肘上举至肩侧，左手下垂提一桃形物，双手戴腕钏。跣足，脚尖呈八字形（图版五四，3、4）。

9. 第535-9龛

位于北壁内侧，近北、正壁转折前，第535-6龛左，第535-10龛右，第535-11、535-12龛上，第535-7、535-8龛下，破坏原北魏造像圆形头光上部轮廓。圆拱形龛，平面近浅弧形，顶近平，略深，平底，左、右壁外敞，各壁呈弧形转折，打磨平滑，随壁面倾斜而上深下浅，所处壁面呈斜弧转折而使龛两侧高于中央，造像下部表面高于窟壁，宽54、高73、深9厘米。龛向265°。龛左下角原风化剥落，经修补加固，形成完整龛形，造像局部残损，原风化严重处经修补加固近完整，壁面施红彩，黑、白彩绘卷云，造像身体存红、绿、青、白装彩痕（图二二；图版五五，1）。

正壁前造一佛结跏趺坐于束腰方座上，头上部及左手残，残损风化，残损的左腿及台座左侧已修补加固近完整，高52、肩宽20、座高15厘米。有尖桃形素面头光，头近圆雕，肉髻磨光，尖圆上凸略高，面部饱满，双耳仅雕椭圆形轮廓，位置略靠后，颈略细长，有三道宽蚕纹（图版五五，2、3）。肩宽胸厚，收腰鼓腹，四肢较长，身体表面素面磨光，不雕衣纹。上衣覆身体左侧，领边自身后经右腰横覆双腿及台座，搭覆左臂，垂于体后，下摆于体前呈倒三角形，露中衣右侧，领边于腹前上衣后折腋，垂于右腿前，呈倒三角形上提，搭左臂垂体侧，下垂的衣角展开较宽，转折明显，内着袒右僧祇支。双腿轮廓相接，未表现叠压。左手经修补加固，斜伸膝上，似掌心向下，伸出手指，右手屈肘举右壁近龛口处，掌心向内，向斜上方伸出食指、中指，余三指内屈握宝珠（图版五五，4）。身体随壁面略前倾，头微前低。台座素面，上部又垂一层弧形衣摆，束腰下有二层方形叠涩，表面突出于下方窟壁。

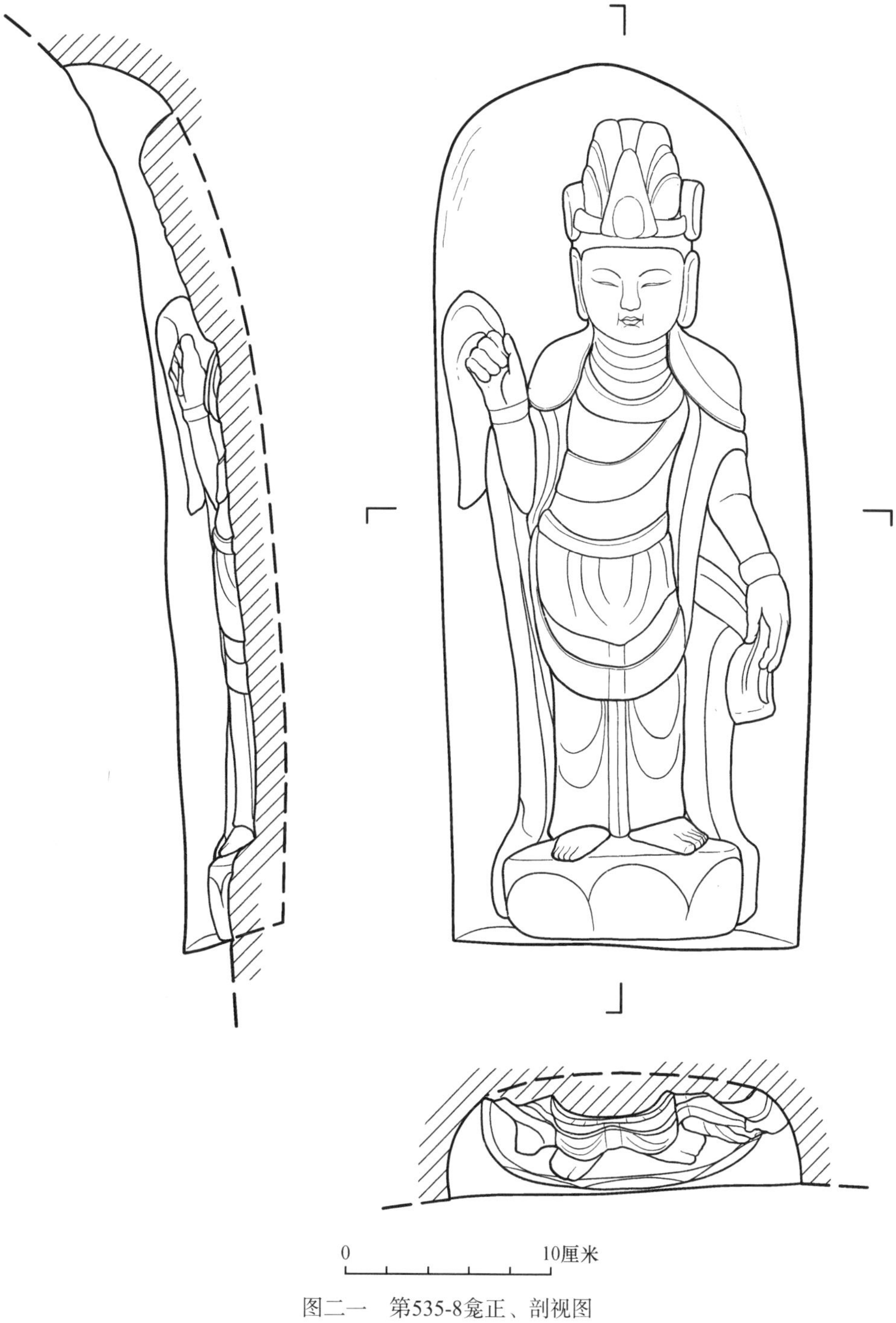

图二一 第535-8龛正、剖视图

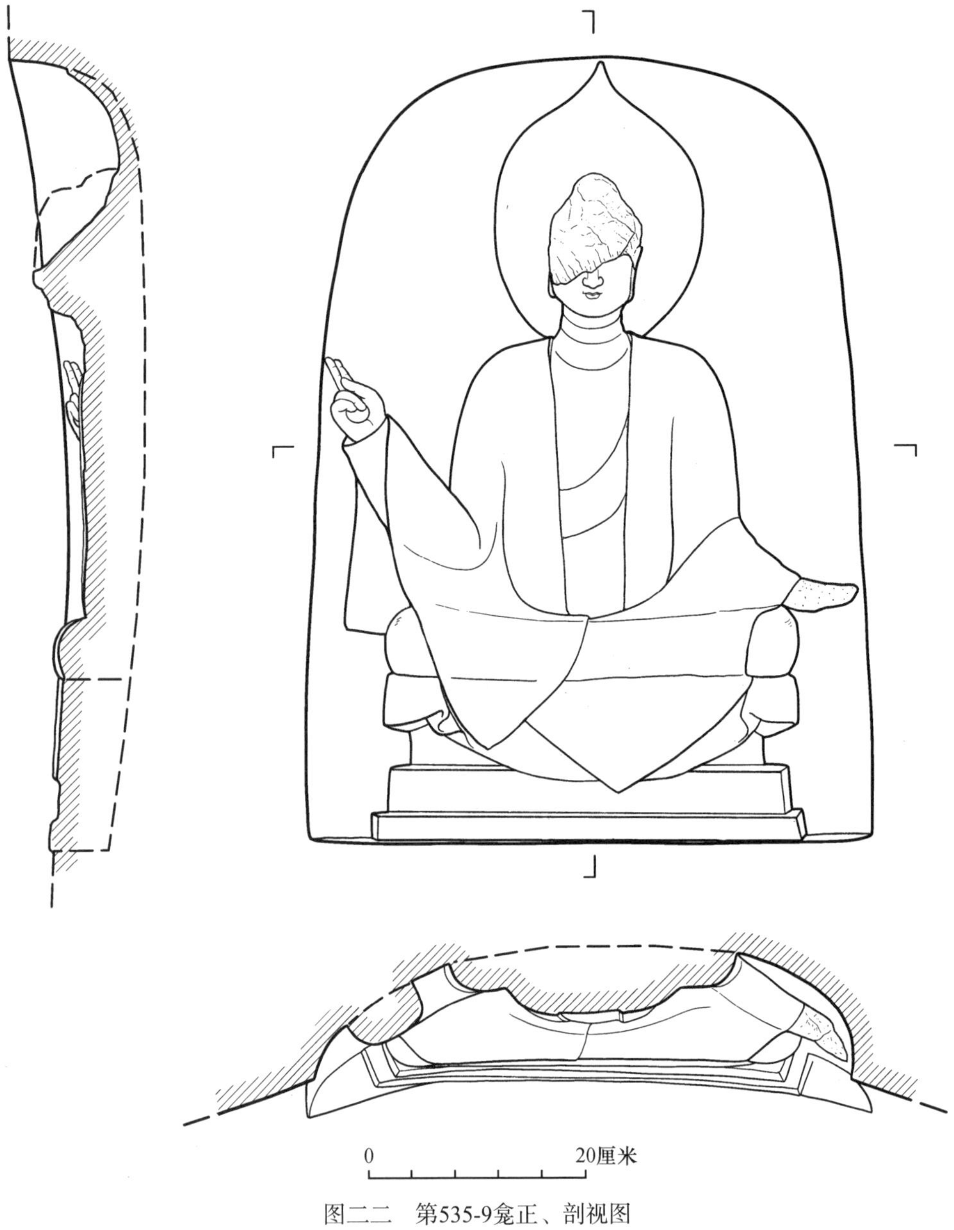

图二二　第535-9龛正、剖视图

10. 第535-10龛

位于正壁大龛右侧，535-8、535-9龛左，第535-91—535-93、535-95、535-98龛上，龛外左侧造像记开于原北魏造像之头光上。外长方内圆拱形龛，外龛左、右下角向外弧凸，内龛平面近椭圆形，左、右壁内收明显，龛顶内高外低，平底，各壁呈弧形转折，打磨平滑，外龛随壁面起伏而上深下浅，内龛龛楣及两侧龛面浅浮雕佛帐，分段收束后各呈三片垂下，外龛宽95、高113、深10厘米，内龛宽84、高90、深30厘米。龛向320°。龛形基本完整，部分造像残损风化较严重，残损风化处均经修补加固，局部经清代补塑，壁面施红彩，有黑、白彩绘卷云，造像施红、绿、青、蓝、白彩，剥落严重（图二三；图版五六，1）。

内龛环三壁造一佛二弟子二菩萨二力士（图版五六，2）。佛居中，结跏趺坐于束腰方座上，头不存，台座右侧中部残，头光及台座残损处经修补加固，残高50、肩宽25、座高20厘米。有内圆外尖桃形素面头光。肩宽胸厚，收腰鼓腹，身体表面素面磨平，不雕衣纹。上衣覆身体左侧，经身后覆右肩，于腋下横覆腹腿，搭左小臂后垂于体侧，衣摆于座前呈倒三角形，中衣露右侧领边，于腹前上衣后折腋后，呈倒三角形垂于座前，又上提搭右臂后垂体侧，内着僧祇支，左膝下又垂一层衣摆。左手托硕大宝珠于左膝上，右手抚膝内侧。右腿压左腿，露右足，上身略后仰。台座下部雕两层三个扁圆柱，其下有浅椭圆形基座（图版五七）。

弟子立正壁左、右侧圆座上，体形高壮。光头，有圆形素面头光，着袈裟，下着裙，跣足。左侧弟子双足残。右手及持物系清代补塑而成，双足及左足上的裙尾经修补加固，高57、肩宽15、座高5厘米。老者面相，深目高鼻，雕出锁骨。肩宽、收腰，身体表面素面磨光，不雕衣纹。上衣覆左肩左臂，向身后经右腰上提覆腹、腿，复搭左臂垂于腿前。中衣露右侧领边，于腹前上衣后折腋，搭右臂，为右手所提。内着袒右僧祇支，下着长裙，裙尾覆足背，跣足。左手置胸前中央，掌心向下，向右上方伸出食指与中指，余三指内屈，右手垂体侧，似提物。左腿直立，右膝略前抬，身体略朝向右前方（图版五八）。右侧弟子身体全为清代补塑，原造像仅可见外轮廓，胸口右侧及腹前中央各存一修补造像之木棍，高57、现肩宽15、座高5厘米，现着两层交领式僧衣，修补后又残损的双足轮廓较扁，原应跣足，现双手合十胸前，身体略朝向左前方（图版六一，1）。

菩萨立左、右壁前圆座上，体形高壮。有尖桃形素面头光，绾高圆髻，戴束发冠，冠两侧缯带系结垂于肩后，发辫紧贴颈侧，压于帔帛下，颈略细长。收腰鼓腹，身体表面磨光，服饰素面，不雕衣纹。斜披络腋，下着裙，腰束带，跣足，帔帛覆两肩，于腿前横过。戴宽环状项圈，内层为较窄的素面条带，外层缀接同心圆饼，于胸前中央嵌方形饰，两侧各垂一道素面璎珞于腹前相交，后又分两道垂下，相交处饰团花，双腕饰钏。左侧菩萨双足及台座残，高68、肩宽14、座高4厘米。头冠中央有桃形饰，两侧各饰一圆饼形宝珠，额前发辫缠绕，两侧压双耳后垂下。面部长圆饱满，双耳略呈长椭圆形，仅雕轮廓，耳垂宽长浑圆，颈部细长。着长裙，裙尾覆足背，可见左侧帔帛横过腿前后为右手所执，垂及台座。璎珞于腹前相交后垂及膝部折向身后，于膝前呈麦穗状缠绕。左手举肩前，略显短小，掌心向外握一宝珠，手背后石坯磨光，未剔除，与壁面相接，右手提帔帛垂体侧。腰微右扭，身体倾斜向龛外，身体朝向右前方（图版五九）。右侧菩萨头、左手、双腿及台座残，双腿经修补加固，高66、肩宽15、座高5厘米。可见左耳仅雕出宽椭圆形轮廓，耳垂宽圆。左臂垂体侧，掌心向右似提物，右手举肩侧近龛口处，右臂略显短小，掌心向外执一柳枝。腰微右扭，身体朝向龛左前方（图版六一，1）。

内龛左、右侧龛口下部各雕一力士立山座上，破坏内龛左、右壁下部外侧，局部经修补加固，全身装彩剥落严重。均有圆形素面头光，较厚，内侧贴近菩萨部分圆雕，外侧表面低于上方壁面，绾圆髻，发带两侧系结，中央有圆饼形饰。忿怒相，颈部青筋暴露，双耳仅雕椭圆形轮廓。上身赤裸，肌肉虬结，凸起较高，腹外鼓明显。下着长裙，腰束带，裙尾飘向龛外侧，

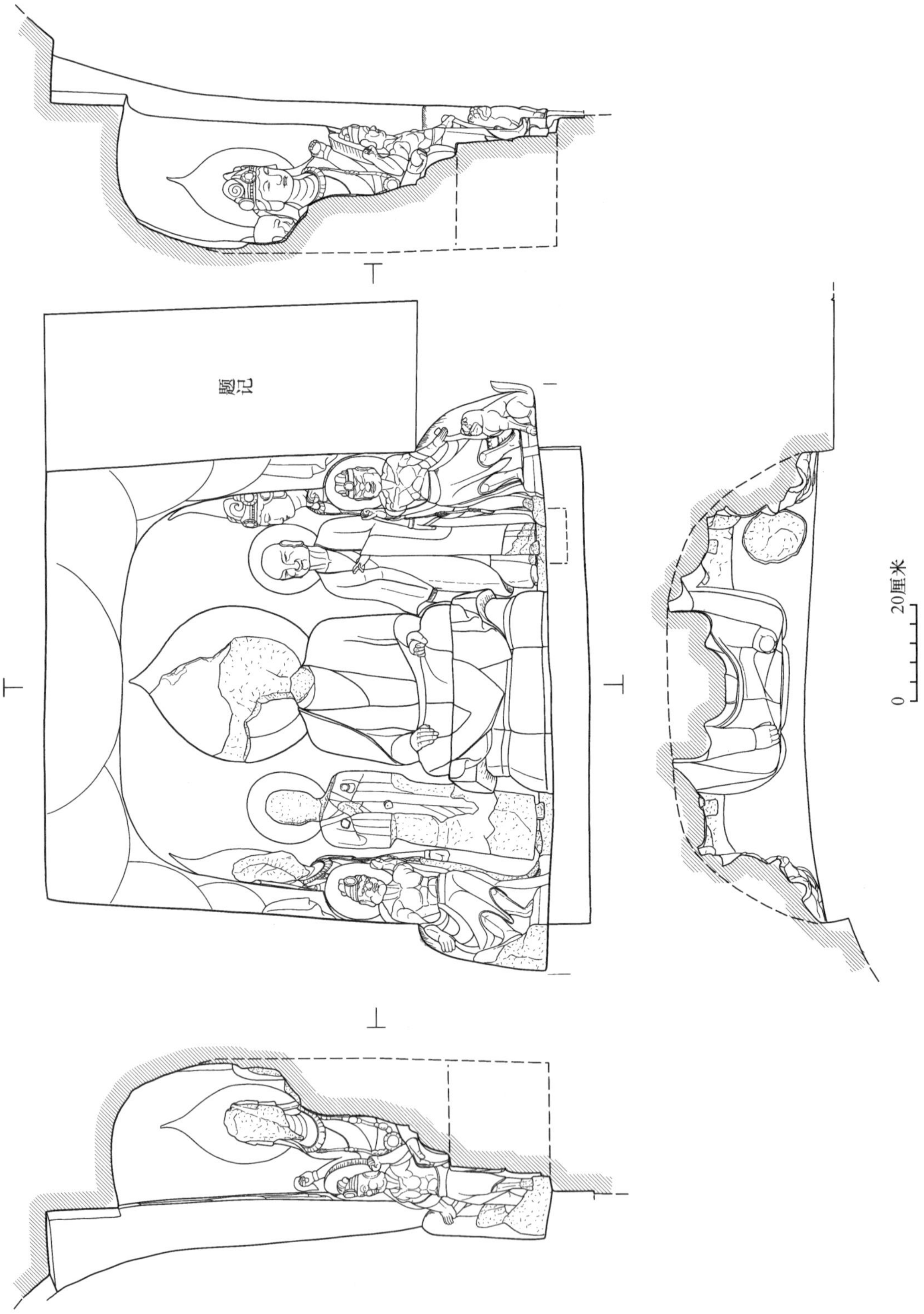

图二三　第535-10龛正、剖视图

素面不雕衣纹，跣足。飘带经头后，搭两臂，过腰带垂飘于体侧。山座呈两层，扁椭圆形，左右略呈八字形排列。左侧力士高40、肩宽10、座高5厘米；左手斜伸体侧提飘带，掌心向下，飘带绕搭五指而垂，右手握拳举头侧，拳心向外。腰右扭，身体略向龛右前方，头略回首向正前方（图版六〇，1、2）。右侧力士右手及双足残，经修补加固，高42、肩宽10、座高5厘米；左手握拳举头侧，拳心向外，右手斜伸体侧提飘带，拳心向下，飘带绕拇指后垂下，腰左扭，身体朝向左前方（图版六一，2）。

力士外侧壁面经拓宽，内各雕一狮子相向蹲踞。右侧狮子仅存残迹，经修补加固，高13厘米。左侧狮子蹲坐向右侧，四肢粗长，身体饱满浑圆，右前掌扬于力士左腿上，左前掌支地，尾部向上直立，浅浮雕于身后窟壁表面，回首龛外，高16厘米（图版六〇，3）。

11. 第535-11龛

位于北壁内侧中部，北壁大龛、第535-94龛左，第535-12龛右，第535-16龛上，第535-9龛下，贴近北壁大龛左壁。龛开于原北魏胁侍头光处，龛顶可见北魏头光之轮廓，圆拱形敞口浅龛，平面近浅弧形，上深下浅，顶近平，平底，各壁面呈弧形转折，打磨平滑，造像下部表面与窟壁齐平，宽45、高63、深6厘米。龛向240°。龛形完整，造像残损严重，残损风化处均经修补加固。装彩风化严重，壁面施红彩，黑、白彩绘卷云，造像存绿、黑、白色装彩（图二四；图版六二，1）。

正壁前造一佛结跏趺坐于束腰方座上，头部、肩胸、左手不存，残高42、肩宽21、座高17厘米。浅浮雕素面头光，头部、肩胸仅余轮廓，依残迹可辨肩部较宽，收腰鼓腹。内着袒右僧祇支，中衣搭右肘，右腕处露出里层衣物袖口，衣摆于座前呈几片倒三角形交叠。右手屈肘上举至肩，贴龛壁，掌心向外，向斜上方伸出食指、中指，余三指内屈握宝珠，左手置左膝上，指尖向左，掌心向下（图版六二，2）。台座束腰下有两层叠涩。

12. 第535-12龛

位于北壁内侧中部，北壁、正壁转折处，第535-11龛左，第535-98龛右，第535-9、535-10龛下，第535-14、535-13龛上。圆拱形龛，平面呈浅弧形，各壁呈弧形转折，打磨平滑，造像基本与壁面齐平，所处壁面呈斜弧转折而使龛两侧略高于中央，宽45、高60、深5厘米。龛向265°。龛形略不规整，龛内造像风化残损严重，残损风化处均经修补加固，壁面施红彩，黑、白彩绘卷云，造像存青、白、黑色装彩痕（图二五；图版六三，1）。

依残迹可辨正壁前造一佛结跏趺坐于束腰方座上，头不存，造像表面风化严重，仅余轮廓残迹，残高45、肩宽17、座高10厘米。收腰鼓腹。右手屈肘上举至龛右壁，袖口较宽，左手置于腿上。

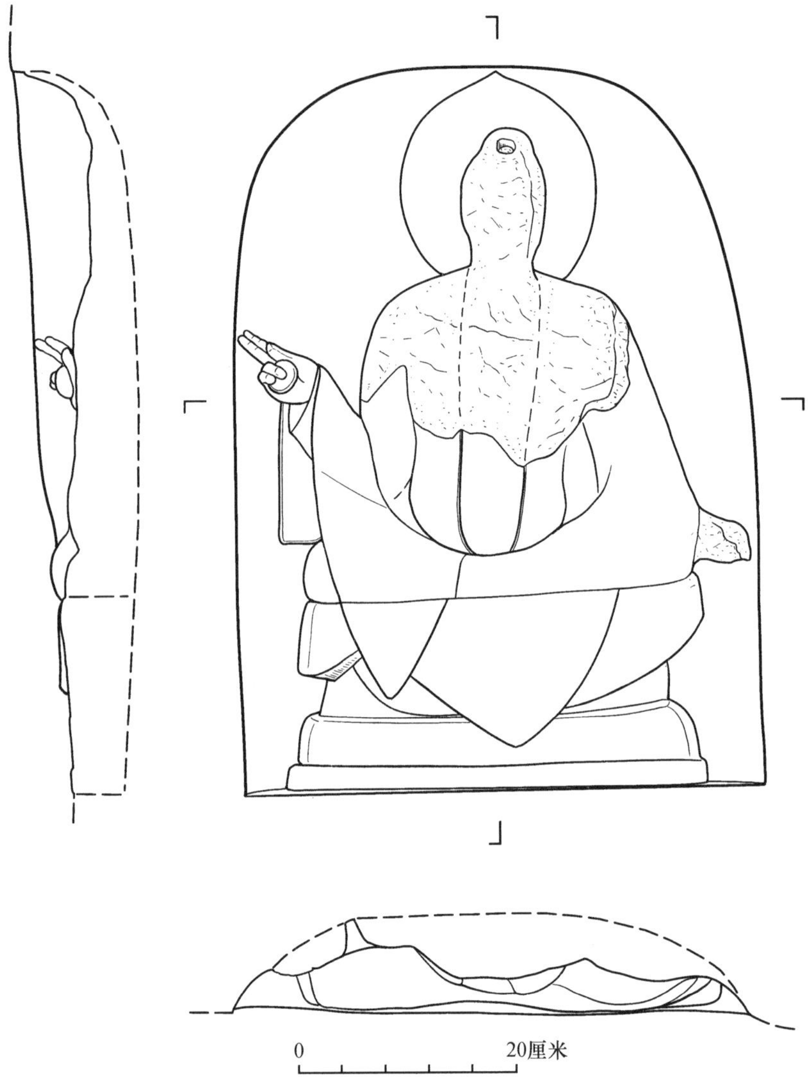

图二四　第535-11龛正、剖视图

13. 第535-13龛

位于正壁北侧中下方，北壁、正壁转折处，第535-14龛左，第535-88龛右，第535-85龛上，第535-12、535-98龛下。圆拱形浅龛，平面呈浅弧形，各壁呈弧形转折，打磨平滑，造像下部表面与窟壁齐平，所处壁面呈斜弧转折而使龛两侧略高于中央，宽30、高60、深8厘米。龛向305°。龛形经修补加固完整，造像风化严重，壁面施红彩，黑、白彩绘卷云，造像存白色装彩痕（图二六；图版六三，2）。

依残迹可辨正壁前造一立像，造像左手、双腿及下台座不存，残高55、肩宽14、座高5厘米。素面头光，肩略窄，收腰。右手屈肘上举至龛右壁，左手下垂。

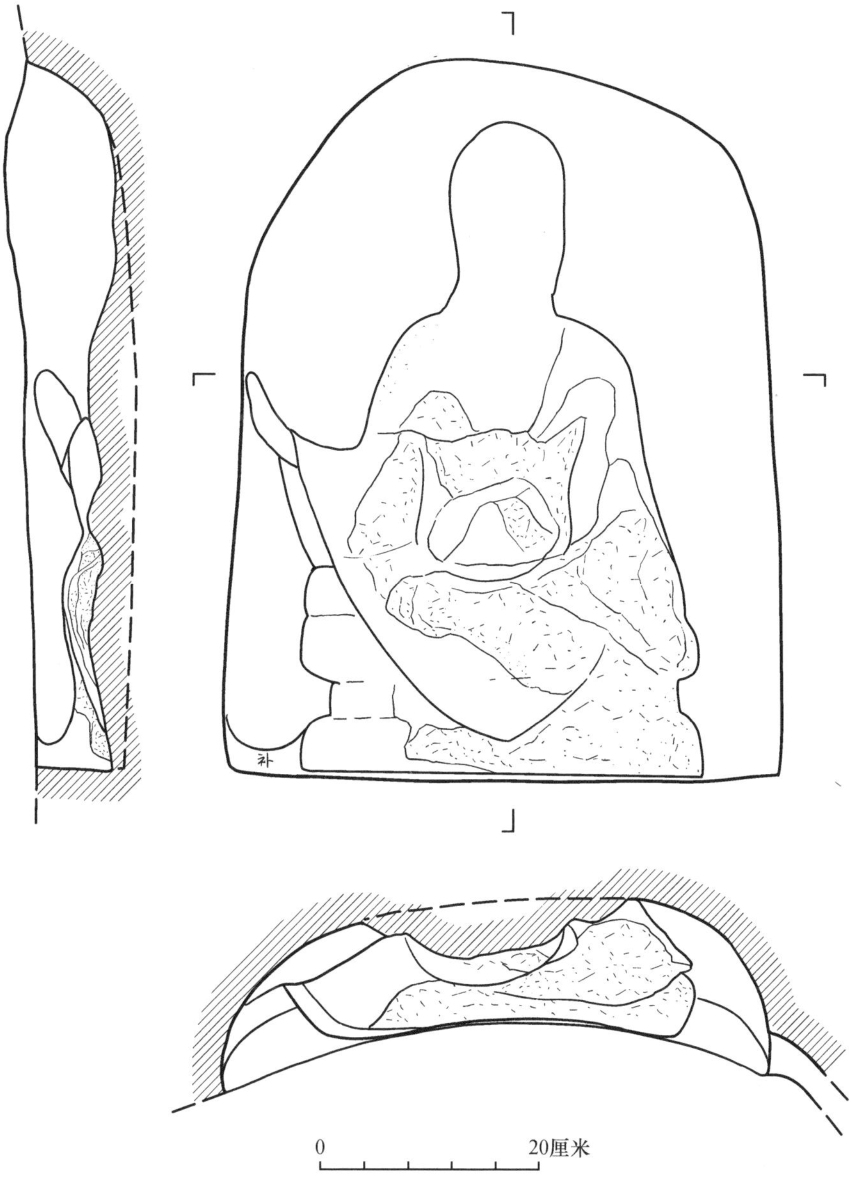

图二五 第535-12龛正、剖视图

14. 第535-14龛

位于北壁内侧中下方，北壁、正壁转折处，第535-16龛左，第535-13龛右，第535-15、535-87、535-86龛上，第535-11、535-12龛下。圆拱形龛，平面呈长方形，壁面略呈直角转折，打磨平滑，造像下部表面与窟壁齐平，龛形经修补加固完整，宽40、高60、深6厘米。龛向240°，壁面施红彩，黑、白彩绘卷云（图二七；图版六三，3）。

龛内造像基本不存，仅余一束腰方座座底，座残高8.6厘米。座上方残存原造像凸起石坯，壁面存一清代彩绘坐佛。

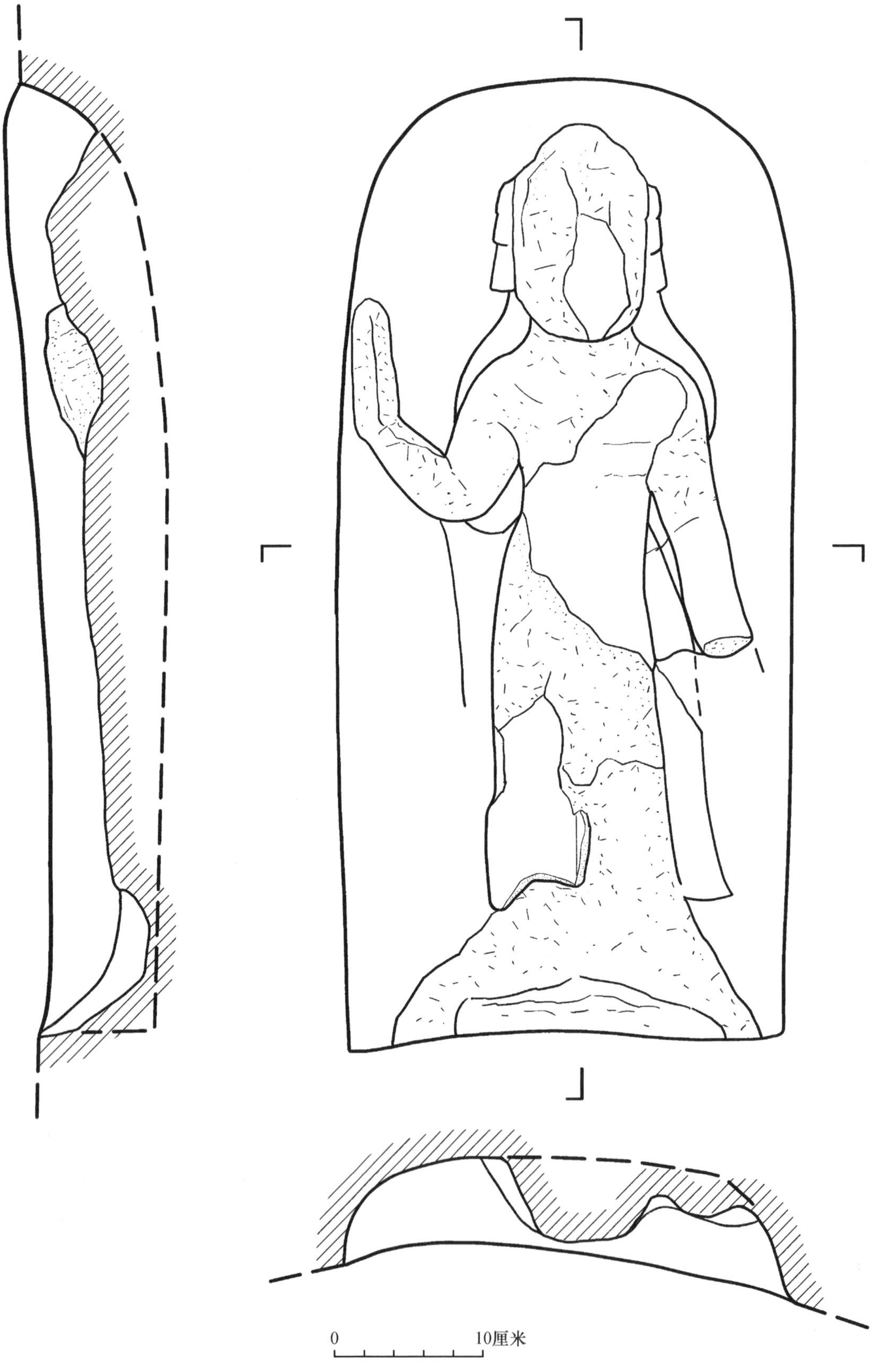

图二六　第535-13龛正、剖视图

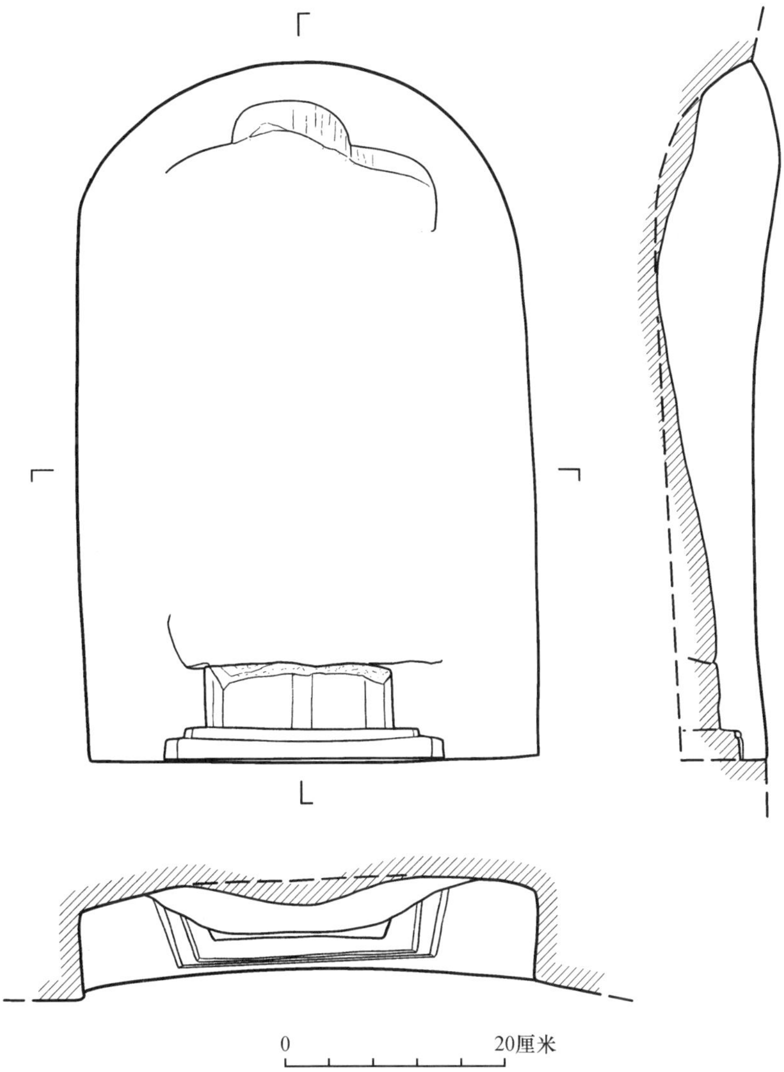

图二七 第535-14龛正、剖视图

15. 第535-15龛

位于北壁内侧下层，第535-17龛左，第535-87龛右，壁前佛坛第535-49龛上，第535-16、535-14龛下。圆拱形龛，平面呈浅弧形，各壁呈弧形转折，壁面平滑，宽20、高45、深6厘米。龛向235°。造像风化残损不完整，残损处经修补加固，龛形经修补加固基本完整，壁面施红彩，造像存绿、黑、白色装彩，剥落严重（图二八；图版六四，1）。

正壁前造一菩萨立于低座上，造像上半部分保存较完整，整龛下半部分风化严重，下部龛壁、造像腿部、脚部及龛底风化不存，高38、肩宽10、座高3厘米。戴束发三珠冠，面部方圆饱满，五官风化不清，长耳及肩，耳垂宽厚，颈略短，雕蚕纹，椭圆形发辫覆两肩，压帔帛上，肩略宽（图版六四，2、3）。项圈缀接带状瓔珞经胸前过腹腿垂于体前，斜披络腋，帔帛于腹前呈U字形搭两肩后垂于体侧，下着裙，裙腰外翻。腰微右扭，右手持柳枝，屈肘上举于肩侧，左手垂于体侧，执物被破坏不可辨，双手戴腕钏（图版六四，4）。

图二八　第535-15龛正、剖视图

16. 第535-16龛

位于北壁内侧下层，第535-18龛左，第535-14右，第535-11龛下，第535-17、535-15龛上。圆拱形龛，平面呈浅弧形，各壁弧形转折，壁面打磨平滑，造像下部表面与窟壁齐平。宽27、高56、深6厘米。龛向240°。造像及龛形基本完好，壁面施红彩，黑、白彩绘卷云，造像存绿、黑、白、红色装彩，剥落严重（图二九；图版六五，1）。

正壁前造一菩萨立覆莲浅圆座上，高50、肩宽14、座高4厘米。圆形素面头光，戴束发冠，额前饰宝珠，缯带于头后两侧下垂，椭圆状发辫覆双肩。面部方圆，双耳宽长，耳垂较厚，颈略长。收腰鼓腹，腰微右扭（图版六五，2）。斜披络腋，腰带绕腿前呈U字形，后于腰两侧结带下垂。腰系带，下着长裙，裙腰外翻，从裙中凸出双腿轮廓，左膝微屈，雕出裙褶，裙尾覆足背。右手持柳枝屈肘上举至龛右壁，柳枝雕出龛外，略高于壁面，左手垂体侧略撇向左壁，所持执物不可辨，双腕戴双重腕钏（图版六五，3、4）。跣足，足尖分开，略呈八字形站立。

17. 第535-17龛

位于北壁内侧下层，第535-19龛左，第535-15龛右，壁前佛坛第535-48、535-49龛上，第535-16龛下。圆拱形龛，平面呈浅弧形，内壁弧形转折，壁面打磨平滑，宽18、高33、深4厘米。龛向235°。该龛开于一块凸起于北壁的石坯之上，系北魏造像残存，石坯凸出壁面8、宽24、高44厘米。造像风化严重，风化处经修补加固，龛形基本完好，壁面施红彩，造像存绿、黑、白色装彩，剥落严重（图三〇；图版六六，1）。

正壁前造一菩萨立浅圆座上，高27、肩宽8、座高2厘米。发髻不高，面部方圆，面容风化不清，耳垂宽厚，颈略短，椭圆状发辫覆两肩（图版六六，2）。斜披络腋，胸腹外鼓，收腰。身体表面素面磨光，下着裙，裙腰外翻，裙尾覆足背，右膝微屈，右手屈肘上举至龛右壁，手部特征不可辨，左手垂体侧，似提一宝瓶，双腕戴腕钏（图版六六，3、4）。身体略朝向右前方，跣足，足尖略分开。

18. 第535-18龛

位于北壁大龛左壁中部，打破北壁大龛左壁，第535-16龛右，第535-19、535-20龛上，第535-94龛下。左侧龛顶呈圆拱形，右侧龛壁不存，平面呈不规则纺锤形，打破了正壁大龛左壁外侧而龛形不完整，使造像下部台座高于壁面，宽15、高45、深5厘米。龛向280°。龛形不完整，造像残损风化严重，残损处经修补加固，壁面施红彩，造像存绿、黑、白色装彩，剥落严重（图三一，图版六七，1）。

正壁前造一菩萨立圆座之上，高36、肩宽8、座高7厘米。绾高发髻，面部方圆，颈短肩窄（图版六七，2、3）。右手似执柳枝屈肘上举至肩侧（图版六七，4）。衣着、左手、双足、台座风化严重，特征不可辨。

图二九　第535-16龛正、剖视图

图三〇　第535-17龛正、剖视图

19. 第535-19龛

位于北壁大龛左壁下部靠内，第535-20龛左，第535-17龛右，第535-18龛下，打破第535-20龛左壁。圆拱形龛，龛顶左上角因壁面走势而不全，平面呈浅弧形，各壁弧形转折，打磨平滑，宽18、高47、深6厘米。龛向285°。造像略残损风化，残损处经修补加固，壁面施红、黑彩，局部剥落，造像存绿、白、黑色装彩（图三二；图版六八，1）。

正壁前造一菩萨立浅圆座上，双足及台座风化不可辨，高40、肩宽7、座高2厘米。雕尖桃形素面头光，随龛壁转折上厚下薄，上厚1.5、下厚0.5厘米。绾高发髻，髻分两半，戴束发冠，面部较方圆饱满，颈略短，椭圆状发辫覆两肩压于帔帛上。身体线条较直，起伏不明显。斜披络腋，下着裙，裙腰外翻（图版六八，2）。璎珞自项圈中部缀连，过胸腹中央绕腿前。帔帛绕腹腿前呈U字形，搭两肩后垂于体侧。右手执柳枝屈肘上举至肩侧，左手下垂于体侧，提一壶状物（图版六八，3、4）。

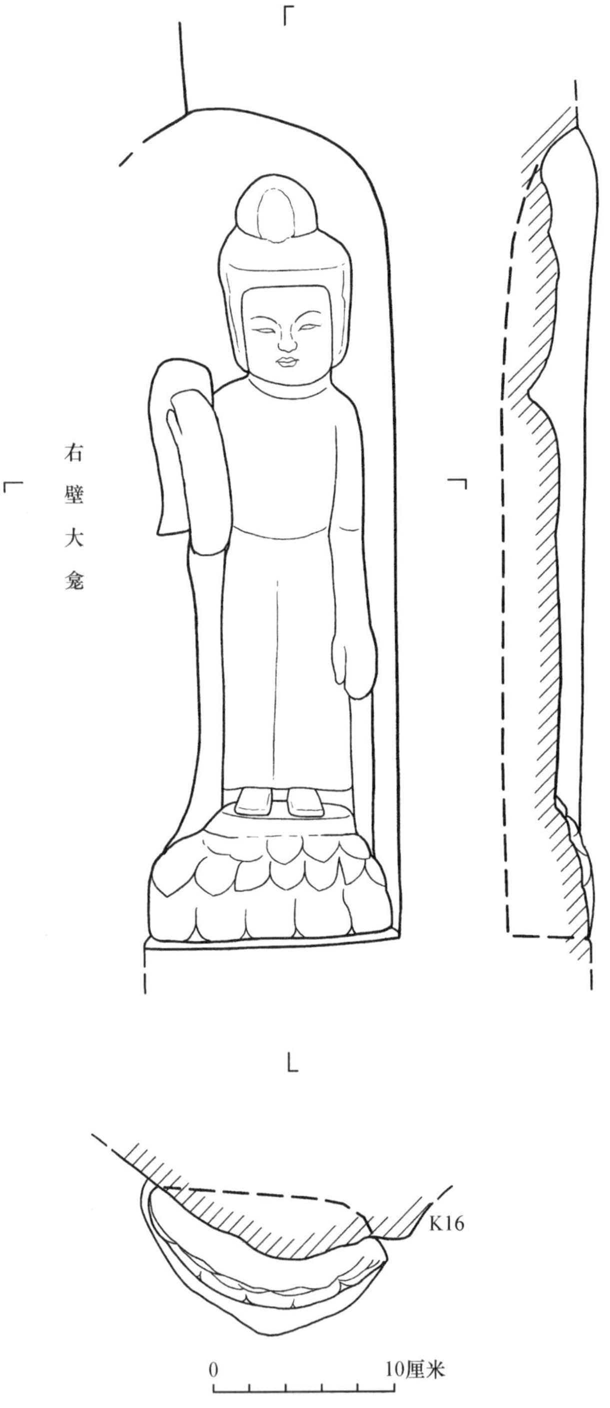

图三一　第535-18龛正、剖视图

图三二 第535-19龛正、剖视图

20. 第535-20龛

位于北壁大龛左壁下部靠内，第535-18龛下，被外侧第535-19龛打破。圆拱形敞口浅龛，平面呈浅弧形，底内高外低，各壁呈弧形转折，壁面打磨平滑，宽15、高38、深4厘米。龛向320°。左壁被破坏不存，右壁下部外侧残，造像略残损风化，残损风化处均经修补加固，壁面施红彩，局部剥落，造像存绿、青、白色装彩，剥落处可见叠压分层，造像局部经修补加固（图三三；图版六九，1）。

正壁前造一佛立圆座上，双足残，双手及持物略风化，双足及台座经修补加固，高27、肩宽7、座高4厘米。磨光肉髻，高而宽，面部宽圆饱满，额部宽平，双耳仅雕轮廓，长圆且厚，颈部存两道宽蚕纹（图版六九，2）。两肩略宽，两臂粗壮，小腹微鼓。披通肩式上衣，领口开颈下，外翻较宽，胸腹前衣纹呈U字形，大腿前衣纹略呈同心椭圆形，下露裙尾，覆足背，跣足。左手垂体侧，右手掌心托一硕大宝珠于右肩前（图版六九，3）。双足呈八字形站立，腰微右扭。

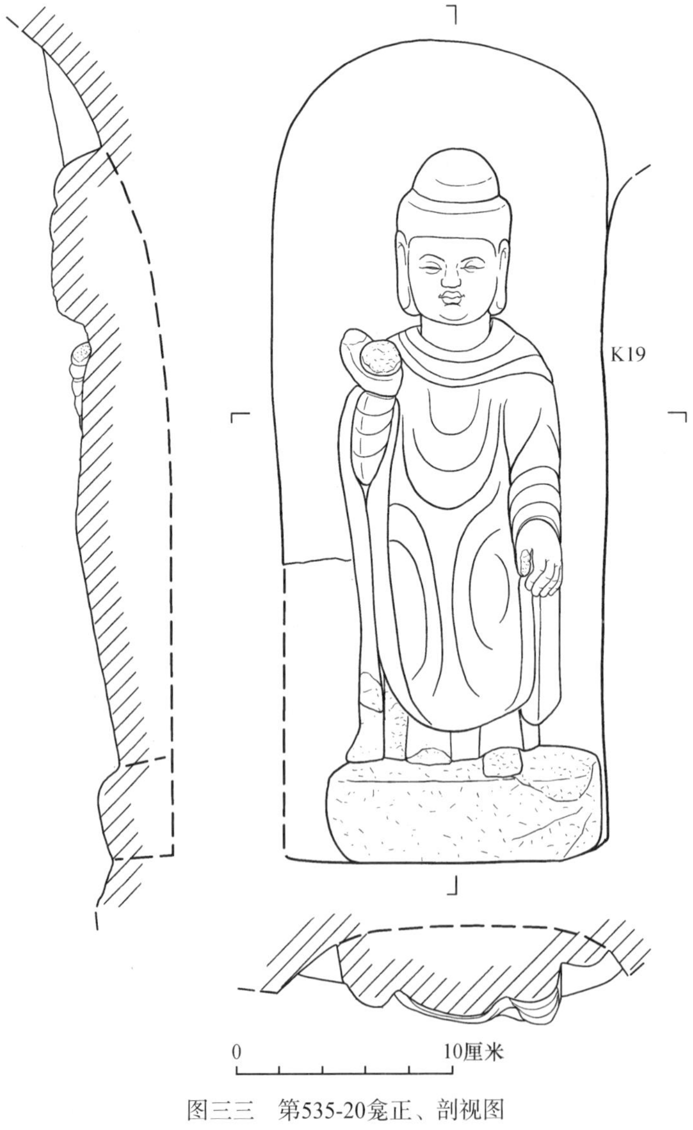

图三三　第535-20龛正、剖视图

21. 第535-21龛

位于北壁大龛主尊方座下部远窟口处，第535-22龛左，打破北壁大龛主佛方座。圆拱形浅龛，平面呈浅弧形，各壁呈弧形转折，宽11、高20、深3厘米。龛向220°。龛底、造像风化严重，残损处经修补加固，壁面施红彩，剥落严重，造像仅余黑彩（图三四；图版七〇，1）。

依轮廓可辨龛内造一菩萨立像，造像头部、双手、双足、台座不存，残高13、肩宽4厘米。面部饱满，衣饰不可辨，腰微左扭。左手屈肘上举似执柳枝，右手下垂执物不明。

22. 第535-22龛

位于北壁大龛主尊方座下部中央，第535-23龛左，第535-21龛右，打破北壁大龛主佛方座。尖拱形龛，平面呈浅弧形，各壁呈弧形转折，造像中部与窟壁齐平，宽13、高25、深3厘米。龛向220°。龛底及造像风化较严重，残损处经修补加固，壁面施红彩，造像存绿、白、黑色装彩，局部剥落（图三五；图版七〇，2）。

正壁前造一菩萨立像，双足、台座不存，高22、肩宽5厘米，绾高圆髻，面部饱满，双耳宽长，颈略长，戴项圈（图版七〇，3、4）。帔帛于腹腿前绕两道，下着裙，雕出腿部衣褶，双手于胸前上下环抱一物，风化不可辨。

图三四　第535-21龛正、剖视图

图三五　第535-22龛正、剖视图

23. 第535-23龛

位于北壁大龛主尊方座下部中央，第535-24龛左，第535-22龛右，打破北壁大龛主佛方座。圆拱形龛，平面呈浅弧形，各壁呈弧形转折，打磨平滑，造像底部与窟壁齐平，宽19、高25、深4厘米。龛向230°。龛形完整，造像略风化，壁面施红彩，局部剥落，造像存黑、白色装彩（图三六；图版七一，1）。

龛内凿一佛结跏趺坐于覆莲座上，头部残损，额部以上不存，顶部露出一圆形孔洞，直径0.8、深2厘米，像高18、肩宽9、座高3厘米。面部方圆饱满，双耳宽长，颈略短（图版七一，2）。上衣覆两肩，左侧衣边绕腹前搭右肘，内着僧祇支。右手抚右膝，左手仰掌置腿上似托一物，执物风化不可辨。

图三六　第535-23龛正、剖视图

24. 第535-24龛

位于北壁大龛主尊方座下部近窟口处，第535-23龛右，打破北壁大龛主佛方座。圆拱形龛，平面呈浅弧形，各壁呈弧形转折，打磨平滑，造像表面略低于窟壁，宽21、高28、深8厘米。龛向222°。龛形基本保存完整，造像残损严重，残损处经修补加固，壁面施红彩，局部剥落，造像存黑、绿、白色装彩（图三七；图版七一，3）。

正壁前造一弟子像，造像仅余头部及左肩，残高25、肩宽12厘米。似坐姿，面部饱满方圆，双耳略宽长，颈雕两道蚕纹。

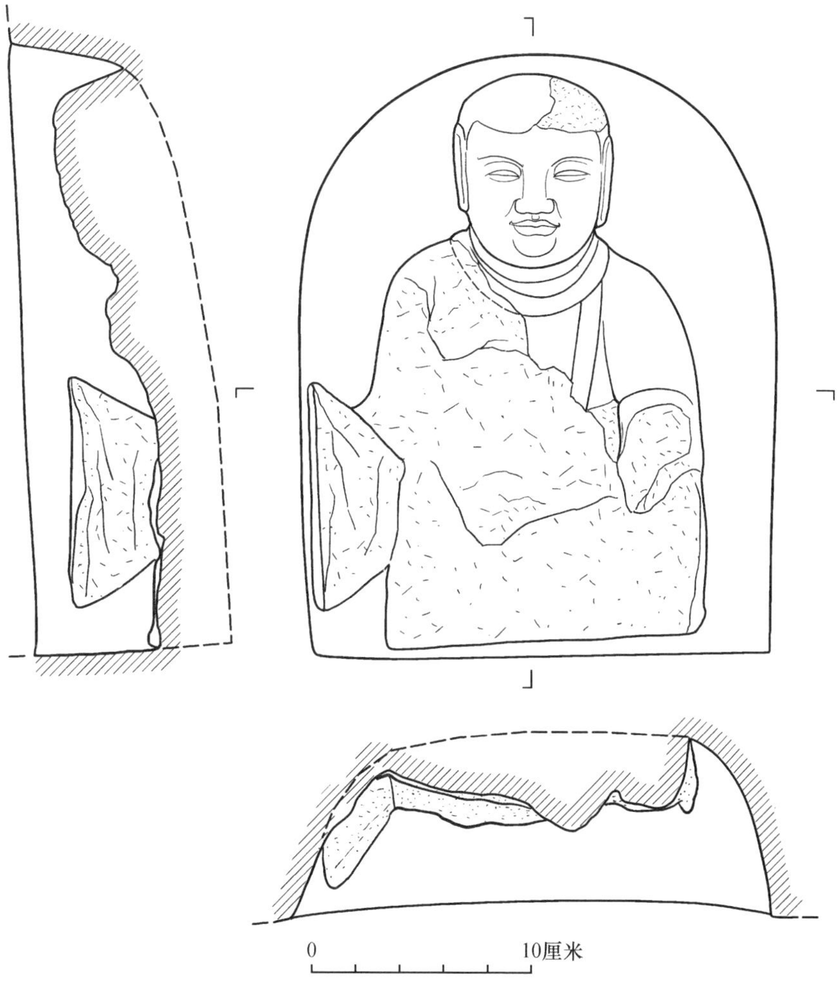

图三七　第535-24龛正、剖视图

25. 第535-25龛

位于正壁上部中央，第535-26龛右，正壁大龛上，破坏原北魏造像凸出于壁面的头光，现龛底右侧凸出于窟壁。圆拱形敞口龛，平面呈浅弧形，顶近平，底内高外低，各壁呈弧形转折，壁面打磨平滑，随壁面走势而上深下浅，宽24、高47、深8厘米。龛向330°。保存基本完整，壁面施红彩，造像存绿、黑、白色装彩，较厚，剥落严重（图三八；图版七二，1）。

正壁前造一菩萨立仰莲圆座上，右臂残，高39、肩宽10、座高3厘米。头雕刻较高，绾高圆髻，戴束发高冠，中央有圆饼形饰，面部方圆饱满，颈部有三道蚕纹（图版七一，2）。胸腹较平，斜披络腋，于胸前左侧反搭一角，下着长裙，腰束带，跣足，帔帛覆两肩，于腿前横过，绕搭对侧手臂后，垂于体侧台座上。戴环状项圈，两侧各有一道素面璎珞垂下，于腹前相交后，又分两道垂及膝部，折向身后，呈X形，相交处饰圆饼形饰。左臂下垂提帔帛，右臂原应举肩前，腰右扭明显。台座雕一层仰莲瓣，台座表面内高外低，倾斜严重。

26. 第535-26龛

位于正壁上部中央，第535-25龛左，第535-27龛右，正壁大龛上，龛底紧贴正壁大龛龛顶略呈弧形。圆拱形浅龛，平面呈浅弧形，各壁呈弧形转折，壁面打磨平滑，造像底部表面与窟壁齐平，宽20、高34、深7厘米。龛向330°。龛形及造像保存基本完整，壁面施红彩，造像存绿、黑、白色装彩，剥落严重（图三九；图版七二，3）。

龛内造一菩萨立圆座上，高30、肩宽7、座高5厘米。绾高发髻，面部方圆饱满。颈略长（图版七二，4）。胸腹较平，腰微右扭。斜披络腋，下着长裙，裙尾覆足背，腰带在腰两侧系结后下垂。右手屈肘上举至龛右壁，左手下垂略向龛边抬起，双手部细节风化不可辨。

27. 第535-27龛

位于正壁上部中央，第535-26龛左，第535-28龛右，正壁大龛上。圆拱形龛，平面呈浅弧形，各壁呈弧形转折，壁面打磨平滑，宽23、高46、深8厘米。龛向330°。龛形及造像保存基本完整，壁面施红彩，造像存绿、青、黑、白色装彩，剥落较严重（图四〇；图版七三，1）。

正壁前造一菩萨立仰莲圆座上，高38、肩宽9、座高4厘米。绾高发髻，戴三珠束发冠，缯带垂肩，面部方圆饱满，双耳宽长且厚，耳垂略向外翘，颈雕两道蚕纹（图版七三，2），胸腹较平，腰微右扭。帔帛覆两肩，过腿前呈U字形，绕臂垂体侧至座底。下着裙，腰系带，裙腰外翻，裙尾覆足背，跣足。右手执柳枝屈肘上举至肩侧，左手下垂体侧似提一宝瓶。龛底有一层低台衬于仰莲座下，略高于北壁大龛窟顶平面，低台高约1厘米。

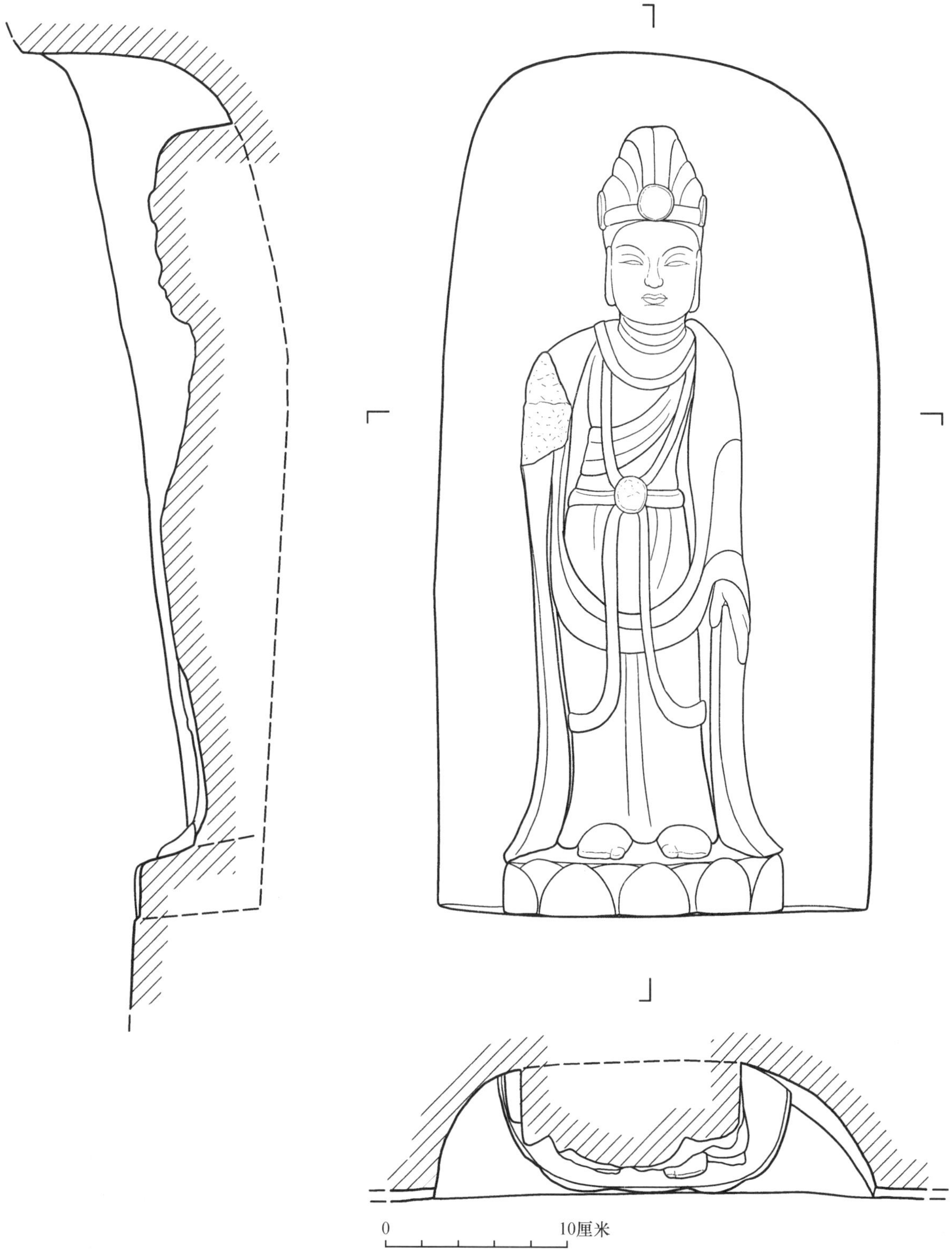

图三八 第535-25龛正、剖视图

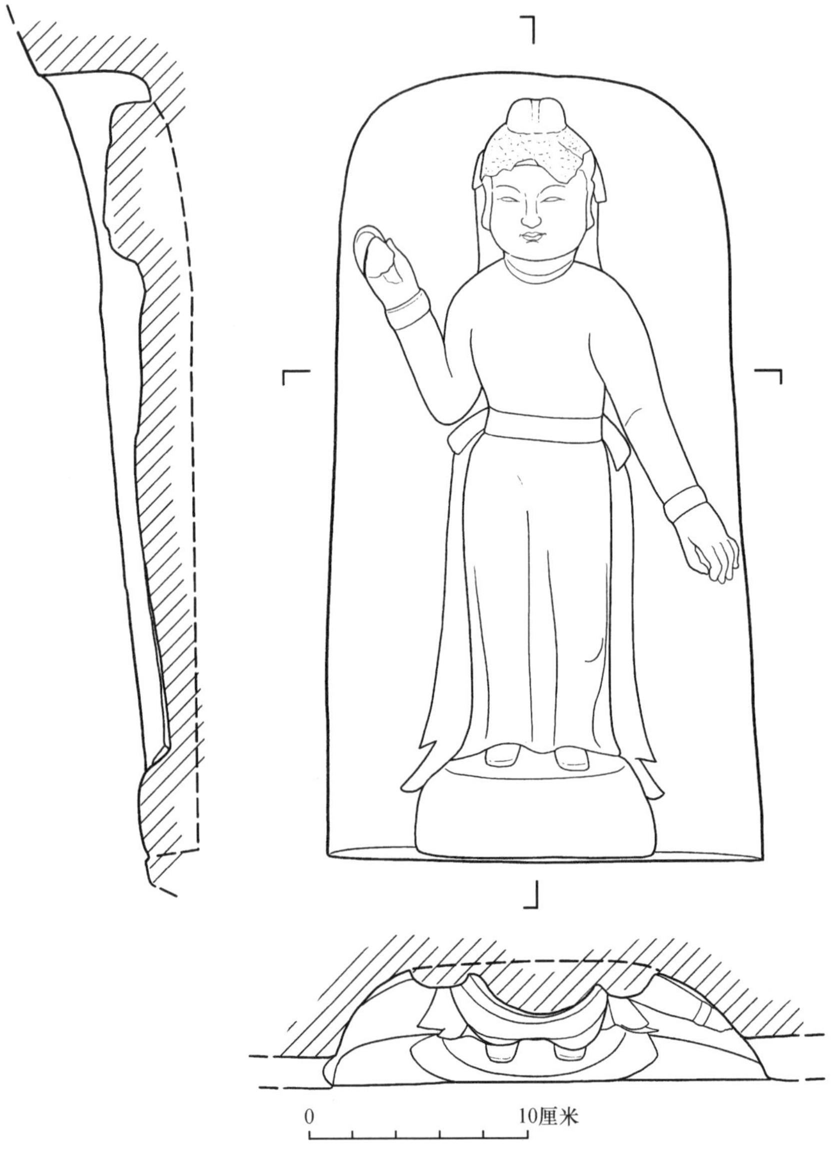

图三九　第535-26龛正、剖视图

28. 第535-28龛

位于正壁上部，正壁大龛左上角，第535-27龛左，第535-29龛右，龛底右下角抵正壁大龛龛顶。圆拱形龛，平面呈浅弧形，各壁呈弧形转折，壁面打磨平滑，造像下部表面与窟壁齐平，宽33、高55、深9厘米。龛向340°。龛形及造像保存基本完整，壁面施红彩，造像存绿、黑、白色装彩，剥落较严重（图四一；图版七四，1）。

正壁前造一菩萨立仰莲圆座上，高41、肩宽11、座高6厘米。绾高发髻，髻分两半，戴束发冠，缯带垂肩，面部方圆饱满，双耳宽厚，耳尖和耳垂略翘起（图版七四，2）。肩胸较宽厚，收腰鼓腹。斜披络腋，下着裙，腰系带，裙腰外翻呈两片，左侧一片呈弧边倒三角形，右侧一片呈方形，腰带过大腿前，于腰两侧系结带后下垂，带尾至仰莲圆座两侧略微上翘，裙尾覆足背，足尖较小。右手执柳枝屈肘上举至龛右壁，左手下伸体侧，掌心向后，四指相捻，小指伸直，双腕戴腕钏（图版七四，3、4）。

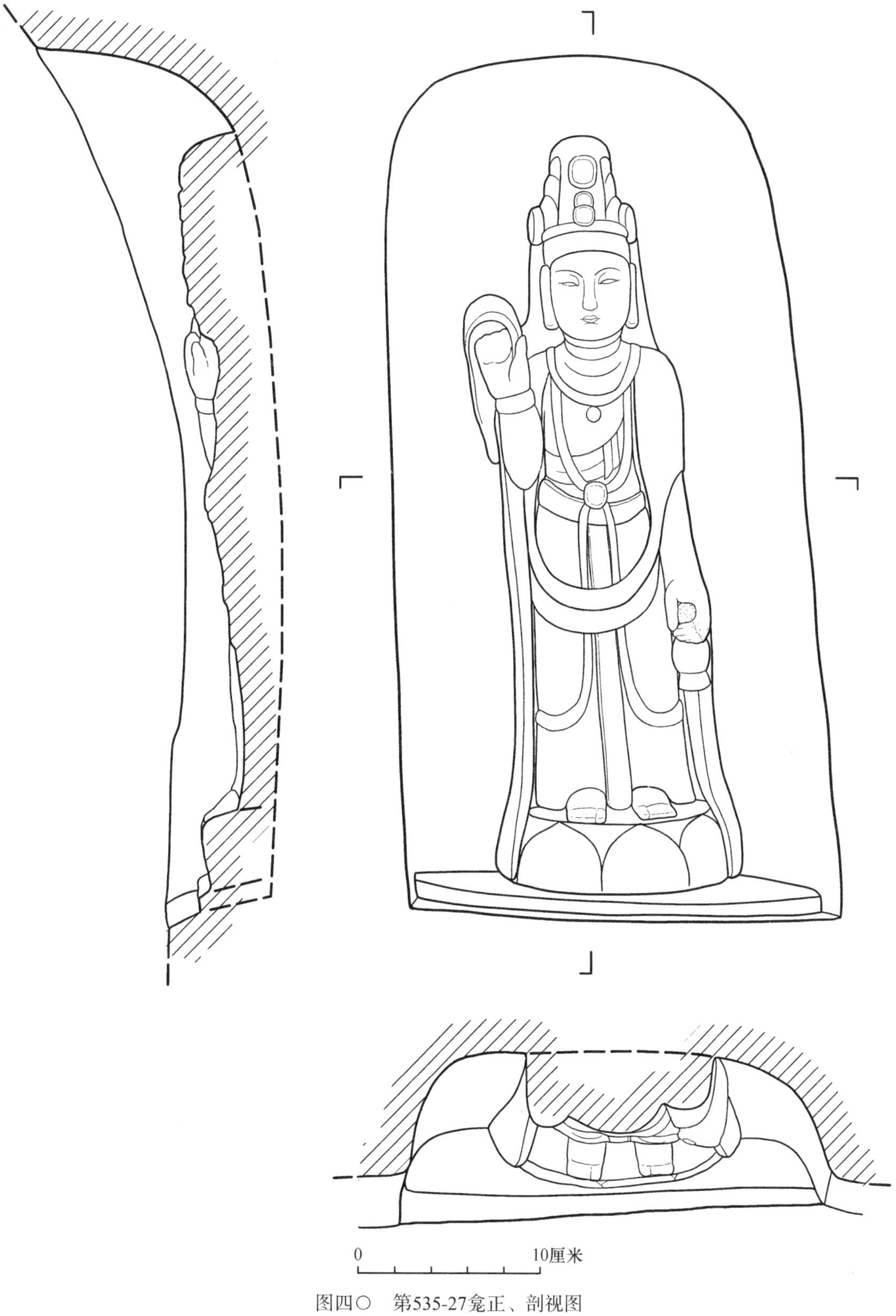

图四〇 第535-27龛正、剖视图

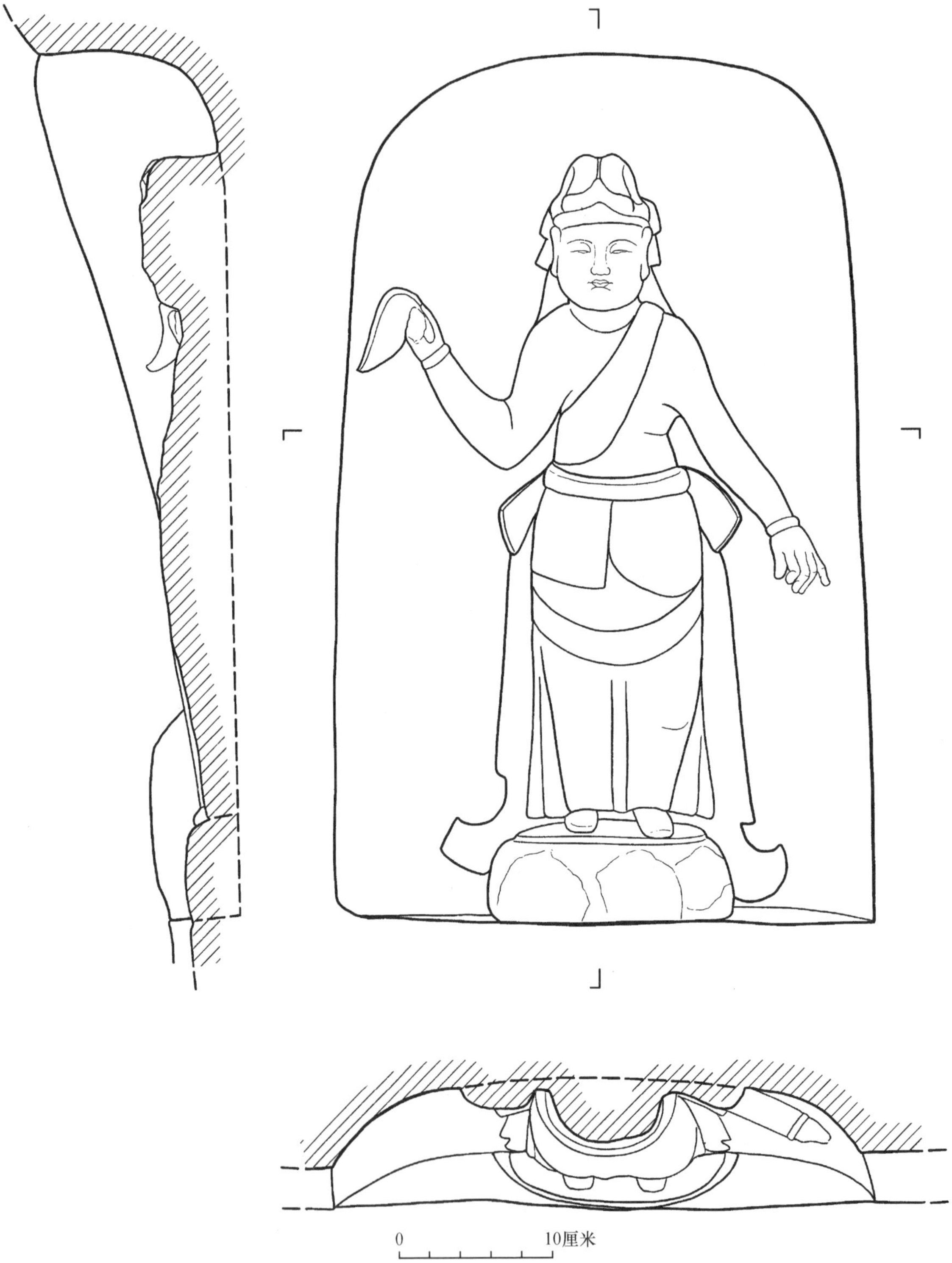

图四一　第535-28龛正、剖视图

29. 第535-29龛

位于正壁上部南侧，正壁大龛、第535-28龛左，第535-33、535-96龛右，第535-30、535-32龛上，破坏正壁左侧北魏胁侍造像，龛底下方及右侧下部存北魏造像头部及头光残痕。圆拱形龛，平面近浅弧形，顶部近平，较深，底内高外低，左、右壁外敞，各壁呈弧形转折，打磨平滑，随壁面倾斜而上深下浅。宽50、高74、深9厘米。龛向325°。左壁中下部缘残损风化严重，经修补加固完整，头脱落不存，亦经加固，壁面施红彩，造像存红、绿、青、白色装彩，剥落严重（图四二；图版七五，1）。

正壁前造一佛善跏趺坐于束腰方座上，头不存，左手残，残高52、肩宽24、座高23厘米。有尖桃形素面头光，光尖至龛顶。肩宽胸厚，收腰鼓腹，四肢较长，身体表面素面磨光，不雕衣纹。上衣覆身体左侧，领边自身后经右腰横覆双腿及台座，覆搭左臂垂体后，露中衣右侧，领边于腹前上衣后折腋，垂于右腿前，呈倒三角形上提，搭右臂垂体侧，垂下的衣角展开较宽，转折明显，内着僧祇支，上衣下露百褶裙尾覆足背，跣足。左手斜伸左膝上，伸出五指，掌心向下，五指轮廓已至龛外窟壁表面，右手屈肘举右壁近龛口处，掌心向内，向斜上方伸出食指与中指，余三指内屈握宝珠（图版七五，2）。两膝对称外撇，贴台座，双足较小，内收至台座中央，足跟相对，足尖朝向两侧，雕出五趾，下有素面椭圆形台承托，身体随壁面略前倾。台座素面，束腰下有向外之凸字形基座，其表面与下方窟壁齐平。

30. 第535-30龛

位于正壁左侧，龛右壁紧贴正壁大龛左壁中部，正壁大龛左，第535-32龛右上，第535-31龛上，第535-29龛下。尖拱形敞口浅龛，各壁呈弧形转折，打磨平滑，上宽下窄，上宽18、下宽16、高46、深6厘米。龛向320°。龛形及造像保存基本完整，龛外左上角有一凸起不平的壁面，系北魏造像遗存。壁面施红彩，黑、白彩绘卷云，造像存绿、蓝、白、黑色装彩，剥落严重（图四三；图版七六，1）。

正壁前造一菩萨立双层圆座上，高32、肩宽8、座高3厘米。绾高发髻，面部方圆饱满，颈略短（图版七六，2）。斜披络腋，帔帛覆双肩过腿前绕双肘垂体侧，着下裙，裙尾覆足背，跣足。右手执柳枝屈肘上举，左手下垂提宝瓶，右腕戴腕钏，左手不可辨（图版七六，3、4）。

31. 第535-31龛

位于正壁左侧，正壁大龛左，第535-32龛右，第535-78龛上，第535-30龛下。圆拱形浅龛，右壁因打破正壁大龛左壁而不完整，左壁被第535-32龛右侧菩萨手臂打破，宽15、高46、深3厘米。龛向340°。造像保存基本完整，壁面施红彩，造像存绿、白、黑色装彩，剥落严重（图四四；图版七七，1）。

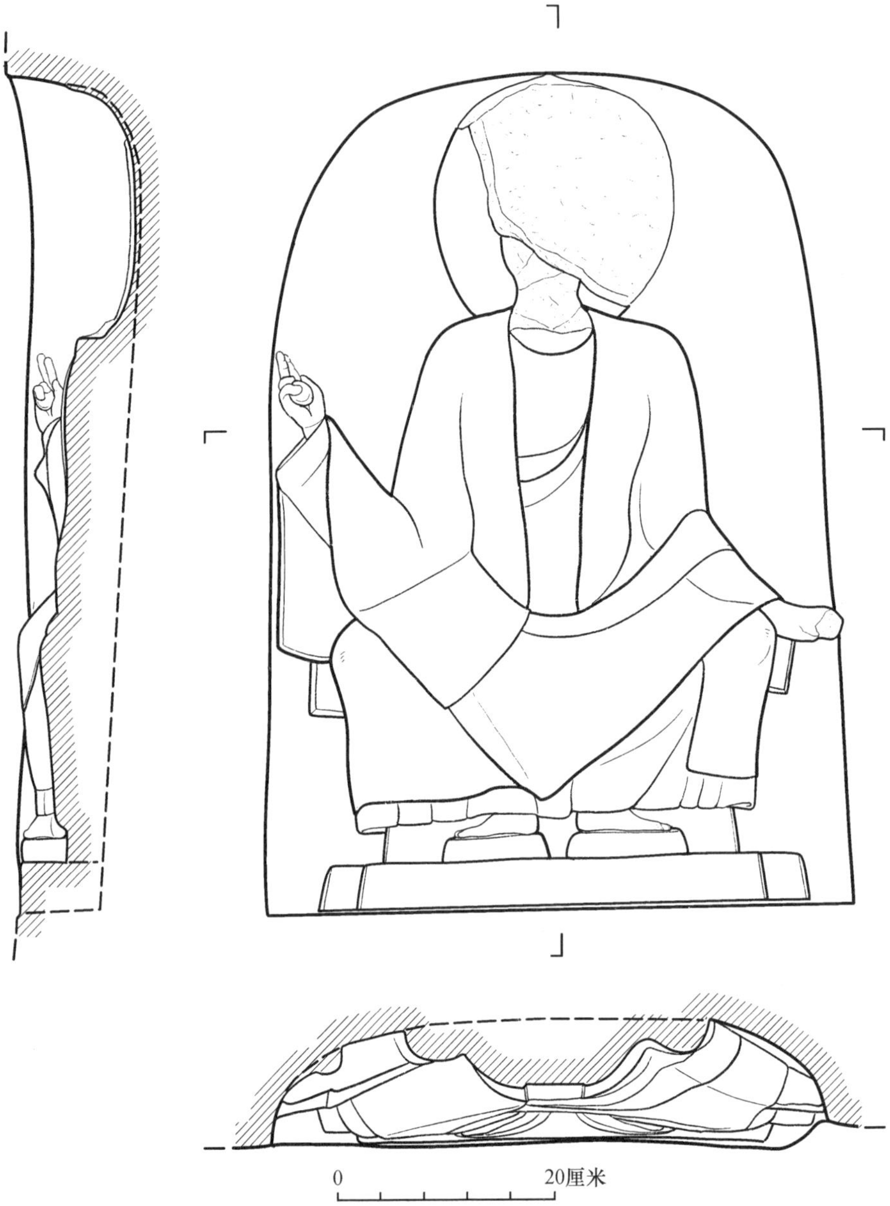

图四二　第535-29龛正、剖视图

正壁前造一菩萨立束腰仰覆莲座上，高31、肩宽8、座高8厘米。绾高圆髻，面部饱满，双耳宽长及颈，颈雕两道蚕纹，戴联珠项圈，风化严重（图版七七，2、3）。斜披络腋，帔帛绕膝前呈U字形，覆搭两肩后下垂至座上，下着长裙，裙尾覆足背。跣足，脚尖略分开，腰微右扭。右手执柳枝屈肘举肩侧，左手垂体侧，持物不可辨，双腕戴腕钏（图版七七，4）。

图四三　第535-30龛正、剖视图

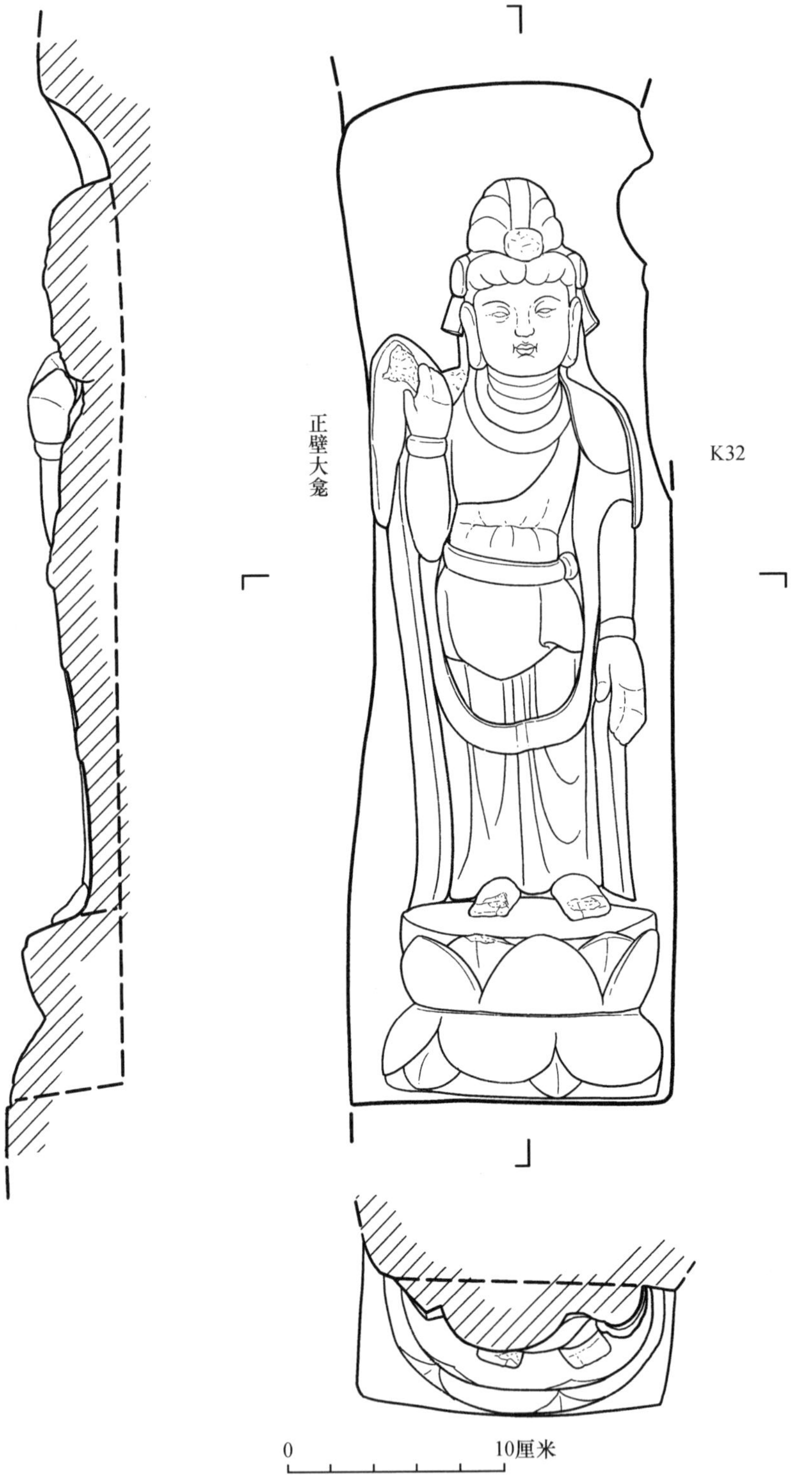

图四四　第535-31龛正、剖视图

32. 第535-32龛

位于正壁大龛左侧，第535-30、535-31龛左，第535-34龛右，第535-78、535-76龛上，第535-29龛下。圆拱形敞口龛，龛底中间略向下凹陷，龛底中间低两边高，造像略凸出于壁面，各壁呈弧形转折，打磨平滑，宽67、高86、深14厘米。龛向333°。龛形经修补加固基本完整，造像残损风化严重，造像残损处亦经修补加固，壁面施红彩，有黑、白彩绘卷云，造像存绿、青、黑、白色装彩，剥落严重（图四五；图版七八，1）。

龛内环三壁造一佛二菩萨，造像头部均不存，台座、身体局部风化残损。佛居中，结跏趺坐于束腰方座上，头部、左手不存，肩胸残损风化，座前衣摆左侧大部残损风化，残高50、肩宽20、座高25厘米（图版七八，2）。浅浮雕尖桃形素面头光。从腰部可辨着上衣覆左肩后自身后于右腋下绕腹前搭左肘，中衣覆右肩右臂，内着僧祇支，右手搭右腿，衣摆悬座前，台座雕两层四个扁圆柱，其下有浅椭圆形基座（图版七八，3；图版七九，3）。

菩萨立左、右壁前圆座上，有尖桃形素面头光，头部皆不存。左侧菩萨身体表面风化，左手、双足不存，残高58、肩宽13、座高5厘米（图版七九，1）。斜披络腋，下着长裙，裙腰外翻，右手下垂提帔帛于体侧（图版八〇，1）。右侧菩萨头部不存，残高57、肩宽13、座高5厘米（图版七九，2）。有缯带垂至肩后，斜披络腋，戴项圈，璎珞于腹前X形相交后垂及膝部折向身后，连接处饰一圆饼状物，帔帛搭双肩，横过腹腿两层，左侧为左手所执垂及台座（图版八〇，2），右手屈肘上举至龛外（图版八〇，3），双腕戴腕钏。

33. 第535-33龛

位于正壁龛左侧，第535-29龛左，第535-36龛右，第535-34龛上，第535-96、535-97龛下。圆拱形敞口浅龛，各壁面呈弧形转折，壁面打磨平滑，造像下部表面与窟壁齐平，宽47、高63、深5厘米。龛向355°。龛形完整，造像基本残损殆尽，造像残损处经修补加固，壁面施红彩，有黑、白彩绘卷云，造像存绿、黑、白色装彩（图四六；图版八一，1）。

依残痕可辨正壁前造一佛结跏趺坐于束腰方座上，头部、身体、腿部皆残损不存，露出黄色砂质岩体，残高42、肩宽20、座高15厘米。浅浮雕尖桃形素面头光。右侧龛壁处残存一截袖口，系上衣搭于屈肘上举的右臂，右手不存，左手仅余三根手指相捻微屈搭在龛壁边缘，衣摆呈三片悬于座前（图版八一，2）。

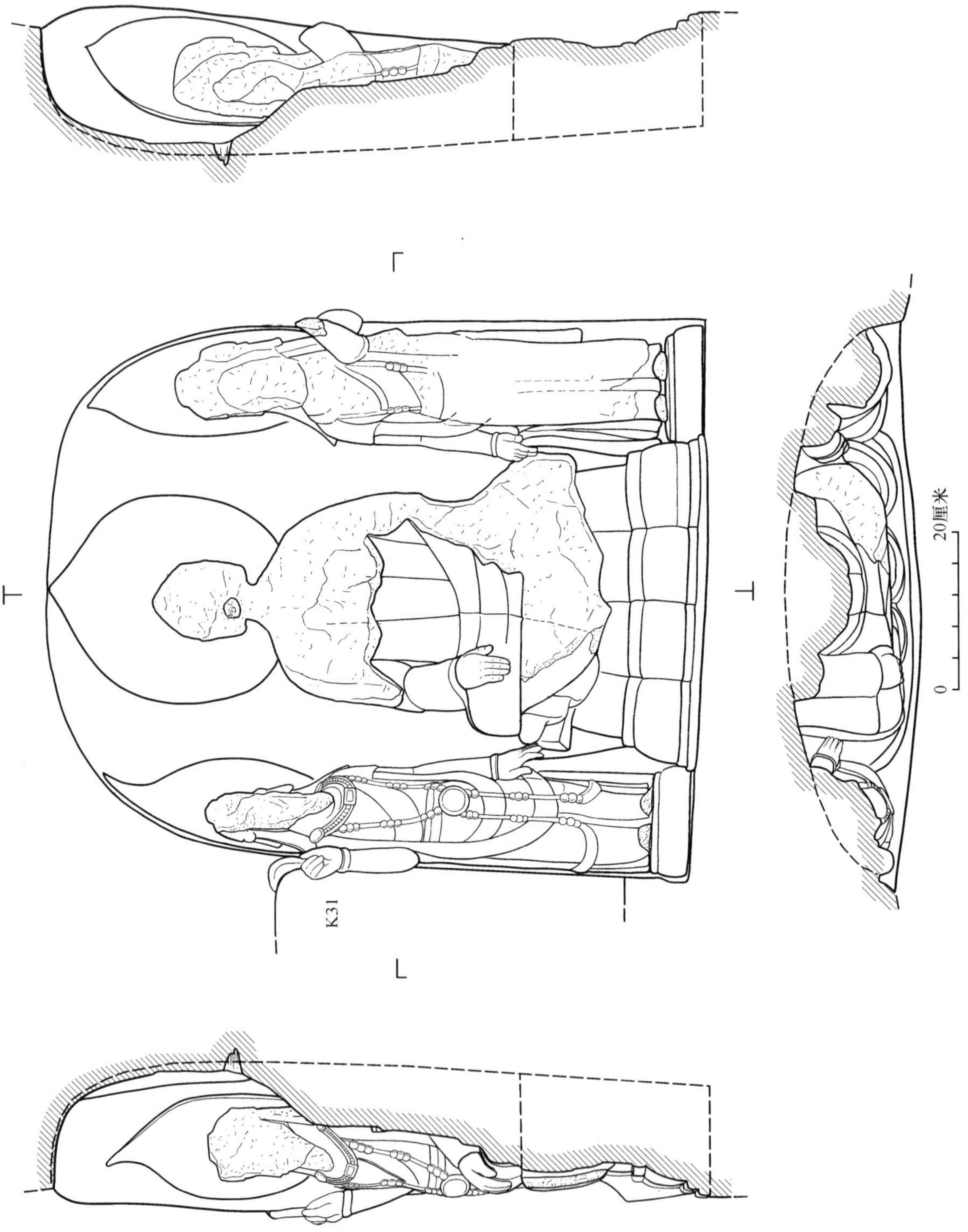

图四五　第535-32龛正、剖视图

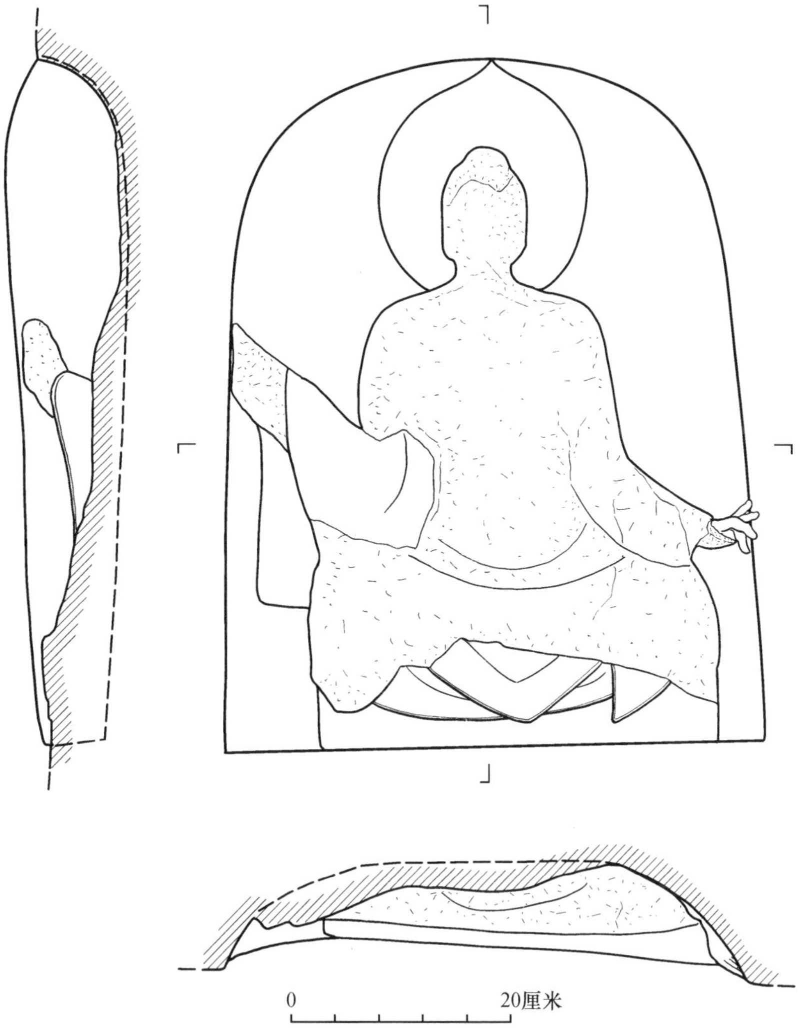

图四六 第535-33龛正、剖视图

34. 第535-34龛

位于正壁与南壁转折处，第535-32龛左，第535-37龛右，第535-74龛上，第535-33龛下。圆拱形龛，平面呈浅弧形，各壁呈弧形转折，壁面打磨平滑，宽45、高74、深10厘米。龛向0°。龛形经修补加固基本完整，龛底边界模糊，打磨不平滑，造像残损风化严重，造像残损处亦经修补加固，壁面施红彩，有黑、白彩绘卷云，造像存绿、蓝、白色装彩，剥落严重（图四七；图版八一，3）。

正壁前造一佛半跏趺坐于方座之上，头、左手、下垂于座前的右足风化不存，残高47、肩宽20、座高18厘米。浅浮雕尖桃形素面头光。肩胸略宽厚，内着僧祇支，上衣披覆方式风化不可辨。右手仰掌置腹前腿上，左侧衣缘呈倒三角搭座前，下垂的右腿处露两层衣边，衣袖、衣摆雕衣纹，线条厚重粗糙。

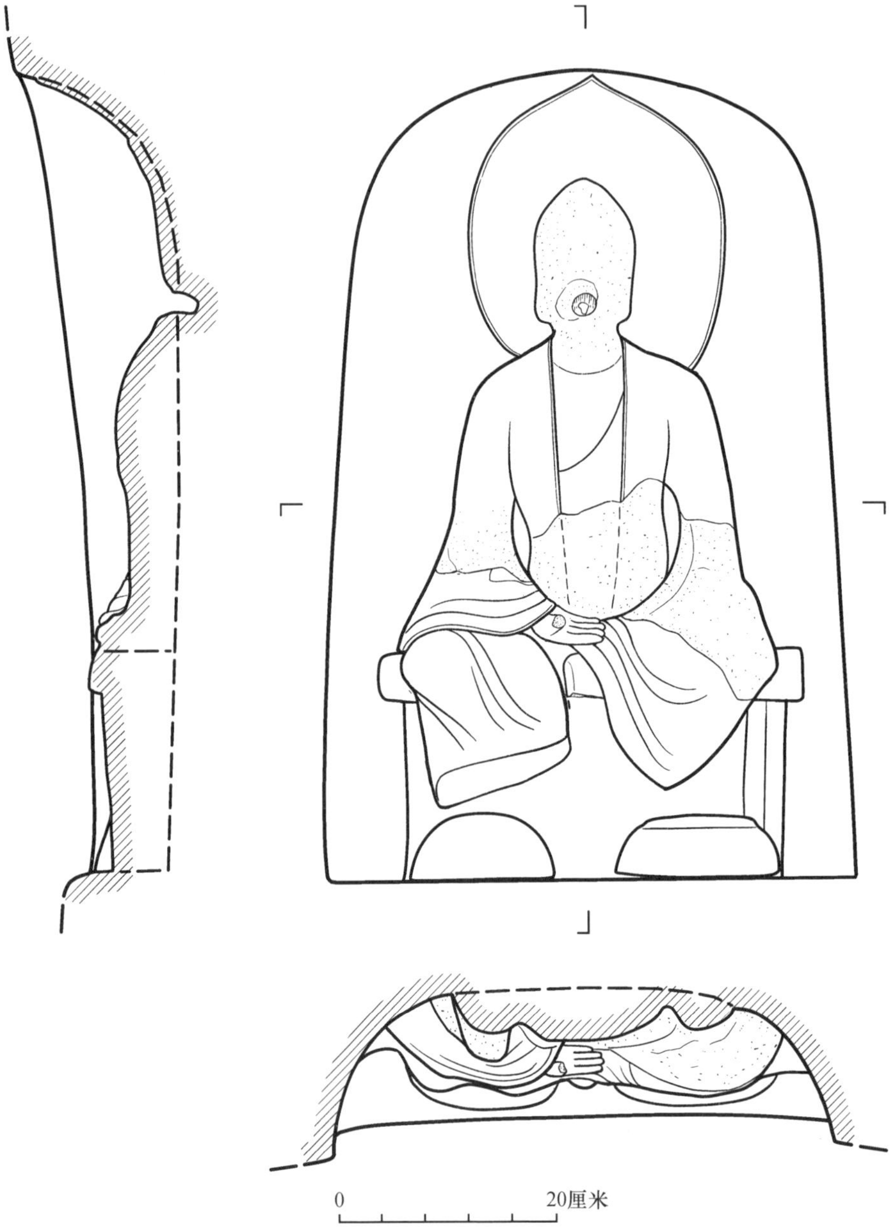

图四七　第535-34龛正、剖视图

35. 第535-35龛

位于南壁上层内侧与正壁转折处，第535-97龛左，第535-38龛右，第535-36龛上。圆拱形敞口龛，平面呈浅弧形，平底，各壁呈弧形转折，壁面打磨平滑，造像底部表面与窟壁齐平，宽16、高36、深4厘米。龛向30°。龛形完整，造像风化，残损处经修补加固，龛内壁面施红彩，造像存绿、黑、白色装彩，多已剥落（图四八；图版八二，1）。

正壁前造一菩萨立浅莲座上，高28、肩宽6、座高4厘米，绾高发髻，椭圆状发辫覆双肩压帔帛上（图版八二，2）。斜披络腋，项圈缀一道璎珞自身前中央垂下，于双膝下折向身后，帔帛覆两肩后自身侧垂及座前，下着裙，裙腰外翻呈两片，裙尾覆足背。身形略细长，腰微右扭。右手执柳枝屈肘上举于肩侧，左臂垂体侧，左手持宝瓶略向左抬起，右腕戴腕钏（图版八二，3、4）。跣足，足尖略分开呈八字形。

图四八 第535-35龛正、剖视图

36. 第535-36龛

位于南壁中部内侧与正壁转折处，第535-33龛左，第535-40龛右，第535-37龛上，第535-35龛下。圆拱形敞口龛，平面呈浅弧形，平底，各壁呈弧形转折，壁面打磨平滑，造像表面与窟壁齐平，宽32、高51、深10厘米。龛向25°。龛形完整，造像风化残损，残损处经修补加固，龛内壁面施红彩，黑、白彩绘卷云，造像存绿、青、白色装彩，剥落较严重（图四九；图版八三，1）。

正壁前造一佛结跏趺坐于束腰方座上，束腰下有两层叠涩，面部残损不存，高28、肩宽14、座高14厘米。雕尖桃形素面头光，头部余头耳轮廓，颈雕两道蚕纹（图版八三，2）。肩胸略宽厚，内着僧祇支，上衣覆两肩后下垂覆双臂。双手于腹前仰掌交叠置于腿上，衣缘悬于座前呈弧形。

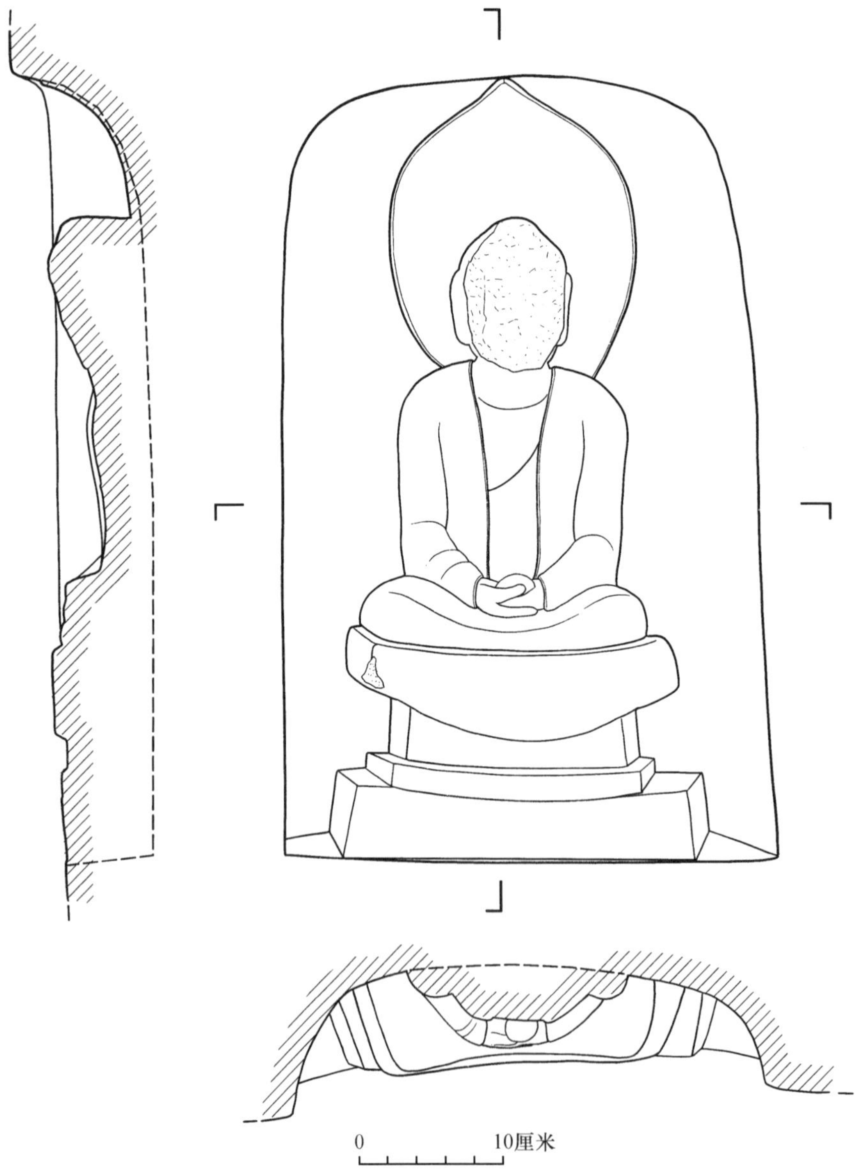

图四九　第535-36龛正、剖视图

37. 第535-37龛

位于南壁中部内侧与正壁转折处，第535-34龛左，第535-42龛右，第535-73龛上，第535-36龛下。圆拱形敞口龛，平面呈浅弧形，平底，各壁呈弧形转折，壁面打磨平滑，宽36、高77、深4厘米。龛向25°。龛形完整，造像略残，龛内壁面施红彩，黑、白彩绘卷云，多已剥落，造像全身施青、黑、白彩（图五〇；图版八四，1）。

正壁前造一佛立浅圆台上，头不存，双手风化残损，经修补加固，高66、肩宽20、座高4厘米。有尖桃形素面头光，光尖齐平于窟壁，头顶轮廓上凸明显，颈存三道蚕纹。两肩宽壮，收腰鼓腹，浅刻衣纹。着通肩式上衣，领口开胸前呈深U字形，下摆呈倒三角形，搭左肩、左臂垂下的部分宽而厚重，拉直衣角，膝前露中衣下摆，内着僧祇支，下着裙，裙尾露足背，裙褶展开宽而厚重。跣足，腰右扭较明显，双手屈肘举两肩侧，左手掌心向内向上伸出食、中二指，余三指内屈相捻，右手掌心向龛外，略朝下，五指伸直，中指压食指上，拇指、食指、中指置于龛外窟壁上（图版八四，2、3）。双足呈八字形站立，左膝微屈。

38. 第535-38龛

位于南壁上层内侧与正壁转折处，第535-35龛左，第535-39龛右，第535-36、535-40龛上。圆拱形敞口龛，平面呈浅弧形，平底，各壁呈弧形转折，壁面打磨平滑，宽15、高38、深4厘米。龛向45°。龛形完整，造像略风化，龛内壁面施红彩，造像存绿、黑、白色装彩，多已剥落（图五一；图版八五，1）。

正壁前造一菩萨立浅莲座上，高30、肩宽6、座高3厘米，绾高发髻，面部方圆饱满（图版八五，2）。身形略细长，腰微右扭。斜披络腋，璎珞于腹前X形交叉后下垂至双膝下折向身后，帔帛覆两肩后自身侧垂及座前，下着裙，裙腰外翻，裙尾覆足背。右手执柳枝屈肘上举于肩侧，左臂垂体侧，左手持宝瓶略向左抬起，右腕戴腕钏（图版八五，3、4）。跣足，足尖略分开呈八字形。

39. 第535-39龛

位于南壁上层，南壁大龛右上方，第535-43龛右，第535-38龛左。外长方内圆拱形龛，内龛平面呈浅弧形，龛上部近洞窟穹隆顶边缘使外龛上深下浅，龛内壁面打磨平滑，造像下部台座表面与窟壁基本齐平，宽70、高76、上深40、下深2厘米。龛向60°。龛形保存完整，造像头部均不存，残损处经修补加固，壁面施红彩，造像存绿、青、黑、白色装彩，剥落严重（图五二；图版八六，1）。

正壁前造一佛二菩萨，均有尖桃形素面头光。佛居中，头不存，结跏趺坐于束腰方座上，束腰下有两层叠涩，残高40、肩宽22、座高20厘米。肩宽胸厚，收腰鼓腹，身体磨光，不雕衣纹。内着僧祇支，上衣覆身体左侧，经身后覆右肩，于腋下横覆腹腿搭左小臂，衣摆于座前呈倒三角形，中衣露右侧领边，下摆垂悬于座前，座两侧所搭衣缘雕出波浪形衣褶，

图五〇　第535-37龛正、剖视图

座前衣缘后摆呈一片弧形弯曲、前摆呈倒三角形。右手抚右腿，左手仰掌握宝珠置左膝上（图版八六，2）。

菩萨紧贴佛立于左、右壁前双层方座上。有尖桃形素面头光，头部均残毁，肩宽胸厚，收腰鼓腹，胯部较宽。戴宽环状腕钏，斜披络腋，下着长裙，腰束带，腰带于腿前横过呈U字形，于腰侧系结，分两道垂及台座，裙腰外翻呈两片，裙尾覆足背，两侧展开宽且厚，跣足。左侧菩萨头部残损，余左侧耳朵，残高55、肩宽13、座高4厘米。左手执柳枝屈肘上举至肩侧，右手下垂至主尊座旁，持物不可辨。腰微左扭，右腿微屈（图版八六，3）。右侧菩萨颈以上残损，残高53、肩宽14、座高5厘米，右手执柳枝屈肘上举至肩侧，左手下垂至主尊座旁，持物不可辨。腰微右扭，左腿微屈（图版八六，4）。

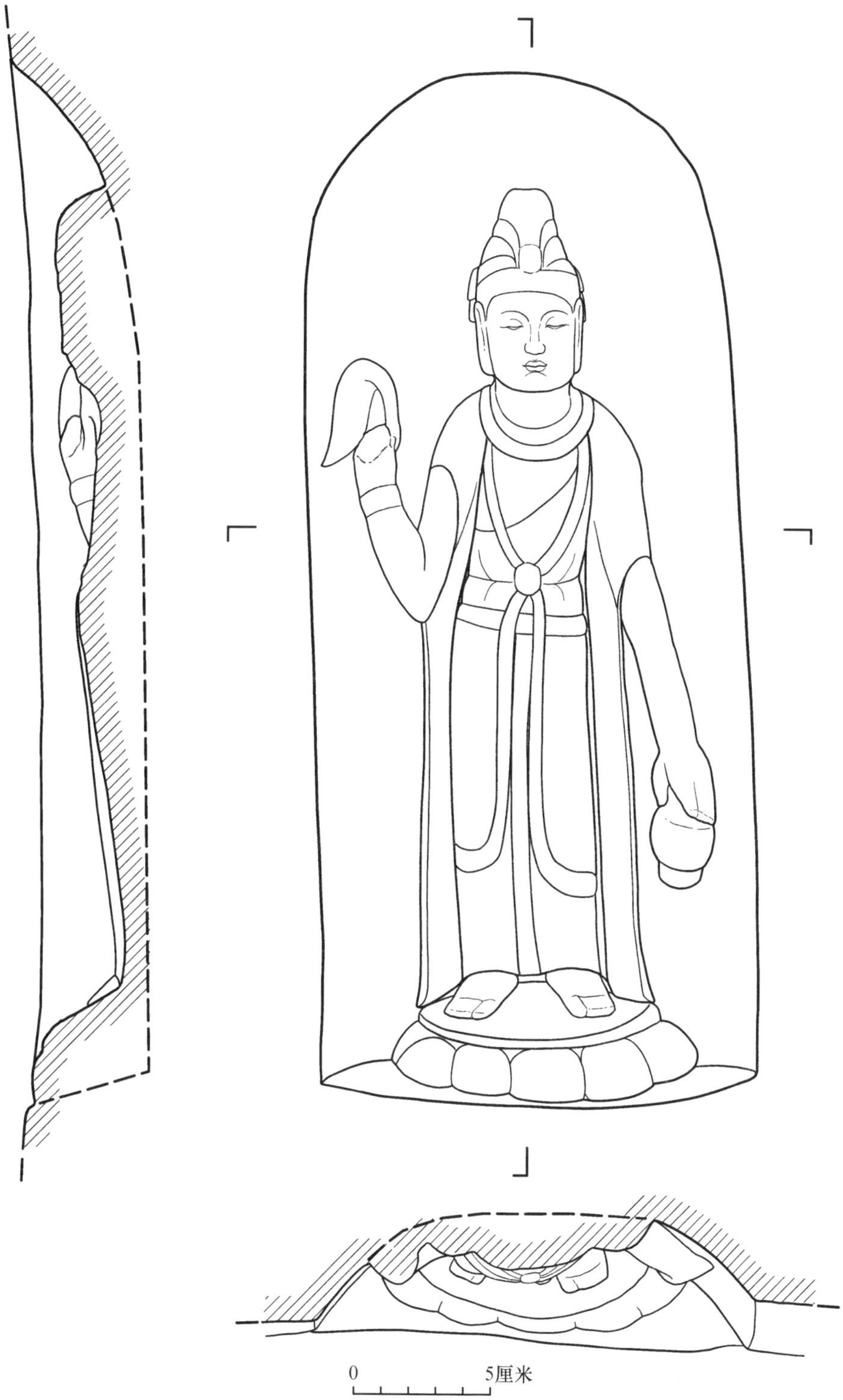

图五一 第535-38龛正、剖视图

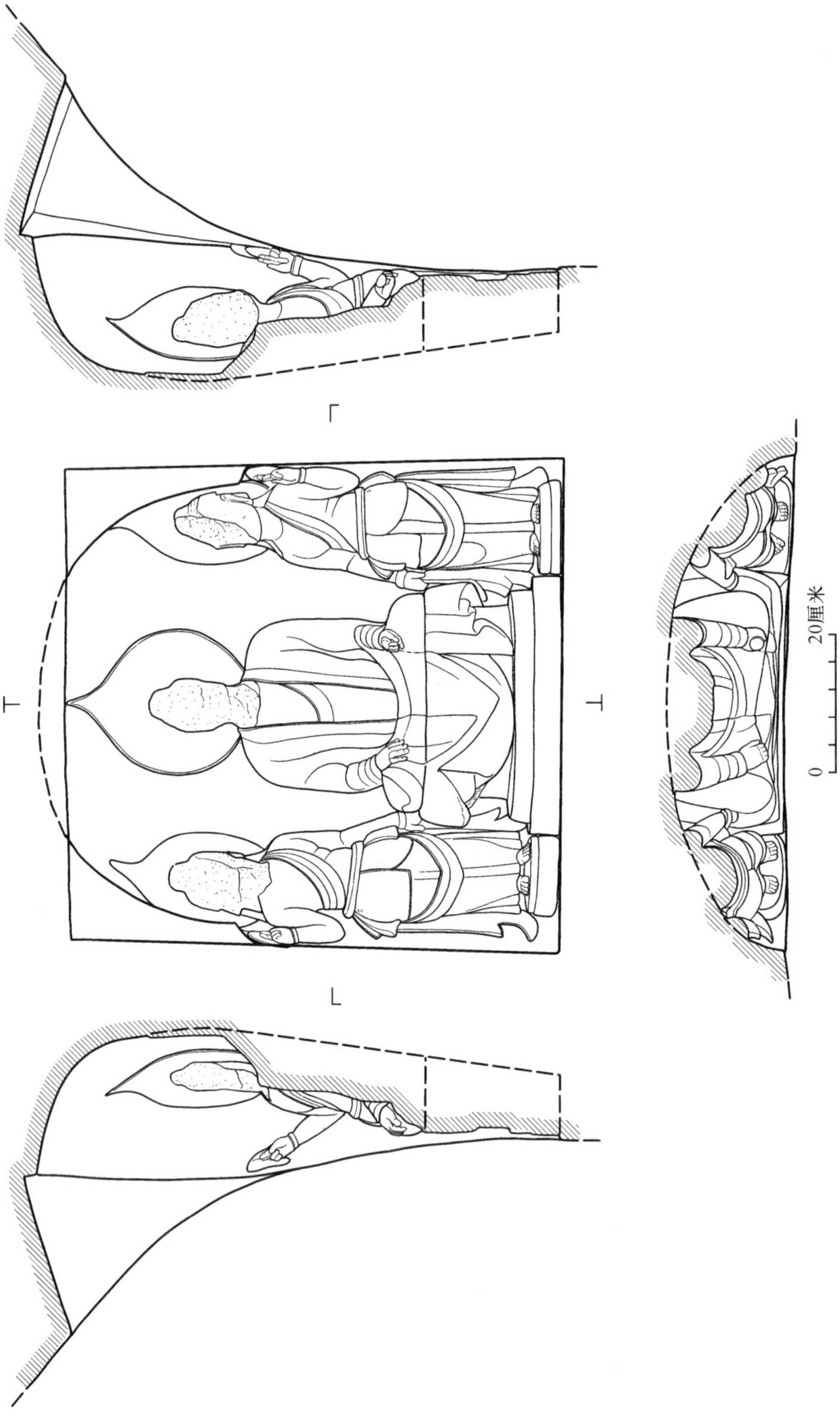

图五二　第535-39龛正、剖视图

40. 第535-40龛

位于南壁中上部，第535-36龛左，第535-41龛、南壁大龛右，第535-42龛上，第535-38、535-39龛下，打破原北魏造像头光轮廓。圆拱形龛，平面近浅弧形，龛形略上窄下宽，各壁呈弧形转折，打磨平滑，随壁面倾斜而上深下浅，宽40、高72、深5厘米。龛向50°。龛形完整，造像头部残损，残损处经修补加固，壁面施红彩，黑、白彩绘卷云，造像存红、绿、青、白、黑色装彩痕（图五三；图版八七，1）。

正壁前造一佛结跏趺坐于束腰方座上，头部残损不存，残损处经修补加固，残高41、肩宽22、座高20厘米。尖桃形素面头光，肩胸较宽厚，收腰鼓腹。上衣覆身体左侧，领边自身后经右腰横覆双腿及台座，搭覆左臂，垂于体后，下摆于体前呈倒三角形，露中衣右侧，领边于腹前上衣后折腋，垂于右腿前，呈倒三角形上提，搭左臂垂体侧，下垂的衣角展开较宽，转折明显，内着袒右僧祇支。双腿轮廓相接，未表现叠压。左手经修补加固，斜伸膝上，似掌心向下，伸出手指，右手屈肘举右壁近龛口处，掌心向内，向斜上方伸出食指、中指，余三指内屈握宝珠（图版八七，2、3）。身体随壁面略前倾，头微前低。台座素面，上部又垂一层弧形衣摆，束腰下有二层方形叠涩。

41. 第535-41龛

位于南壁中上部，第535-40龛左，南壁大龛右上，第535-39龛下，龛底下方存北魏造像头光痕。圆拱形敞口浅龛，平面呈浅弧形，平底，各壁呈弧形转折，壁面打磨平滑，宽15、高22、深2厘米。龛向50°。龛形完整，造像风化严重细节不清，残损处经修补加固，壁面施红彩，造像存黑、青、白色装彩，剥落较严重（图五四；图版八八，1）。

正壁前造一佛结跏趺坐于方座上，高18、肩宽10、座高4厘米，面部轮廓方圆饱满，双耳宽长（图版八八，2）。肩宽胸厚，收腰鼓腹。着通肩式上衣。双手交叠置腿上，手势不可辨。

42. 第535-42龛

位于南壁中部内侧，第535-37龛左，南壁大龛右，第535-72龛上，第535-40龛下，龛顶上方存北魏造像头光痕。圆拱形敞口龛，平面呈浅弧形，平底，各壁呈弧形转折，壁面打磨平滑，上深下浅，宽43、高74、深9厘米。龛向60°。龛形完整，造像略残，壁面施红彩，黑、白彩绘卷云，造像施绿、青、白彩，剥落较严重（图五五；图版八八，3）。

正壁前造一弟子半跏趺坐于束腰方座上，头不存，左手、左足残，残高54、肩宽20、座高20厘米。光头，残存的左下颌饱满，左耳轮廓紧贴面部，耳垂略外撇，颈部有三道宽蚕纹。肩宽胸厚，收腰鼓腹明显，身体表面磨光，不雕衣纹。披袒右式上衣，左、右下摆均呈倒三角形，露右侧中衣，下部隐于上衣后，右足下露一层裙尾，宽且厚，跣足。左腿上盘于方座上，足尖向下，右腿向右扭胯踩座前覆莲椭圆座上，足尖向右前方，足跟微抬。左手置左膝上，仰

图五三　第535-40龛正、剖视图

掌托宝珠，右手屈肘举肩侧，掌心向右，手指并拢微屈（图版八八，4）。座前中央雕二椭圆形覆莲台，台座表面中部随龛底壁面走势而略内收。

43. 第535-43龛

位于南壁上方靠外，南壁大龛正上方，第535-39龛左。圆拱形敞口龛，平面呈浅弧形，平底，各壁呈弧形转折，壁面打磨平滑，造像下部表面与窟壁齐平，上深下浅，宽30、高45、深7厘米。龛向60°。龛形、造像基本完整，壁面施红彩，造像存绿、红、白、黑色装彩（图五六；图版八九，1）。

正壁前造一佛结跏趺坐于双层方座上，高28、肩宽11、座高11厘米。面部方圆饱满，肩胸略宽厚，着通肩式上衣。双手举于胸前交叠，左手掌心向内，五指并拢，右手掌心向外，五指并拢（图版八九，2、3）。

图五四 第535-41龛正、剖视图

44. 第535-44龛

位于北壁前佛坛近窟口处，第535-45龛右，第535-22龛下。原应为圆拱形龛，因近窟口处被破坏，仅余龛左壁、左侧龛底及龛左侧两尊造像，所存造像亦风化残损严重，残损处经修补加固，残宽30、残高40、深6厘米。龛向230°。壁面施红彩，造像存黑、白色装彩，剥落严重（图五七；图版九〇，1）。

龛内余一佛一菩萨。主佛结跏趺坐于方座上，头上部不存，双腿及台座风化残损严重，残高23、肩宽10、座高11厘米。头部雕刻较高，颈略细，肩宽胸厚，收腰鼓腹，胳膊较粗。着通肩式上衣，双手交叠置腿上，掌中执一物，手部执物细节不可辨（图版九〇，2）。菩萨立于佛左侧，大腿以下风化残损不存，残高28、肩宽8厘米。面部方圆饱满。斜披络腋，下着长裙，腰系带。右手下垂，左手执柳枝屈肘上举于肩侧，腰微左扭（图版九〇，3）。

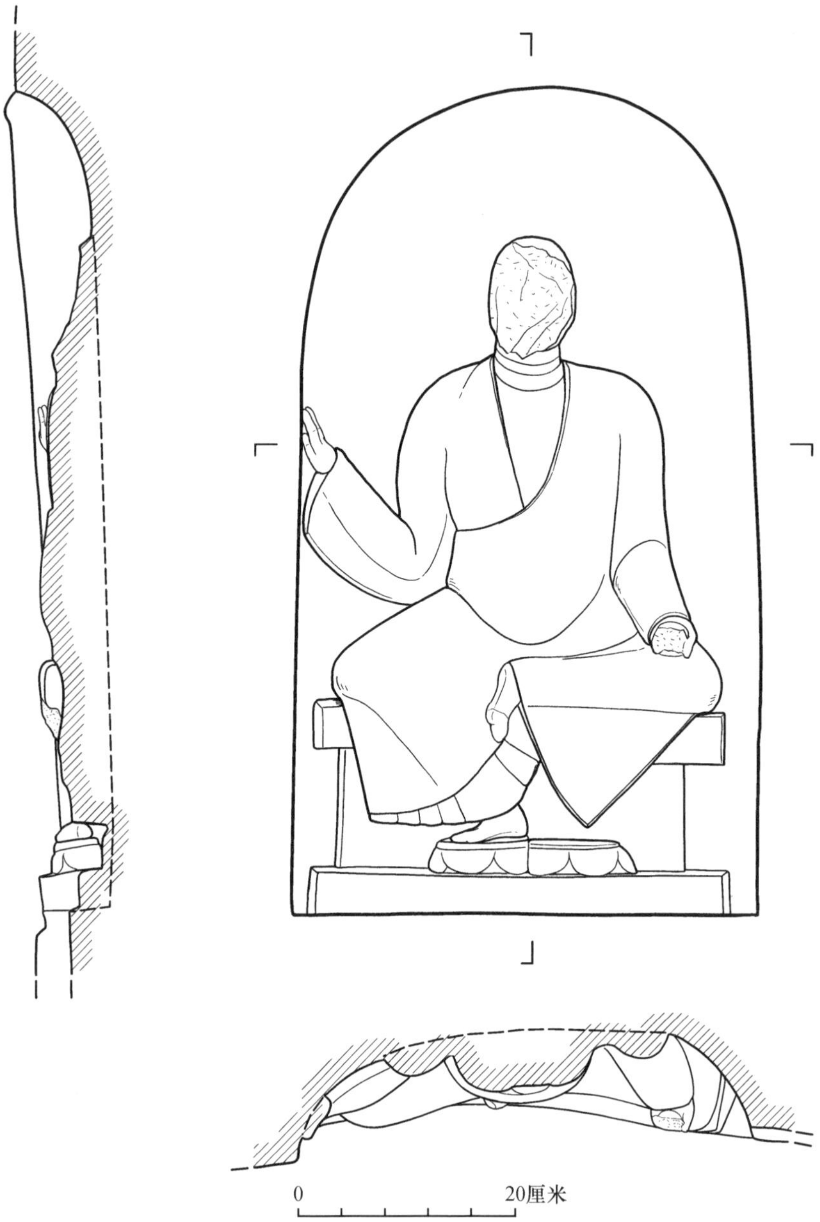

图五五　第535-42龛正、剖视图

45. 第535-45龛

位于北壁前佛坛右侧，第535-44龛左，第535-46龛右。原应为圆拱形龛，龛顶残损不存，平面呈浅弧形，各壁呈弧形转折，宽10、残高19、深2厘米。龛向235°。造像残损风化较严重，残损处经修补加固，壁面施红彩，造像存白、黑色装彩痕（图五八；图版九〇，4）。

正壁前造一佛立圆座上，残高15、肩宽5、座高3厘米。头部残损，肩胸较宽厚。着通肩式上衣，胸腹部雕出数层U形衣纹，胳膊亦表现衣纹，膝处衣纹略呈同心圆。右手上举胸前，手部残损，左手下垂略屈肘，掌心向前，手部细节风化不可辨。袖口宽长，衣尾覆足背。

图五六　第535-43龛正、剖视图

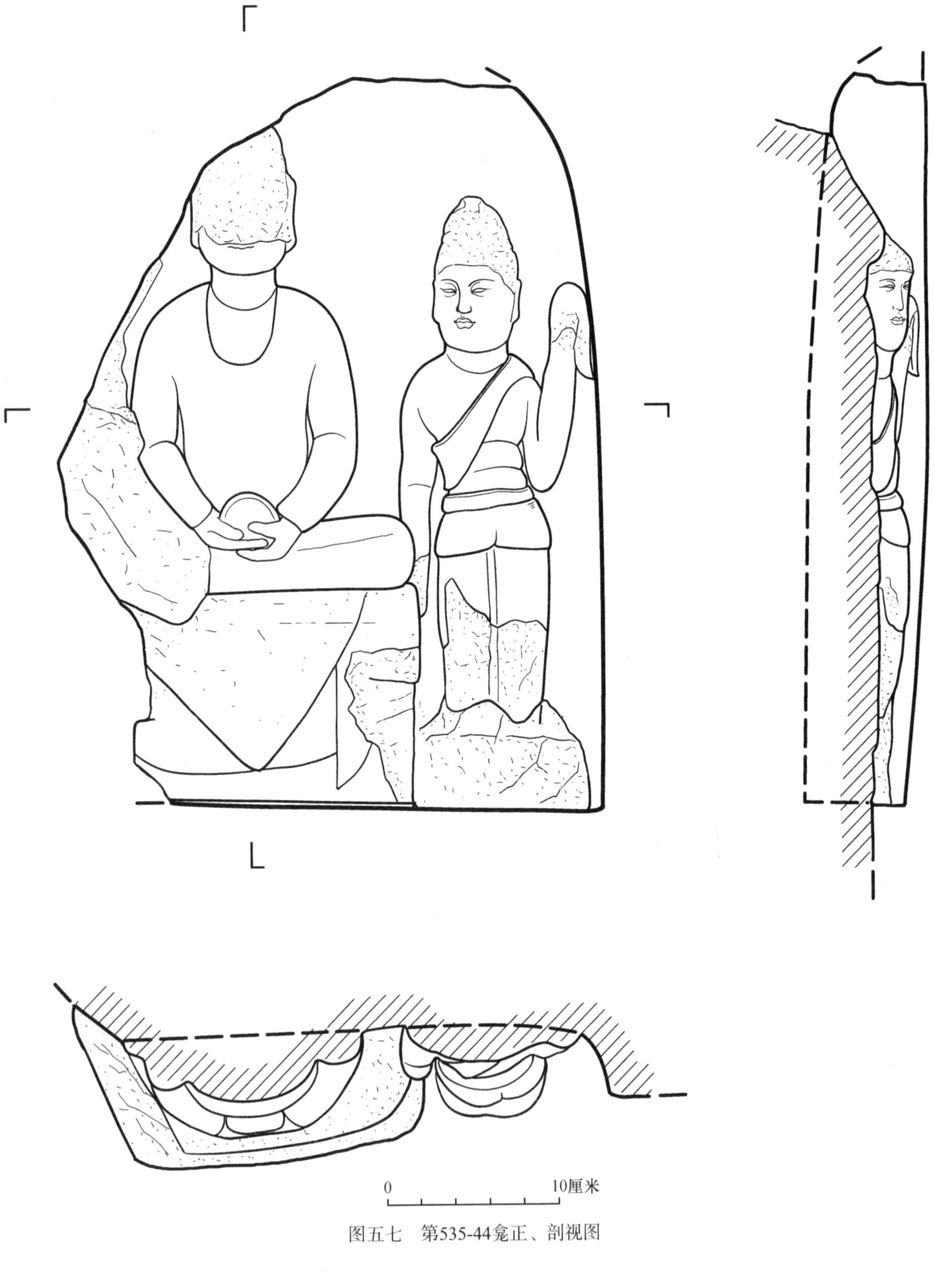

图五七　第535-44龛正、剖视图

图五八 第535-45龛正、剖视图

46. 第535-46龛

位于北壁前佛坛中部，第535-45龛左，第535-47龛右，第535-21龛下。原应为圆拱形龛，龛顶残损不存，平面呈浅弧形，各壁呈弧形转折，宽23、残高47、深3厘米。龛向235°。造像残损风化较严重，残损处经修补加固，壁面施红、白彩，造像存绿、红、白、黑色装彩（图五九；图版九一，1）。

正壁前造一菩萨立圆座上，左臂肘部以下残损不存，小腿、台座风化严重。高38、肩宽8、座高5厘米。绾高发髻，戴束发三珠冠，缯带垂肩，面部方圆饱满，颈雕两道蚕纹，削肩（图版九一，2）。斜披络腋，下着长裙，腰束带。右手执柳枝屈肘上举于肩侧，左臂垂体侧（图版九一，3）。

图五九　第535-46龛正、剖视图

47. 第535-47龛

位于北壁前佛坛中部，第535-46龛左，第535-48龛右，北壁大龛菩萨下。原应为圆拱形龛，龛形风化不完整，平面呈浅弧形，宽23、残高52、深6厘米。龛向235°。造像残损风化较严重，残损处经修补加固，壁面施红、白彩，造像存绿、红、白、黑色装彩（图六〇；图版九二，1）。

正壁前造一菩萨立圆座上，双足、台座风化严重，细节不可辨，残高38、肩宽10、座高6厘米，绾高发髻，戴束发三珠冠，面部方圆饱满，颈雕两道蚕纹（图版九二，2）。斜披络腋，下着长裙，饰项圈，璎珞腹前X形交叉后于两膝折向身后，帔帛覆肩后于腿前过两道搭肘垂座前。左手执柳枝屈肘上举于肩侧，右手下垂似提一宝瓶（图版九二，3、4）。

48. 第535-48龛

位于北壁前佛坛左侧，第535-47龛左，第535-49龛右，第535-17龛下。圆拱形敞口龛，平面呈浅弧形，平底，各壁呈弧形转折，壁面打磨平滑，宽38、残高53、深10厘米。龛向235°。龛形完整，造像略残，残损处经修补加固，壁面施红彩，造像施绿、黑、白彩，剥落较严重（图六一；图版九三，1）。

正壁前造一弟子半跏趺坐于束腰方座上，高43、肩宽15、座高20厘米。光头，头部、面部饱满，双耳仅雕出椭圆形轮廓，颈略粗短，颈雕两道蚕纹（图版九三，2）。肩宽胸厚，收腰鼓腹。着直裰式上衣。右手屈肘上举，掌心向下，五指伸向龛外，左手下垂置腿上。腿部及台座风化严重。左膝下的衣摆呈倒三角形，衣缘呈弧形，右足下垂踩座前椭圆形座上，足部细节不可辨（图版九三，3）。

49. 第535-49龛

位于北壁前佛坛与正壁前佛坛转折处，第535-48龛左，第535-50龛右，第535-15龛下。圆拱形龛，平面呈浅弧形，各壁呈弧形转折，壁面平滑，宽21、高52、深5厘米。龛向230°。龛下方龛形及造像残损风化严重，残损处经修补加固，壁面施红彩，造像存黑、白色装彩，剥落严重（图六二；图版九四，1）。

正壁前造一菩萨立于座上，小腿及台座残损风化，高40、肩宽11、座残高6厘米。绾高发髻，戴束发冠，颈雕两道蚕纹（图版九四，2）。肩胸略宽厚，收腰鼓腹。斜披络腋，下着长裙，裙腰外翻衣褶呈波浪形。右手执柳枝屈肘上举龛边，左手下垂提一宝瓶略抬起至大腿前（图版九四，3、4）。

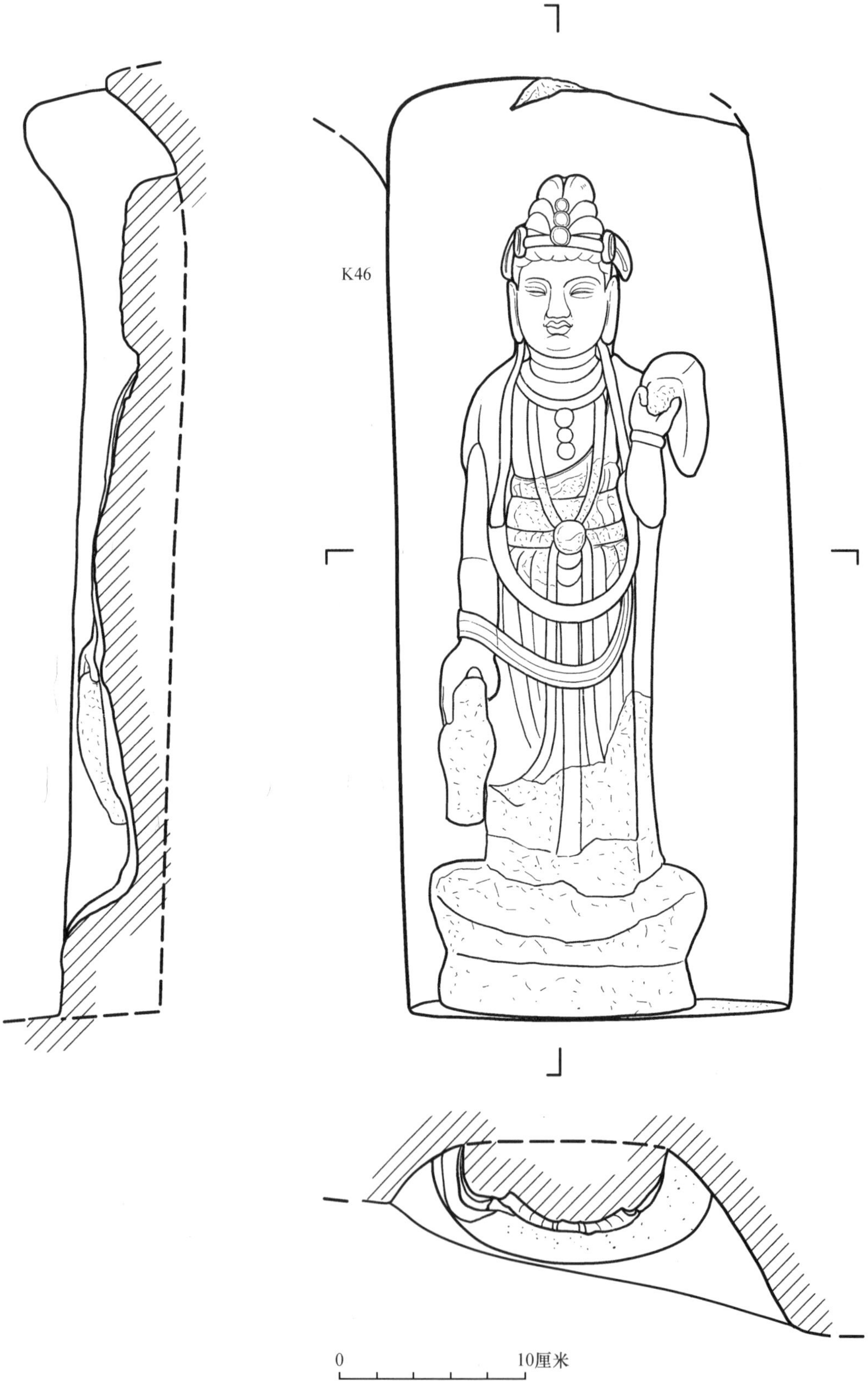

图六〇　第535-47龛正、剖视图

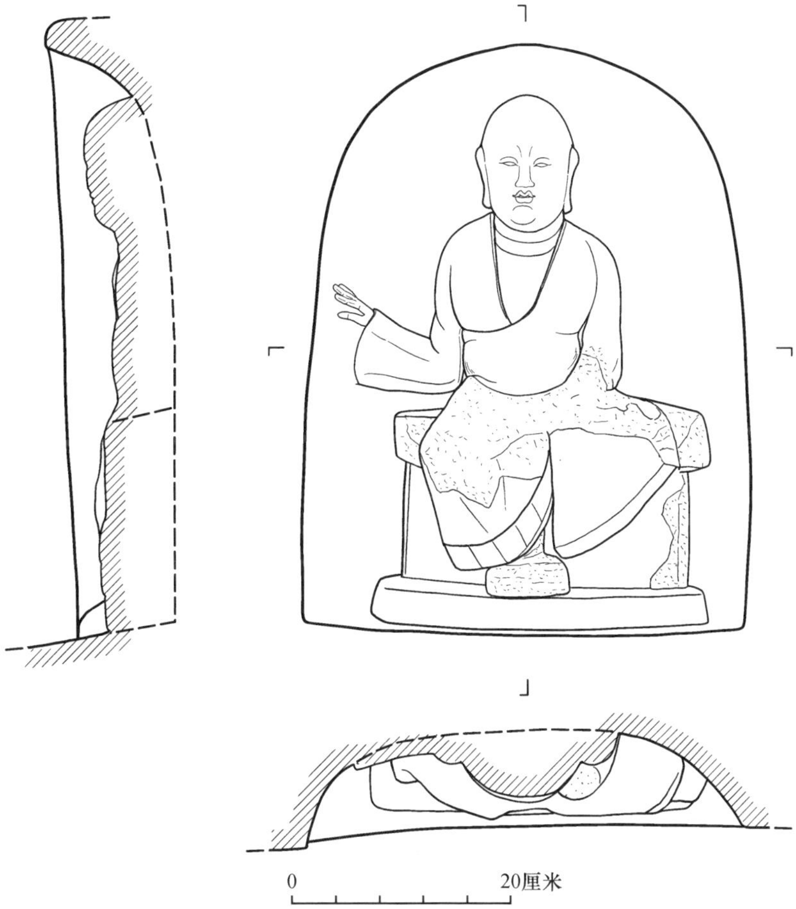

图六一 第535-48龛正、剖视图

50. 第535-50龛

位于正壁前佛坛最北端，第535-49龛左，第535-51龛右，第535-82—535-84龛下。圆拱形龛，顶近平，平面呈浅弧形，各壁呈弧形转折，造像底部台座略凸出于壁面，宽40、高50、深9厘米。龛向325°。龛形不完整，龛底及造像风化残损严重，残损处经修补加固，壁面施红彩，造像存黑、白色装彩，剥落严重（图六三；图版九五，1）。

正壁前造一佛二菩萨。佛居中，结跏趺坐于方座上，头部不存，双手、台座下部风化严重，残高35、肩宽16、座高10厘米（图版九五，2）。头部不存，中央现存一直径3厘米圆孔。肩宽胸厚，收腰鼓腹，身体表面素面磨光，不雕衣纹。内着僧祇支，上衣覆左肩，经身后覆右肩后于右腋下绕腹部搭于左肘，露出右侧中衣领边，搭右臂下垂，衣摆垂座前。右手上举至胸前，左手置腿上，手部细节不可辨。

菩萨紧贴佛立于左、右壁前，身体内侧及腿部藏于主佛后。左侧菩萨头顶部残，残高38、肩宽8厘米。面部饱满，颈部雕两道蚕纹，戴项圈，椭圆状发辫覆双肩压帔帛上。斜披络腋，下着长裙，裙腰外翻，腰微右扭，帔帛覆双肩后垂及座前。右手残，左手屈肘置腹前，持物不可辨。双足及台座风化不可辨（图版九六，1、3、4）。右侧菩萨头不存，残高36、肩宽9厘米。颈雕蚕纹，斜披络腋，腰微左扭，身体风化严重，手、腿部细节风化不可辨（图版九六，2）。

图六二　第535-49龛正、剖视图

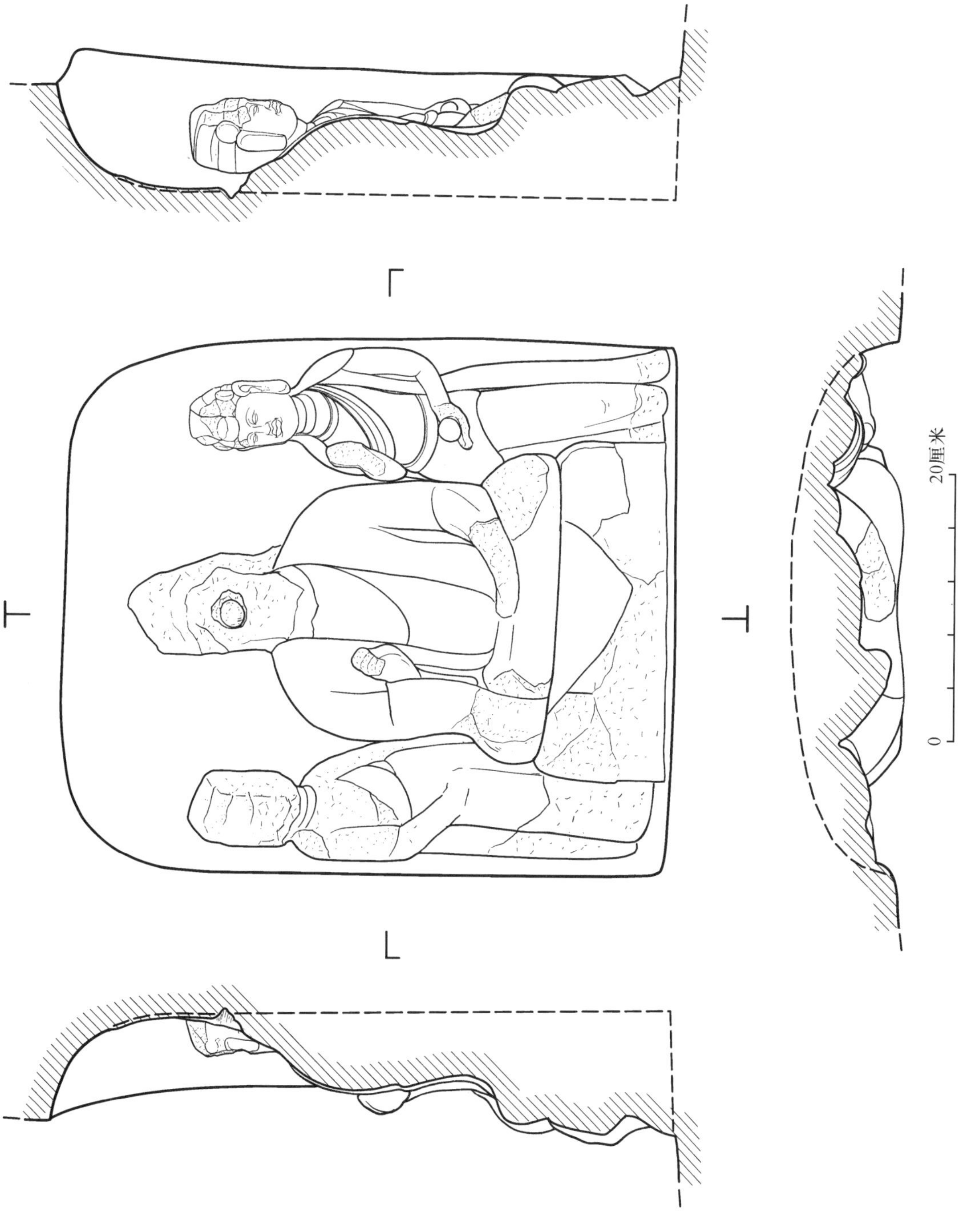

图六三 第535-50龛正、剖视图

51. 第535-51龛

位于正壁前佛坛北端，第535-50龛左，第535-52、535-53龛右，第535-81龛下。圆拱形龛，顶近平，平面呈浅弧形，各壁呈弧形转折，壁面打磨平滑，宽41、高48、深7厘米。龛向340°。龛形不完整，龛顶残损，龛底及造像风化残损严重，残损处经修补加固，壁面施红彩，造像施黑、白彩，剥落严重（图六四；图版九七，1）。

正壁前造一佛二菩萨。佛居中，结跏趺坐于方座上，头部不存，台座下方风化严重，高32、肩宽16、座高12厘米。肩宽胸厚，收腰鼓腹，身体表面素面磨光，不雕衣纹。着通肩式上衣，衣摆呈波浪形垂座前。双手交叠置腿上（图版九七，2）。

菩萨紧贴佛立于左、右壁前，绾高发髻，身形略瘦削，斜披络腋，下着长裙，身体内侧及腿部藏于主佛后，双足及台座风化严重。左侧菩萨，高37、肩宽8、座高4厘米。左手执柳枝屈肘上举至龛边，腰微左扭，右手风化不清（图版九八，1、2）。右侧菩萨，高36、肩宽9、座高4厘米。右手屈肘上举，手部残损，腰微右扭，左臂下垂，小臂及以下不存（图版九八，3、4）。

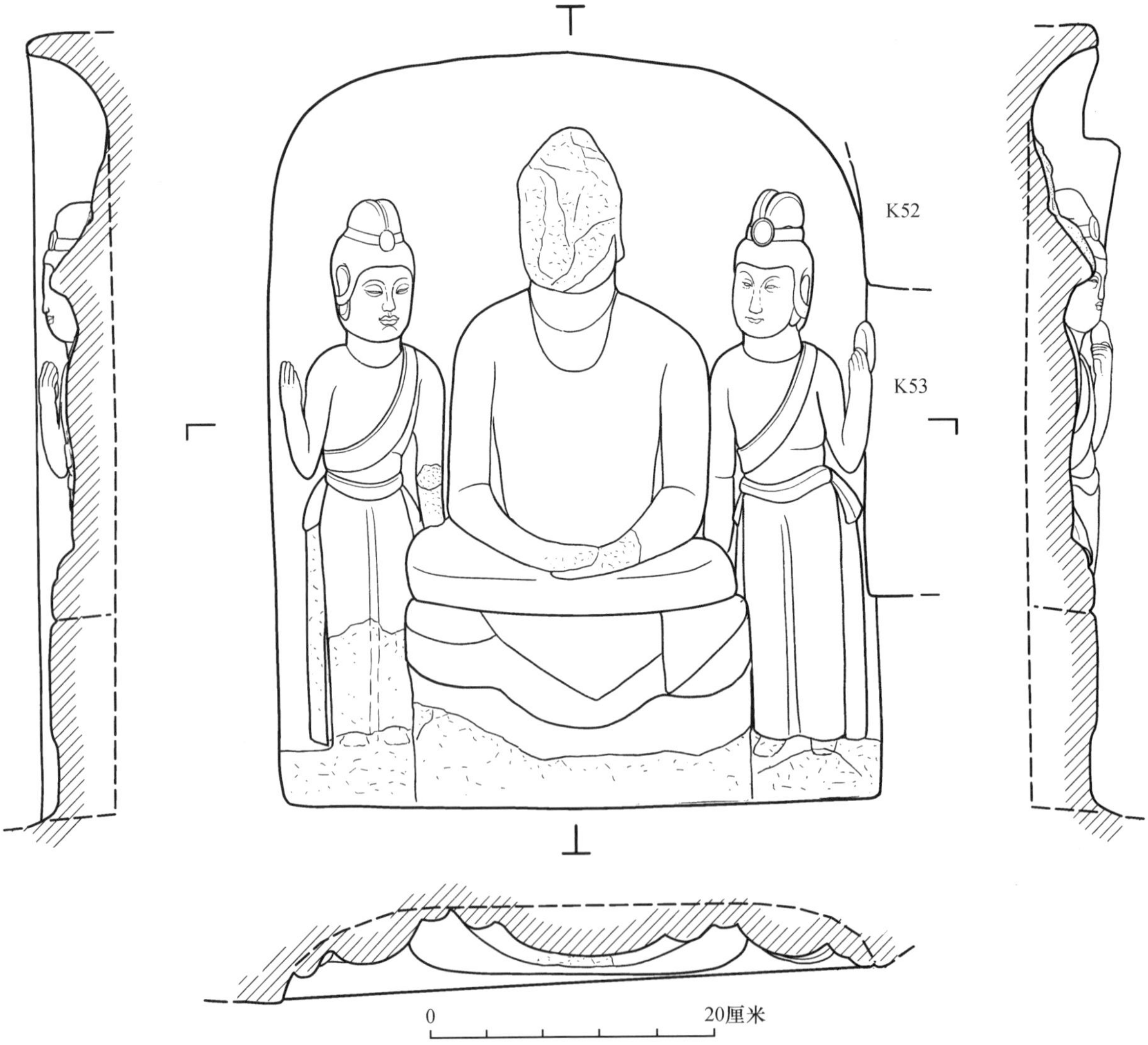

图六四　第535-51龛正、剖视图

52. 第535-52龛

位于正壁前佛坛北端，第535-51龛左，第535-54龛右，第535-53龛上，第535-80龛下。龛形残损，平面呈浅弧形，宽9、残高18、深1厘米。龛向325°。造像略风化，残损处经修补加固，壁面施红彩，造像施黑、绿、白彩，剥落严重（图六五；图版九九，1）。

正壁前造一佛立圆座上，面部风化严重，右臂、左手残损风化不可辨，高14、肩宽4、座高2厘米。面部轮廓饱满，双耳宽长。着通肩式上衣，上身衣纹呈U字形，双腿为双层同心椭圆形衣纹。右手似上举，袖口衣袖宽厚展开至脚边，左手下垂，跣足。

图六五　第535-52龛正、剖视图

53. 第535-53龛

位于正壁前佛坛北端，第535-51龛左，第535-54龛右，第535-52龛下，打破第535-51龛左壁与第535-54龛右壁。圆拱形浅龛，平面呈浅弧形，宽8、残高20、深1厘米。龛向325°。造像风化严重，残损处经修补加固，壁面施红彩，造像施黑、白彩，剥落严重（图六六；图版九九，2）。

正壁前造一菩萨立圆座上，面部、双足及台座风化严重，残高15、肩宽3、座高3厘米。绾高发髻，面部轮廓饱满。斜披络腋，下着长裙，帔帛覆两肩后绕肘垂座前。右手执柳枝屈肘上举至肩侧，左手下垂，执物不可辨。

54. 第535-54龛

位于正壁前佛坛北端，第535-52、535-53龛左，第535-55、535-79龛右，正壁大龛右侧菩萨下方，圆拱形龛，顶近平，平面呈浅弧形，各壁呈弧形转折，宽37、高48、深6厘米。龛向330°。龛形风化残损不完整，龛底及造像风化残损严重，残损处经修补加固，壁面施红彩，造像施黑、白彩，剥落严重（图六七；图版一〇〇，1）。

正壁前造一佛二菩萨。佛居中，结跏趺坐于方座上，通体风化严重，高26、肩宽12、座高14厘米。颈雕两道蚕纹。收腰鼓腹。身体表面素面磨光，着衣不可辨。双手交叠置腿上，手部细节不可辨（图版一〇〇，2—4）。

菩萨紧贴佛立于左、右壁前圆座上，戴项圈，项圈中部坠饰圆珠，椭圆形发辫覆两肩压于帔帛上。斜披络腋，下着长裙，裙尾覆足背，帔帛覆双肩后绕臂垂及座前。左侧菩萨双足及台座风化略严重，高32、肩宽8、座高8厘米。绾高发髻，面部饱满，腰微右扭。右手执柳枝屈肘上举至肩侧，左手下垂，持物不可辨（图版一〇一，1、2）。右侧菩萨头不存，左手、双足及台座风化严重，高31、肩宽8、座高7厘米。颈雕蚕纹，右手戴腕钏，腰微左扭（图版一〇一，3）。

55. 第535-55龛

位于正壁佛坛右侧，第535-54龛左，第535-56龛右，第535-79龛上，正壁大龛下，左侧龛缘被第535-56龛打破。圆拱形敞口龛，平面呈圆弧形，龛顶与造像头部相接，龛壁呈弧形转折，随壁面走势而上深下浅，壁面凹凸不平，分布多道放射性凿痕，造像下部高于龛壁。宽7、高19、深1厘米。龛向325°。龛形残损严重，造像略残损风化，龛内壁面未施彩，现岩体原色，造像无装彩（图六八；图版一〇二，1）。

正壁前造一佛立浅莲座上，整体保存较好，高16、肩宽4、座高2厘米。磨光肉髻，高而宽，面相宽圆扁平，浅刻五官，额部宽平，双耳仅雕轮廓，颈部短粗，身躯雕凿扁平。着通肩式佛衣，浅刻衣纹，衣领较宽，胸、腹部衣纹呈U字形，两腿处衣纹呈同心椭圆形，下露裙尾，覆足背，跣足。左手牵衣摆垂于体侧，右手上举肩侧似托一宝珠，衣摆自手腕处垂于体侧。台座雕一层仰莲座。

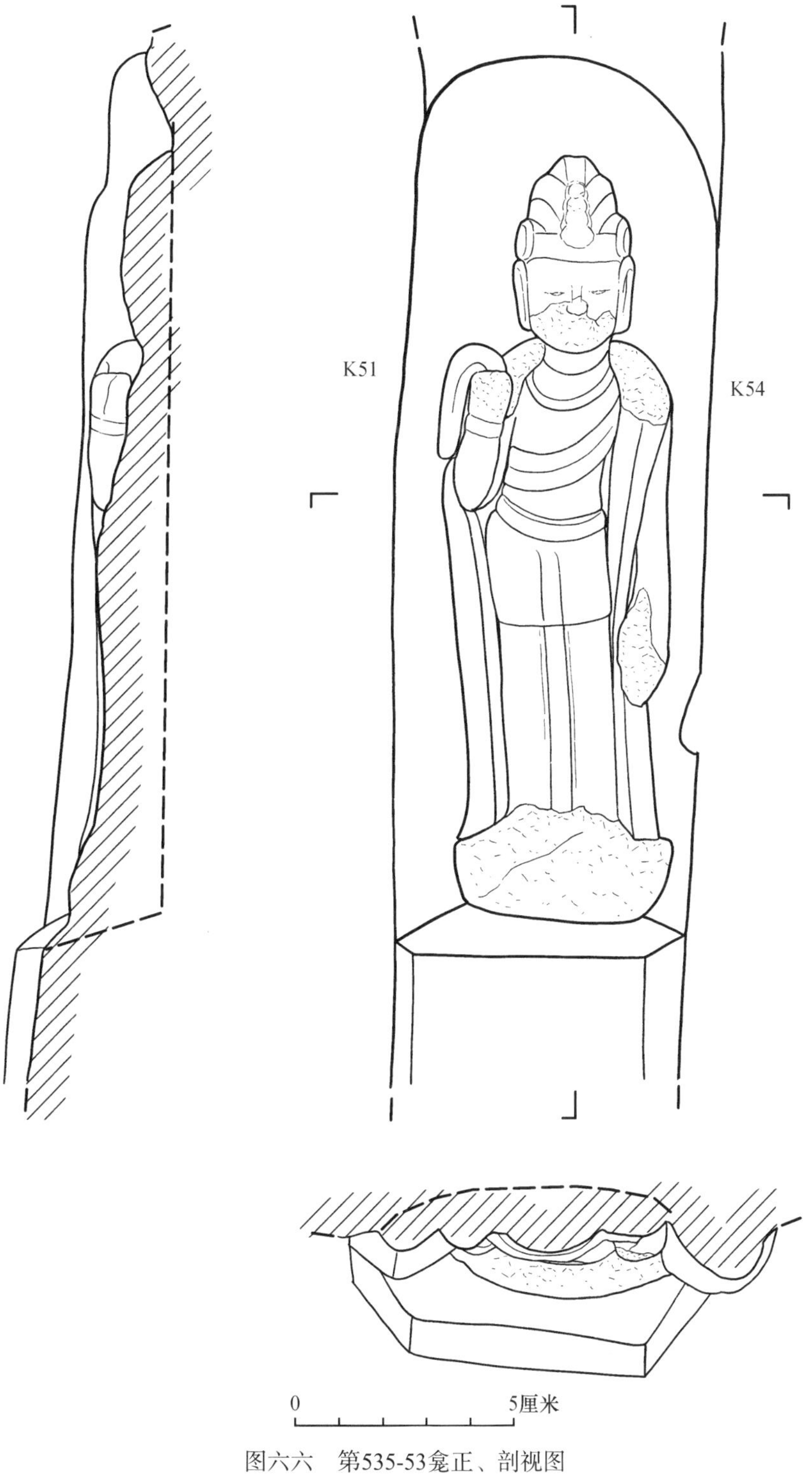

图六六 第535-53龛正、剖视图

图六七　第535-54龛正、剖视图

56. 第535-56龛

位于正壁佛坛前中央，第535-55、535-79龛左，第535-57、535-58龛右，正壁大龛下。圆拱形敞口龛，平面略呈浅弧形，龛顶近平，各壁呈弧形转折，壁面打磨平滑，随壁面走势而上深下浅，宽41、高48、深8厘米。龛向330°。龛形和造像基本保存完整，佛、菩萨腰部及台座风化严重，壁面施红彩，造像施青、绿、白、黑彩，剥落严重（图六九；图版一〇二，2）。

正壁前造一佛二菩萨，佛居中，结跏趺坐于座上，台座残，残高26、肩宽12、座高13厘米（图版一〇二，3）。头不存，仅余左侧脸颊，颈略长，雕三道蚕纹。肩宽胸厚，四肢较粗壮。着通肩式佛衣，衣领外翻较宽，浅刻衣纹，于座前的衣摆呈倒三角形。双手置于胸前，左手掌心向内，右手掌心向外，左手无名指、右手拇指、左手小指依次交叠，余七指并拢（图版一〇三，3）。

菩萨立于佛左、右两侧圆座上，绾高发髻，发髻前饰一椭圆形宝珠，双耳雕出轮廓，椭圆形发辫覆双肩压帔帛上。面相饱满，浅刻五官，颈略细长，雕三道蚕纹。肩宽胸厚，四肢粗

图六八 第535-55龛正、剖视图

壮，小腹微鼓。斜披络腋，下着长裙，腰束带，裙尾覆足背，帔帛于腿前横过，绕臂垂于体侧，颈戴项圈。左侧菩萨右手残，双腿及台座风化，高30、肩宽5、座高4厘米（图版一〇三，1）。裙腰外翻，项圈上饰宝珠。左手执柳枝举肩侧，右手下垂于体侧。右侧菩萨双腿及台座风化，高34、肩宽8、座高4厘米。右手置胸前，左手置腹前，各执一棒状物两端（版一〇三，2）。

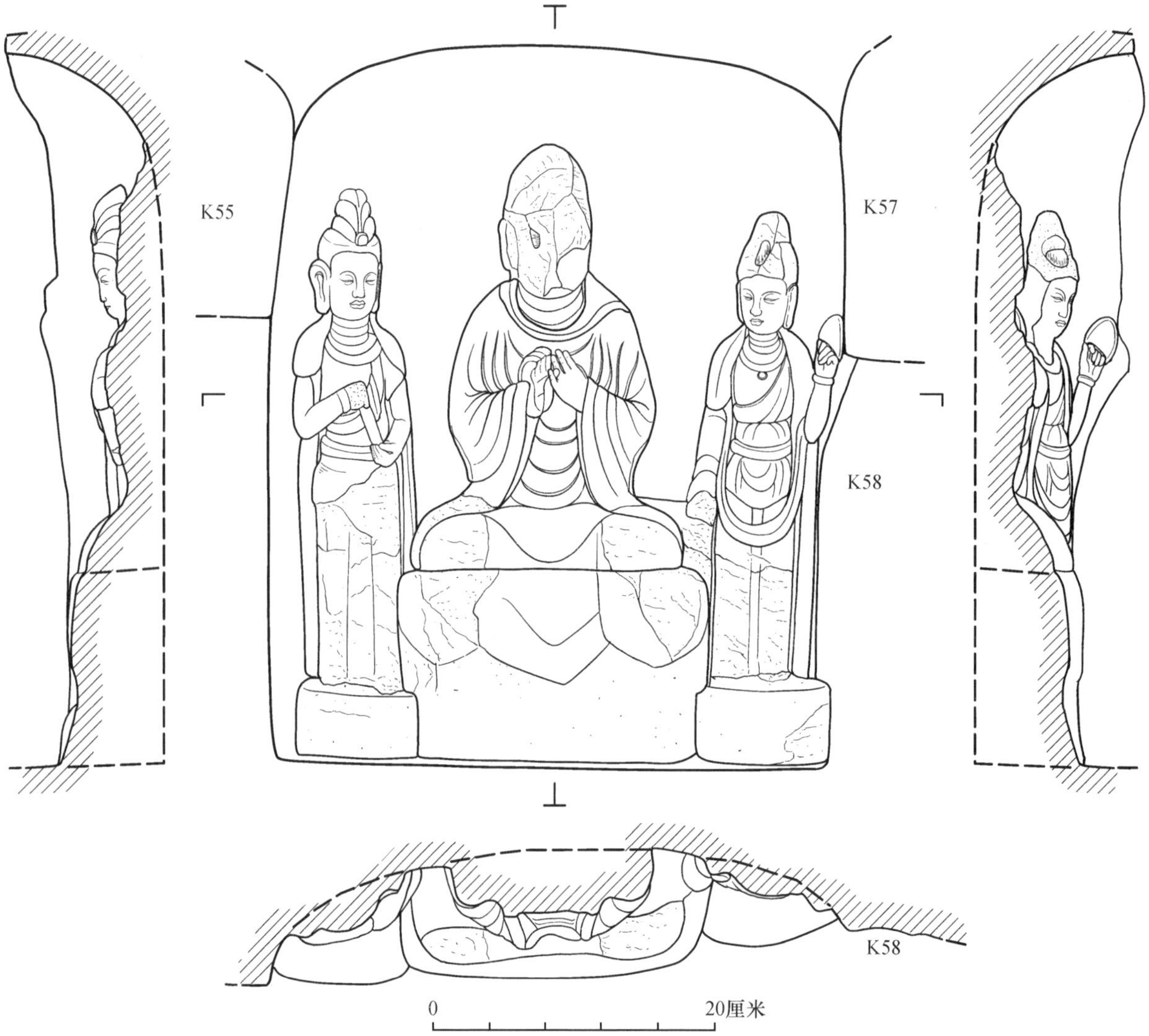

图六九　第535-56龛正、剖视图

57. 第535-57龛

位于正壁佛坛前中央，第535-56龛左，第535-59龛右，第535-58龛上，正壁大龛下。凿于第535-56、535-59龛之间，打破两龛龛缘。尖拱形敞口龛，平面呈浅弧形，纵剖面呈半弓形，各壁呈弧形转折，壁面分布多道放射状凿痕。造像表面略凸出于窟壁，龛底略内高外低，宽10、高24、深2厘米。龛向330°。龛形不完整，造像保存基本完整，风化较严重。壁面施红彩，造像施绿、黑、白彩，剥落较严重（图七〇；图版一〇四，1）。

正壁前造一菩萨立于座上，台座不存，仅余左下角残迹。高19、肩宽5厘米。戴束发冠，冠两侧饰圆饼形饰，绾高发髻，面相饱满，双耳仅雕出轮廓。肩宽胸厚，四肢粗壮，身体表面素面磨光，不雕衣纹。斜披络腋，下着长裙，腰束带，裙尾覆足背，帔帛垂于身体两侧。颈戴项圈，素面璎珞自项圈两侧垂下交于腹前，后又分两道垂下。腰微右扭，跣足。左手牵帔帛垂于体侧，右手执柳枝举肩侧。

图七〇 第535-57龛正、剖视图

58. 第535-58龛

位于正壁佛坛前中央，第535-56龛左，第535-59龛右，正壁大龛、第535-57龛下。圆拱形龛，补凿于第535-56、535-59龛之间，破坏两龛龛缘。平面呈浅弧形，平底，剖面呈半弓形，宽14.5、高25、深3厘米。龛向330°。龛形不完整，造像略残损，残损处经修补加固，龛面施红彩，造像施绿、红、黑彩（图七一；图版一〇四，2）。

正壁造一菩萨立像，座不存，残高18、肩宽6厘米。戴束发冠，冠两侧饰圆饼形饰，绾高发髻，面部饱满，五官仅存轮廓，双耳仅雕轮廓，发辫呈椭圆形覆两肩，颈部雕一道蚕纹（图版一〇四，3）。两肩略宽，四肢粗壮。斜披络腋，下着长裙，腰束带，帔帛于腿前横过，搭左臂垂于左侧。颈戴项圈，上饰一宝珠，两侧各垂一道素面璎珞于腹前相交，后又分两道垂下，压于帔帛之上。腰部微右扭。左手垂于体侧，仅余残痕，右手举肩侧似举物，双腿下部残损。

59. 第535-59龛

位于正壁佛坛前中央，第535-57、535-58龛左，第535-60龛右，正壁大龛下，被左右龛打破。圆拱形龛，平面近浅弧形，顶近平，略残，平底，壁面近弧形，打磨平滑，造像下部表面高于壁面，宽25、高53、深7厘米。龛向330°。造像残损风化严重，残损风化处均经修补加固，壁面施红彩，造像存绿、白、黑装彩痕，剥落严重（图七二；图版一〇五）。

正壁前造一菩萨立于高圆座上，头残损严重，身形瘦削，高44、肩宽12、座高4厘米。依稀可辨绾高发髻，两侧缯带分两道垂于肩侧，耳后发辫覆搭两肩近椭圆形，素面磨光，颈雕三道宽蚕纹。两肩略宽，收腰鼓腹，身体表面磨光，不雕衣纹。斜披络腋，下着长裙，腰束带，裙腰外翻，裙尾覆足背，裙角外撇。帔帛搭两肩于腿前横过，左侧一道为右手所提，末端垂于台座右侧，右侧一道绕搭左肘后垂于左小腿侧，末端垂于台座左侧。颈戴项圈，上饰一圆珠饰，为一大宝珠，上、下、左、右四侧各饰一小宝珠，珠饰左侧自项圈下接单边璎珞，项圈连接处饰一宝珠花形饰，腹前璎珞处接一宝珠圆环饰，璎珞自右腿折向身后。跣足，双足呈八字形站立，腰微右扭。台座呈上细下粗，表面剥落严重。

60. 第535-60龛

位于正壁佛坛前中央，第535-59龛左，第535-61龛右，正壁大龛下，补凿于第535-59、535-61龛之间，破坏左右两龛龛缘。龛顶近平，底内高外低，宽19、高48、深4厘米。龛向330°。造像略残损风化，残损风化处均经修补加固，壁面施红彩，造像施绿、白、黑彩，剥落严重（图七三；图版一〇六，1）。

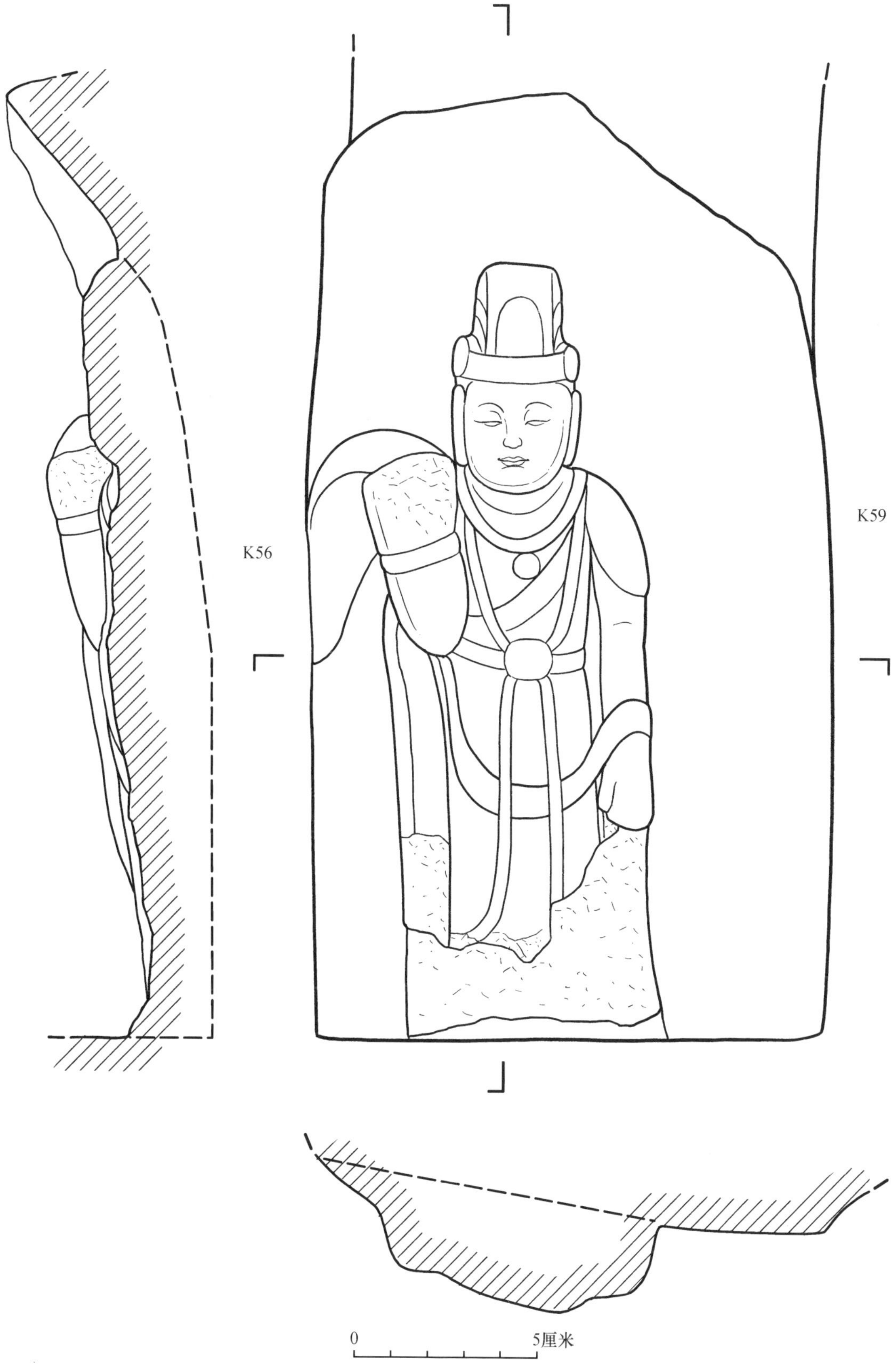

图七一 第535-58龛正、剖视图

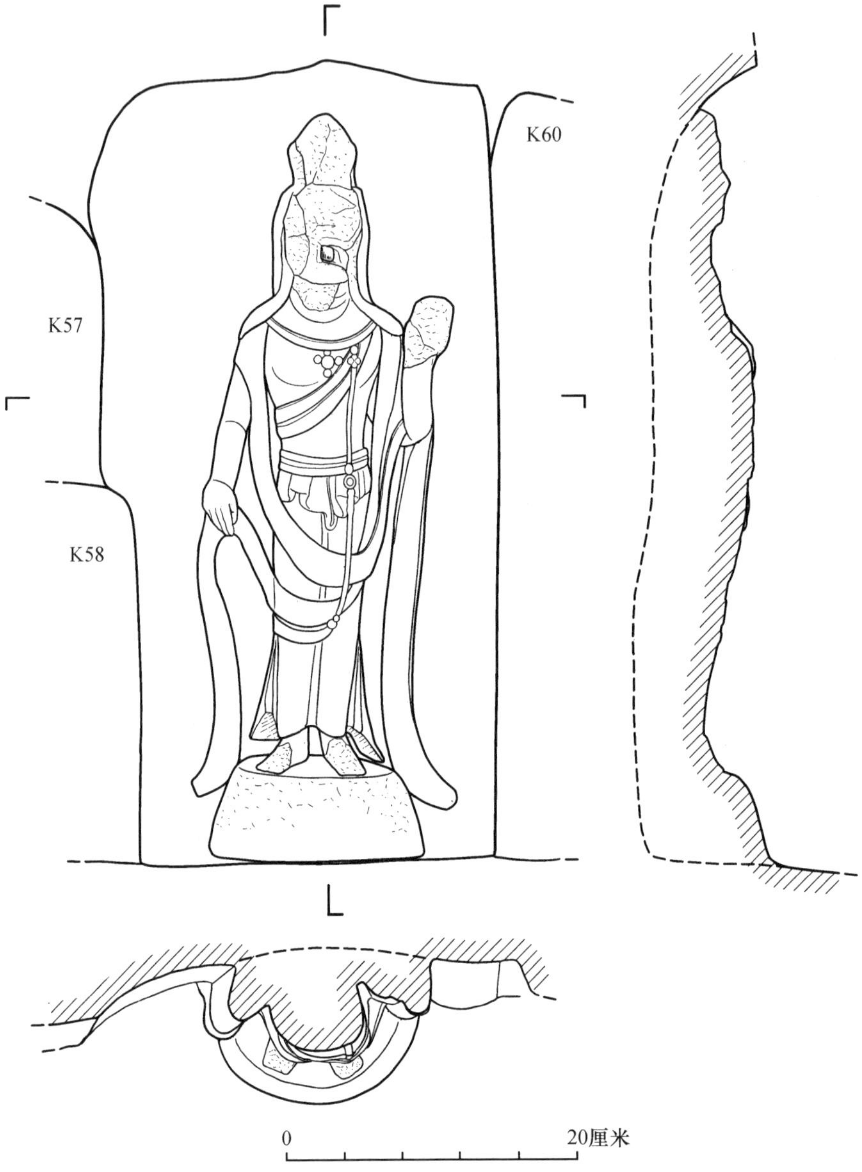

图七二　第535-59龛正、剖视图

正壁前造一菩萨立高圆座上，头不存，残高39、肩宽10、座高6厘米。头残损处有一圆孔，发辫覆两肩呈椭圆形。帔帛于腿前横过，绕搭对侧手臂后垂于体侧台座上。下着长裙，腰束带，裙腰外翻，裙尾覆足背。戴环形项圈，上饰宝珠，项圈两侧各有一素面璎珞垂下于腹前相交，又分两道垂及膝部，折向身后，呈X形。右手横置胸前托钵，左手置于钵口（图版一〇六，2）。双足残损严重，不可辨识。台座内高外低，仅存轮廓。

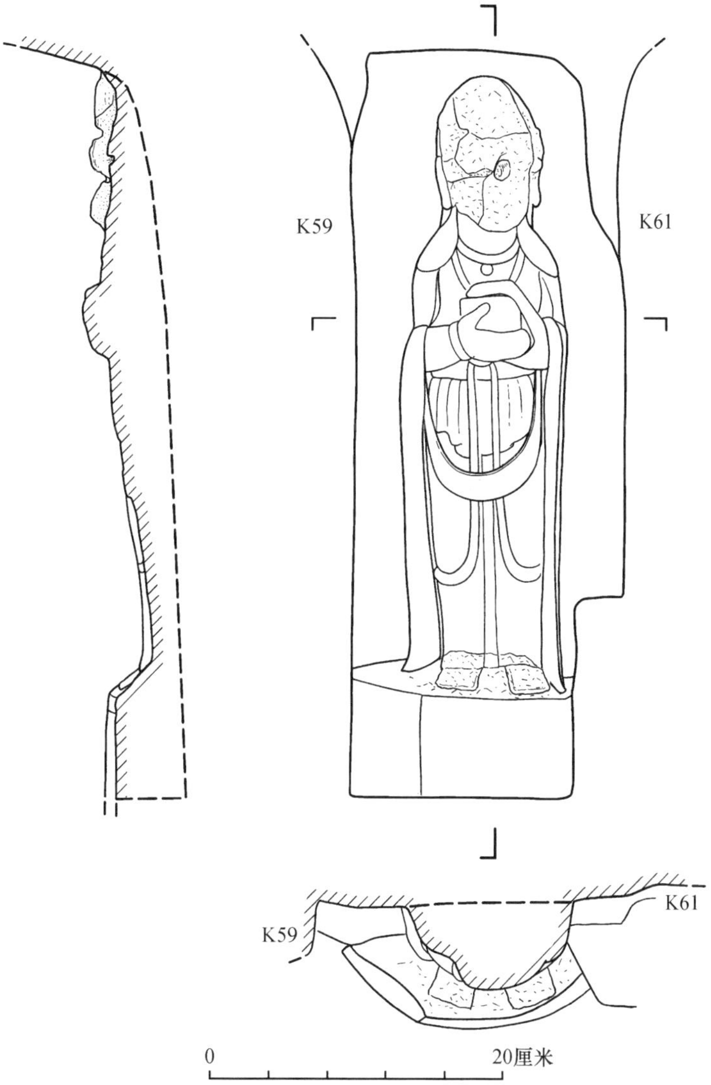

图七三 第535-60龛正、剖视图

61. 第535-61龛

位于正壁主尊下侧，第535-60龛左侧，左右侧壁被第535-60、535-62龛破坏。圆拱形敞口龛，平面呈浅弧形，平底，龛楣上凸明显，各壁呈弧形转折，壁面打磨平滑，宽29、高49、深10厘米。龛向330°。龛形不完整，造像残损风化，残损处经修补加固，壁面施红彩，造像存黑、白、绿色装彩痕（图七四；图版一〇七，1）。

正壁前造一佛半跏趺坐于方座上，头上部残，经修补加固，高30、肩宽18、座高15厘米。头部比例偏大，面部轮廓饱满，颈部粗短。肩宽胸厚。内着僧祇支，上衣覆左肩后于右腋下过腹前搭左肩，中衣覆右肩，胸部衣褶呈U字形下垂。左手抚膝指尖向下，右手屈肘举肩前（图版一〇七，2）。左腿踩地，露左足，右小臂、右腿及台座残，右腿似内盘座上。

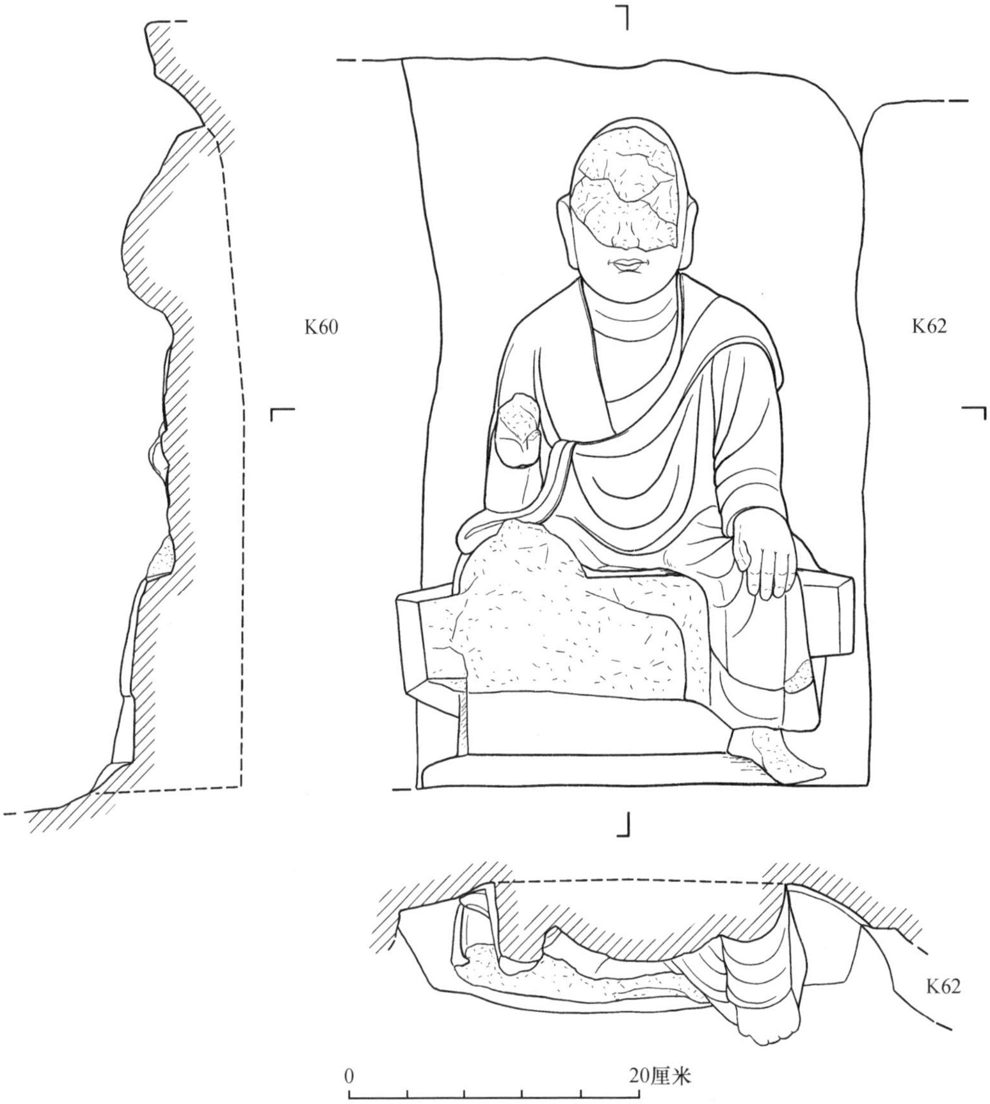

图七四　第535-61龛正、剖视图

62. 第535-62龛

位于正壁前佛坛中央，第535-61龛左，第535-63龛右，补凿于第535-61、535-63龛之间，打破了第535-61、535-63龛侧壁。圆拱形敞口龛，平面呈浅弧形，平底，龛楣弧形上凸，各壁呈弧形转折，宽11、高35、深3厘米。龛向330°。龛形及造像基本完整，龛壁施红彩，造像存白、绿、黑色装彩痕（图七五；图版一〇八，1）。

正壁前造一菩萨立像，高24、肩宽4、座高1厘米（图版一〇八，2）。绾高发髻，戴束发冠，冠两侧饰圆饼形饰，发辫覆肩，面部轮廓饱满，戴项圈（图版一〇八，3、4）。璎珞呈X形交叉于腹前，又垂至小腿处折向身后，斜披络腋，帔帛覆两肩于腿前呈U字形，绕臂后下垂至龛底，下着长裙，腰束带。左手下垂体侧提净瓶，右手上举肩侧执柳枝。身体平直，跣足，无座。

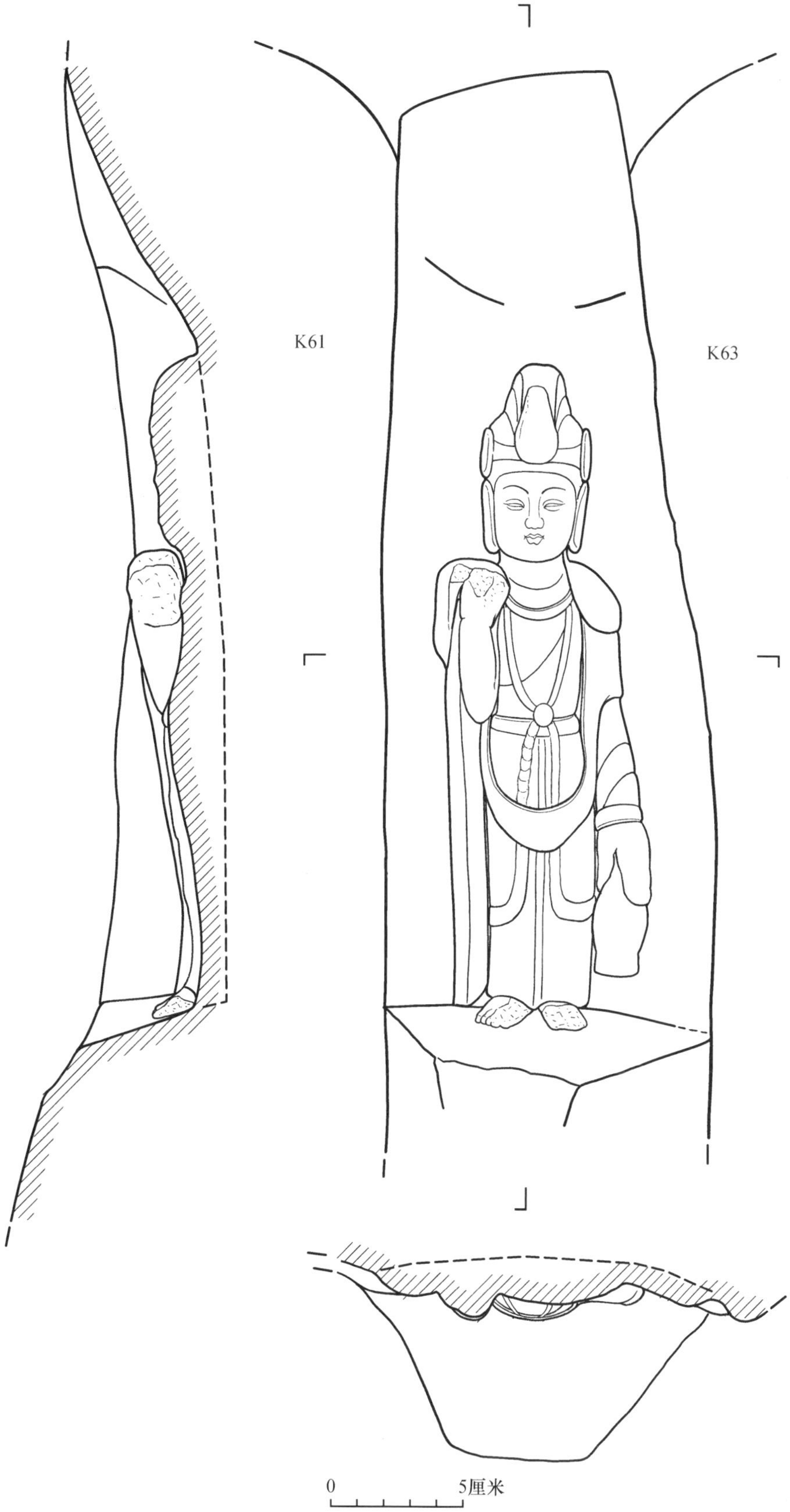

图七五 第535-62龛正、剖视图

63. 第535-63龛

位于正壁主尊下侧，第535-62龛左，第535-64龛右，右侧壁被第535-62龛打破。圆拱形敞口龛，平面呈浅弧形，平底，龛楣弧形上凸，各壁呈弧形转折，右壁内收，壁面打磨平滑，造像表面略高于龛壁，宽26、高50、深7厘米。龛向330°。龛形不完整，造像保存基本完整，壁面施红彩，造像存黑、白、绿色装彩痕（图七六；图版一〇九，1）。

龛内凿一菩萨立圆座上，高42、肩宽11、座高30厘米。戴束发冠，冠中饰珠，发辫披肩，面部轮廓饱满（图版一〇九，2；图版一一〇，1、2）。袒上身，显出胸肌，斜披络腋，帔帛自双肩下垂及座，下着长裙，腰束带，裙腰外翻，双腿间有一窄带自裙腰下垂及踝部。双腕戴腕钏，腰微右扭，左腿微屈，左手下垂体侧提净瓶，右手上举肩侧似执柳枝，柳枝被第535-62龛凿去（图版一一〇，3、4）。跣足，立于圆形座上，座已风化。

64. 第535-64龛

位于正壁坛前左侧，第535-63龛左，第535-65龛右，第535-78龛下。圆拱形敞口龛，平面呈浅弧形，平底，龛顶中部近平，各壁面呈弧形转折，壁面打磨平滑，略有起伏，左、右壁下部略内收，使龛顶略外凸，下部造像表面高于龛外壁面，宽54、高50、深12厘米。龛向330°。龛形基本完整，龛顶外侧略残，造像残损程度不一，略风化，局部造像经修补加固，壁面施红彩，造像存红、绿、青、黑、白装彩痕，剥落严重（图七七；图版一一一）。

正壁前造一佛二弟子二菩萨。佛居中，结跏趺坐于方座上，头上部残，中央现有一宽2、深2厘米的圆孔，面部、双手、双腿及台座上部风化较严重，左肩、左小臂、左腿及台座右侧经修补加固，高38、肩宽17、座高10厘米（图版一一二，1）。头近圆雕，耳后、头顶至壁面部分磨平，肉髻磨光，尖圆上凸较高，面部饱满，五官风化严重，双耳仅雕轮廓，耳垂宽扁，略向后折，颈略细长，颈部有三道宽蚕纹（图版一一二，2）。肩宽胸厚，收腰鼓腹，四肢较长，身体表面磨光，不雕衣纹。上衣覆身体左侧，经身后搭覆右肩，经右腋下横过腹前，搭左臂垂体侧，中衣露右侧领边，于腹前搭右臂，垂于座侧，内着袒右僧祇支。双腿轮廓相接，未表现叠压。双手托圆钵于腹前，左掌压右掌（图版一一二，3）。

弟子立佛左、右侧靠后位置，双腿及肩部为前方佛、菩萨遮挡。头雕刻较高，光头、颈略长。身体扁平，修补加固后的上衣领口呈通肩式，衣角自腹、腿右侧上提，搭左肩下垂，下着裙。双手拱胸前，似左手压右手。左侧弟子头前部、双手双腿残，风化较严重，面部、胸部及双手经修补加固，高31厘米（图版一一三，1）。右侧弟子头顶及面部、双手、双腿残，左肩、胸口及腿部经修补加固，略风化，高33厘米，略高于左侧弟子（图版一一四，1）。

菩萨紧贴弟子，立正壁左、右侧。头雕刻较高，绾高发髻，双耳仅雕近椭圆形轮廓，不表现细部，颈略长。腰微收，腹微鼓。斜披络掖，下着长裙，不雕衣纹，腰束带。双腕饰宽环状腕钏，双足隐于前方造像后。左侧菩萨头残，高37、肩宽9厘米。帔帛覆两肩，于腋下垂及龛底，裙腰外翻呈两片。左手屈肘举肩侧，掌心向内，似伸出食指与中指，余三指内屈，右手自

图七六 第535-63龛正、剖视图

然下垂体侧，掌心向左，四指上勾。身体略朝向右前方，上身略后仰（图版一一三，2）。右侧菩萨面部及双手残，高39、肩宽9厘米。缩高圆髻，面部略长圆饱满。帔帛覆两肩，腰带于两侧系结垂体侧。左臂自然下垂体侧，掌心向右，四指上勾，右手屈肘举肩侧，似伸出食指、中指交叉。身体朝向左前方，头略右偏（图版一一四，2）。

菩萨腿前各雕一像相向而跪，残损、风化较严重，均经修补加固。绾高发髻，面部轮廓饱满，短颈。似着窄袖衣，腰似束带，下身似着裙。双手至胸前作礼敬状，上身直立，头微前低。左侧供养像高15厘米，胡跪，左腿跪地，右脚向前屈起（图版一一三，3）。右侧供养像高19厘米，双腿跪地，双腿似坐双足之上（图版一一四，3）。

65. 第535-65龛

位于正壁左下角位置，第535-64龛左，第535-75、535-66龛右，第535-77龛下。圆拱形浅龛，龛楣弧形上凸，左、右壁面与龛底呈直角转折，平底，壁面打磨平滑，造像表面略高于龛壁，宽47、高47、深7厘米。龛向330°。龛顶残损，造像风化残损严重，残损风化处均经修补加固，龛壁施红彩，造像施黑、白、绿彩（图七八；图版一一五，1）。

正壁前造一佛二菩萨，皆无头光。主佛结跏趺坐于须弥座上，头、颈部残损，左膝残失，高28、肩宽15、座高14厘米。磨光肉髻，较低平，颈雕三道蚕纹。肩宽胸厚，着通肩式佛衣，佛衣下摆披覆座前。双手相叠似托宝珠于腹前，宝珠残损，左腿残，不露足（图版一一五，2）。

左侧菩萨立于圆形座上，左臂、右手、双足及台座残损，高34、肩宽8、座高4厘米。绾高发髻，发辫覆两肩，面部轮廓饱满，戴项圈，项圈中部饰宝珠。肩宽胸厚，斜披络腋，帔帛自双肩下垂体侧，下着长裙，跣足。腰微右扭，左腿微屈。左手下垂，右手执柳枝屈肘举肩侧（图版一一五，3）。

右侧菩萨立于圆形座上，高34、肩宽8、座高7厘米。绾高发髻，发辫覆两肩，面部饱满，颈部有三道蚕纹，戴项圈，项圈中部饰宝珠。肩宽胸厚，斜披络腋，帔帛自双肩下垂体侧，腰束带，下着长裙，跣足，座风化。右手饰腕钏，腰微左扭，右腿微屈，左手执柳枝屈肘上举至肩侧，右手执帔帛垂体侧（图版一一五，4）。

66. 第535-66龛

位于正壁大龛左下侧位置，第535-65龛左，第535-75龛下。圆拱形敞口龛，平面呈浅弧形，平底，各壁呈弧形转折，壁面打磨平滑，随壁面上深下浅，造像表面高于壁面，宽18、高30、深4厘米。龛向340°。龛形基本完整，造像略风化，壁面施红彩，造像存黑、白、绿色装彩痕（图七九；图版一一六，1）。

正壁前造一菩萨立像，左前臂、双足及台座风化残损。高26、肩宽7、座高3厘米。绾高发髻，发辫披肩，面部饱满，戴项圈。斜披络腋，下着长裙。腰微右扭。左臂下垂于体侧，右手执柳枝屈肘上举至肩侧。

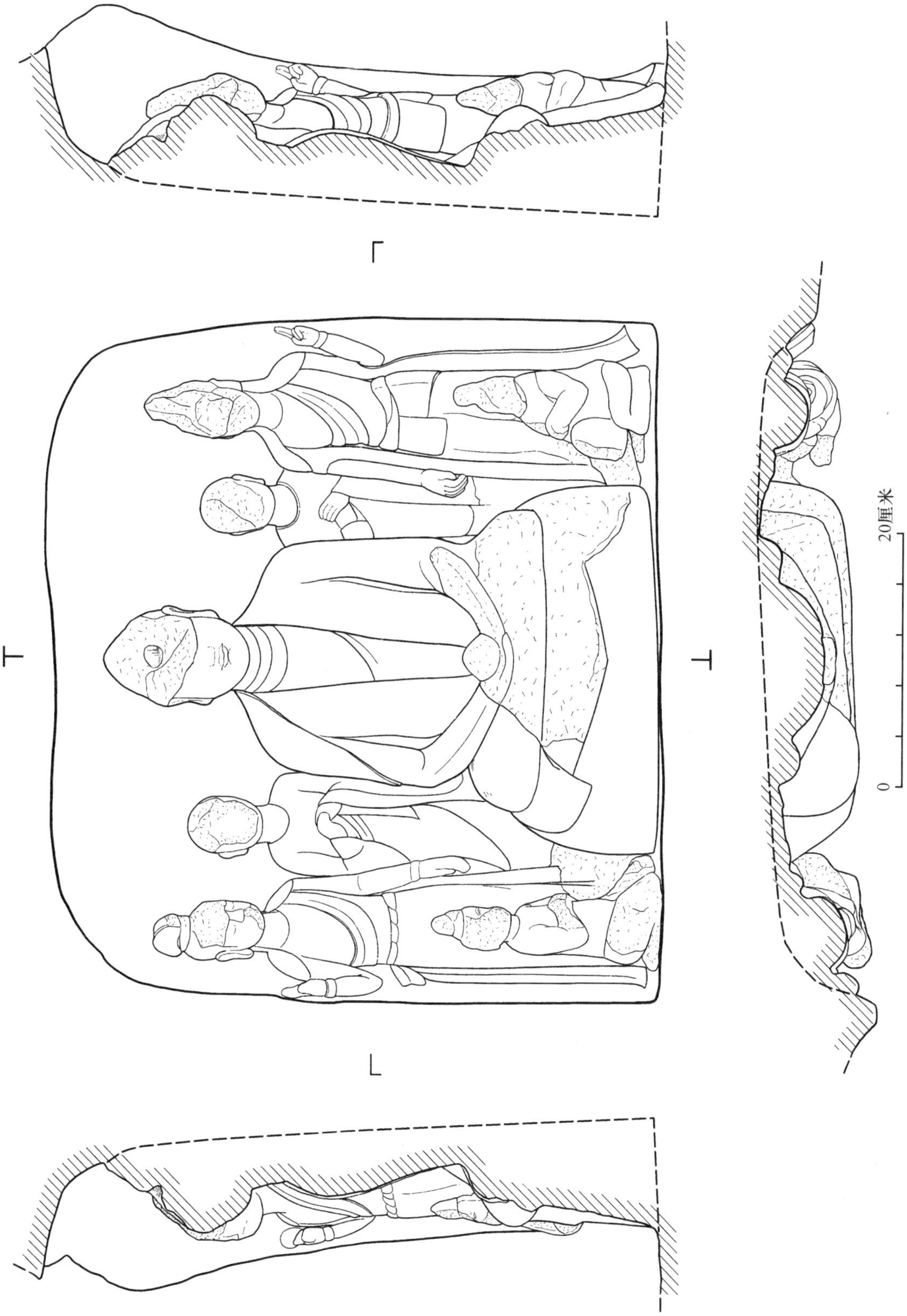

图七七 第535-64龛正、剖视图

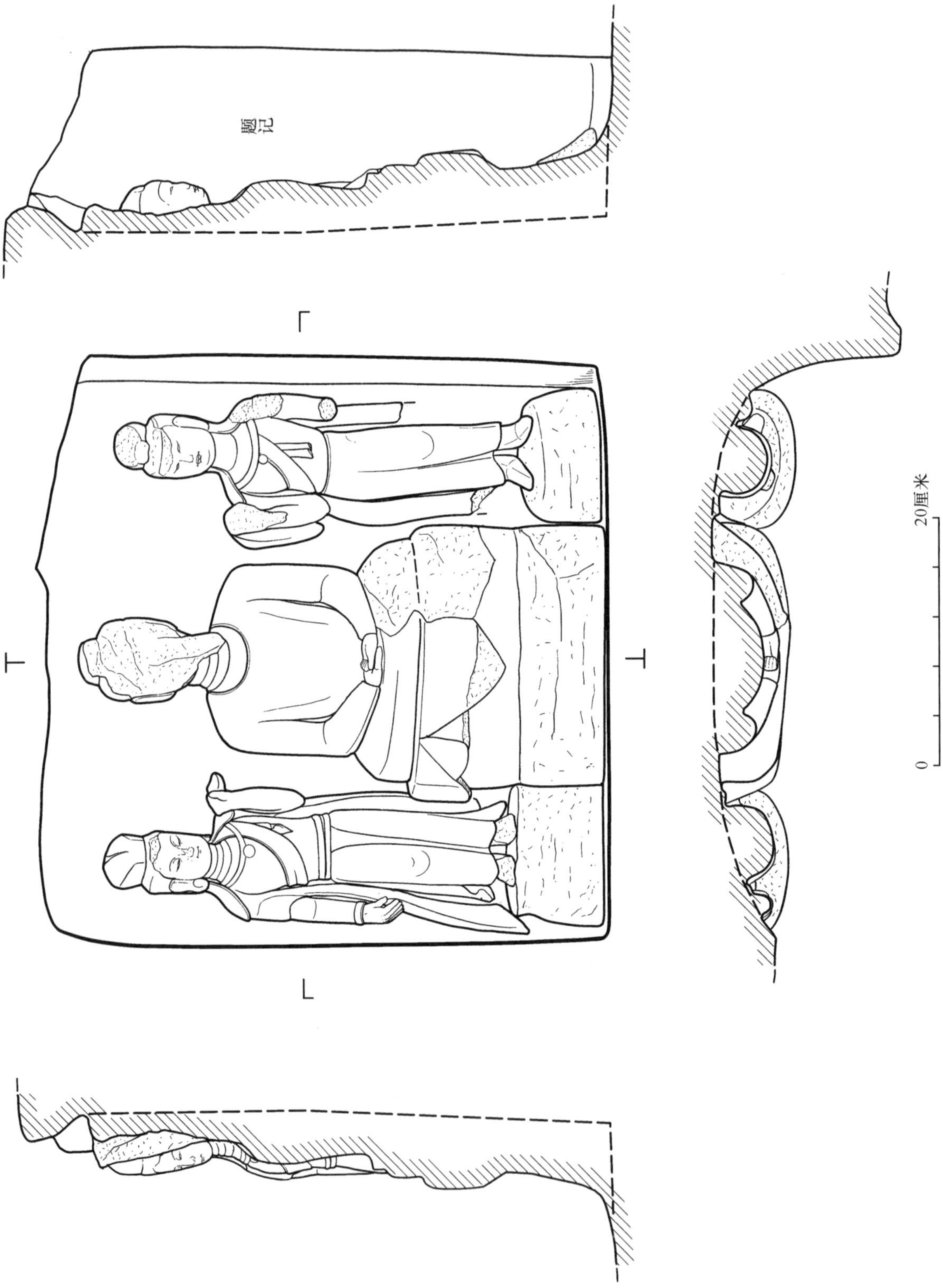

图七八　第535-65龛正、剖视图

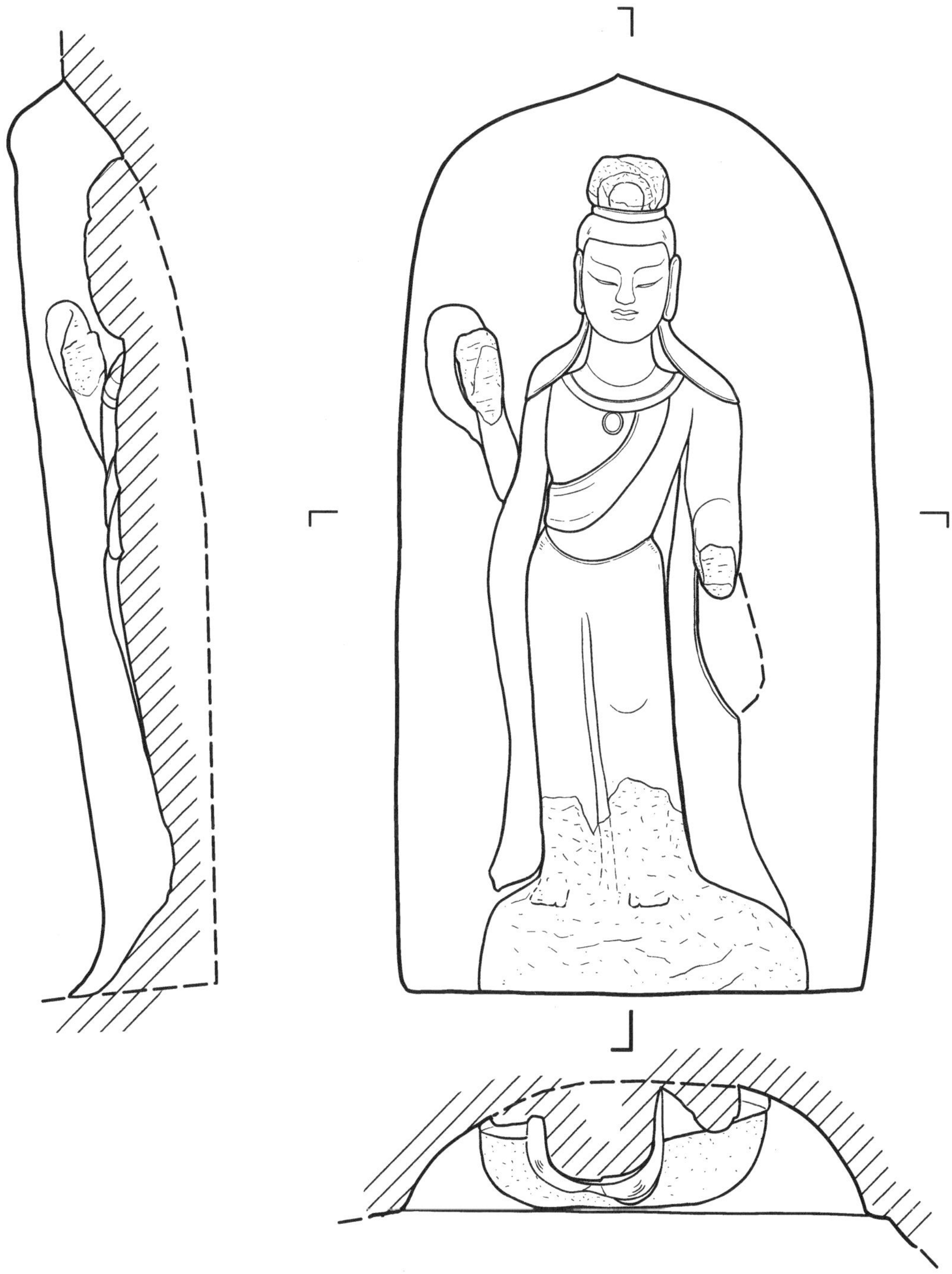

0 10厘米

图七九 第535-66龛正、剖视图

67. 第535-67龛

位于南壁前佛坛右下侧位置，第536-68龛右侧，第535-72龛下侧。圆拱形敞口龛，平面呈浅弧形，平底，各壁呈弧形转折，壁面打磨平滑，造像表面低于窟壁，宽19、高47、深8厘米。龛向65°。龛上沿缺失，造像基本完整，壁面施红彩，造像存黑、白、绿色装彩痕（图八〇；图版一一六，2）。

正壁前造一菩萨立座上，头部、右肩部、手部略残损。残高37、肩宽10厘米。绾高发髻，戴束发三珠冠，面部方圆饱满，颈部雕三道蚕纹。戴项圈，饰腕钏，璎珞呈X形交叉于腹际，又垂至小腿处折向身后。斜披络腋，下着长裙，裙腰外翻，裙尾覆足背，帔帛自双肩绕膝前两道绕臂垂体侧。收腰鼓腹。左手托摩尼宝珠于腹际，右手残缺不存。座风化。

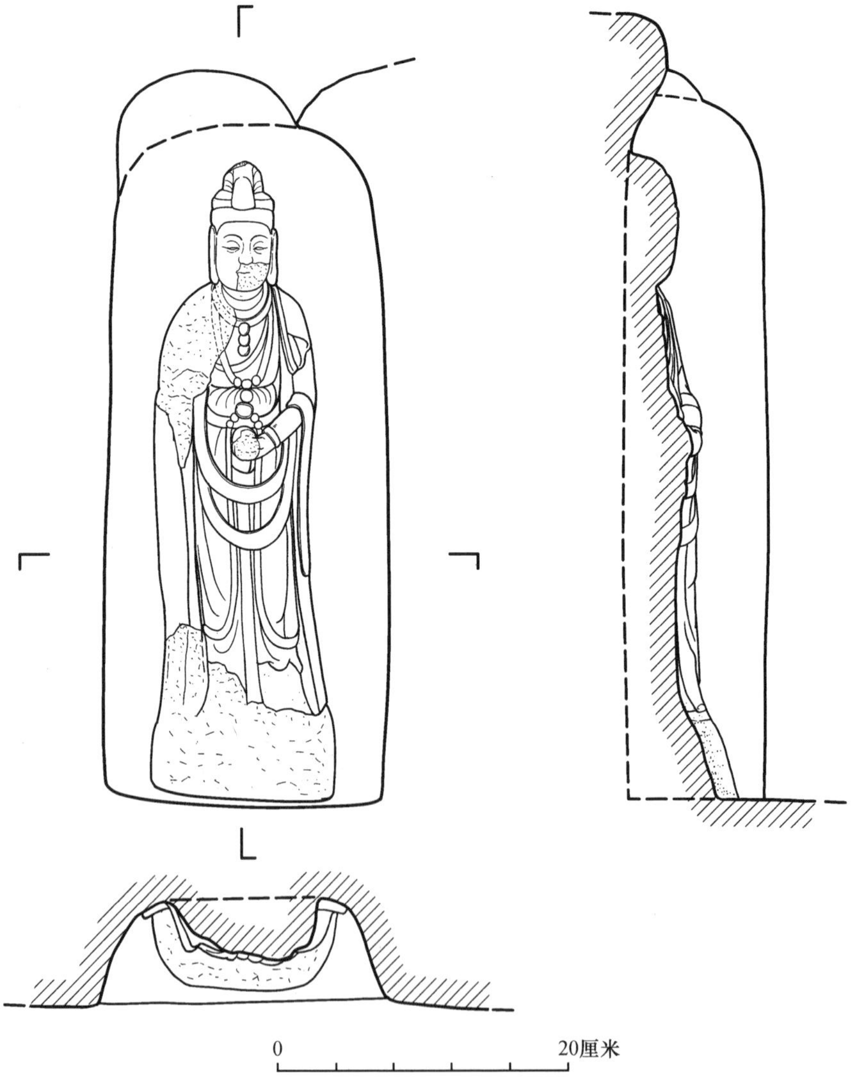

图八〇　第535-67龛正、剖视图

68. 第535-68龛

位于南壁佛坛前中央，第535-67龛左，第535-69龛右。尖拱形敞口龛，平面呈浅弧形，龛楣中央上凸略明显，平底，各壁呈弧形转折，壁面打磨平滑，龛上部略深，宽44、高55、深11厘米。龛向65°。龛形完整，造像略残损风化，壁面施红彩，造像身体表面装彩呈暗褐色，存少量青、白色装彩痕（图八一；图版一一六，3）。

正壁前造一菩萨半跏趺坐于方座上，面部表层略风化，右手不存，高46、肩宽15、座高17厘米。绾高发髻，戴束发三珠冠，两侧缯带分两道垂于肩侧，额上发辫磨光，素面磨光。面部浑圆饱满，双耳仅雕出近椭圆形的轮廓，颈雕三道宽蚕纹。肩胸较宽厚，四肢粗壮，小腹微鼓。斜披络腋，下着长裙，腰束带，裙腰外翻，二宽长结带垂于双腿之间，帔帛搭两肩，自腋下经台座两侧垂于龛底，末端略上翘。戴宽环项圈，左腕饰腕钏。左手抚膝，右手持物至胸前

图八一 第535-68龛正、剖视图

右侧。跣足，足下各有一椭圆形台，左腿下垂踩圆台，足尖撇向左侧，右腿盘曲台座上，露右足，足尖朝下，双足宽长，仅雕轮廓。

69. 第535-69龛

位于南壁前佛坛靠外位置，第535-68龛左，第535-70、535-71龛下。圆拱形敞口龛，平面呈浅弧形，平底，各壁呈弧形转折，壁面打磨平滑，上深下浅，宽42、高48、深10厘米。龛向65°。左壁外缘及龛顶外侧残，造像局部残损，略风化，壁面施红彩，造像身体表面可见红、绿、白装彩痕（图八二；图版一一六，4）。

正壁前造一佛结跏趺坐于方座上，头残，双手略风化，高32、肩宽14、座高13厘米。磨光肉髻，略显窄扁，面部轮廓饱满，左耳仅雕出椭圆形轮廓，颈部雕两道蚕纹。肩宽胸厚，四肢粗壮，小腹微鼓。外披覆肩袒右式上衣，覆身体左侧，领边自身后搭右肩，于右腋下横覆腹、腿，

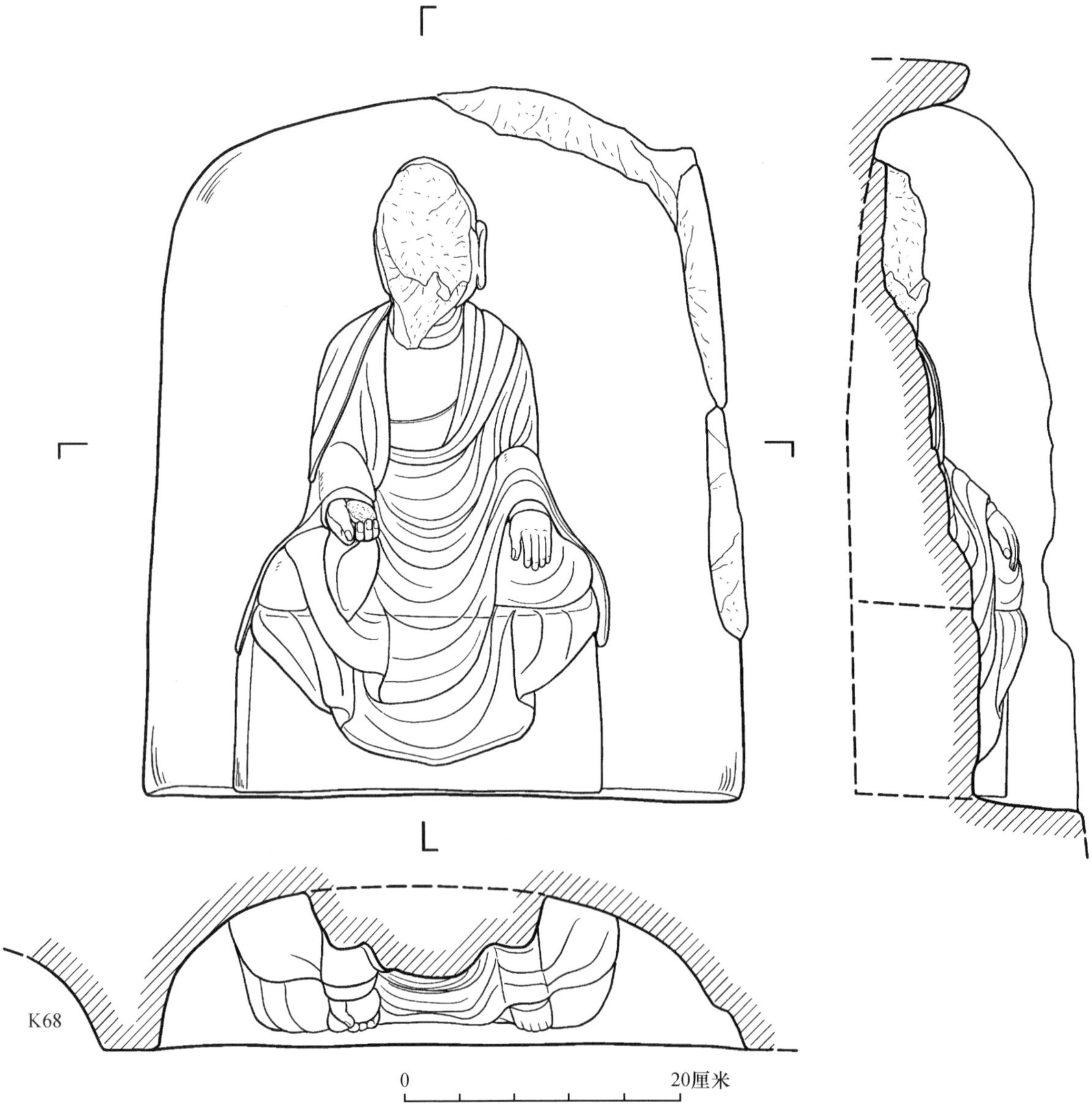

图八二　第535-69龛正、剖视图

上提又搭左肩及左臂，外翻较宽，下摆垂覆座前近龛底，露中衣右侧，搭右腿后上提绕搭右臂垂于体侧，内着僧祇支。左手抚膝，右手托硕大宝珠于右腿上。

70. 第535-70龛

位于南壁大龛右下方位置，第535-71龛左，左壁主尊台座下，第535-69龛上，左壁主尊下。长方形龛，四壁转折明显，呈直角转折，平底，左、右壁内收，造像表面低于窟壁，宽10、高15、深2厘米。龛向60°。龛窟雕刻较浅仅存轮廓，龛壁及造像残存有红色装彩痕（图八三；图版一一七，1）。

正壁前造一佛结跏趺坐于方座上，颈部以上不存，双手残，残高10、肩宽6、座高3厘米。四肢粗壮、小腹微鼓。外着袒右式佛衣，不出衣褶，左手置左膝执宝瓶，右手上举体侧。盘左脚，右脚残，踩足踏。

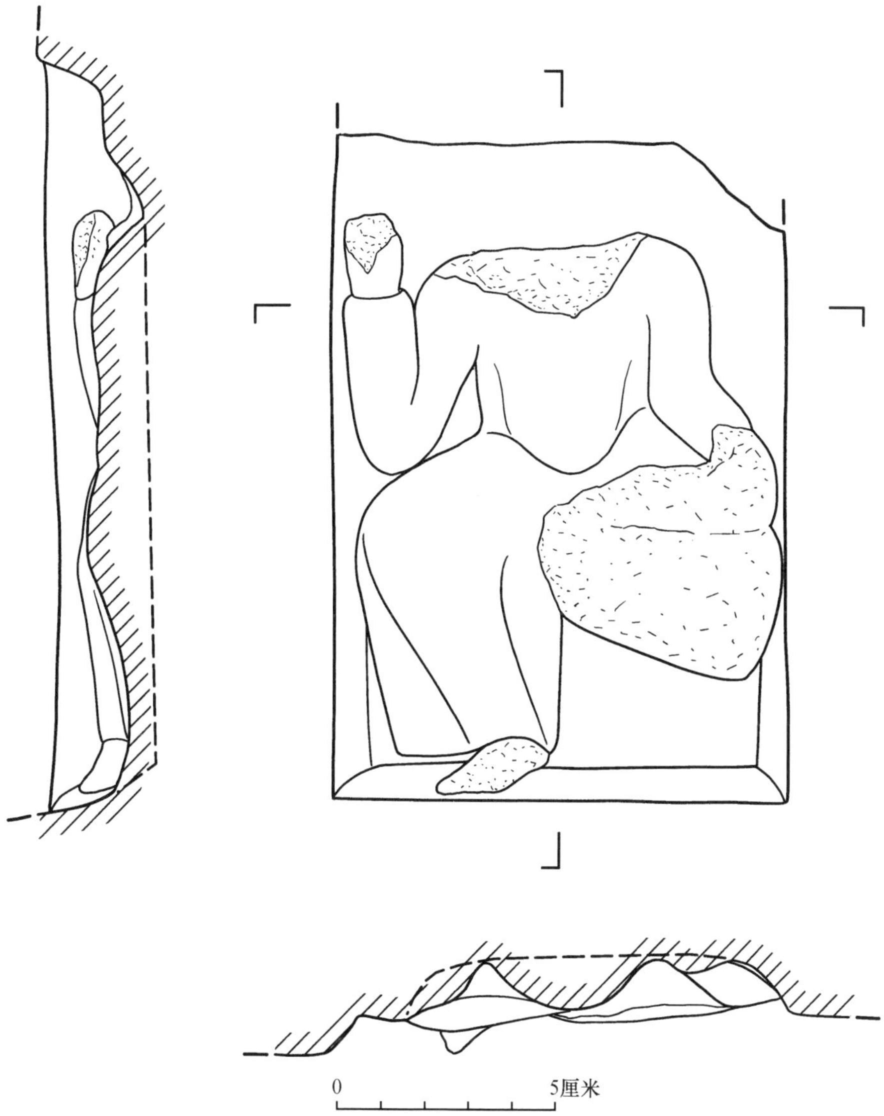

图八三　第535-70龛正、剖视图

71. 第535-71龛

位于南壁大龛右下方位置，正壁菩萨左，第535-70龛右，第535-69龛上，左壁主尊下。长方形龛，四壁转折明显，呈直角转折，平底，造像表面低于窟壁，宽10、高15、深2厘米。龛向60°。龛形仅存轮廓，造像残损严重，残损风化处均经修补加固，壁面存红彩，造像存黑、白、蓝色装彩痕（图八四；图版一一七，2）。

正壁前造一菩萨立像，造像肩部以上不存，右手残损，双脚风化，残高14厘米。斜披络腋，下着长裙，裙腰外翻，腰两侧结带下垂及踝部，帔帛自双肩下垂至体侧。右手上举，左手下垂执宝瓶。左腿微屈，腰微右扭，双腿之间可见部分瓔珞残迹。

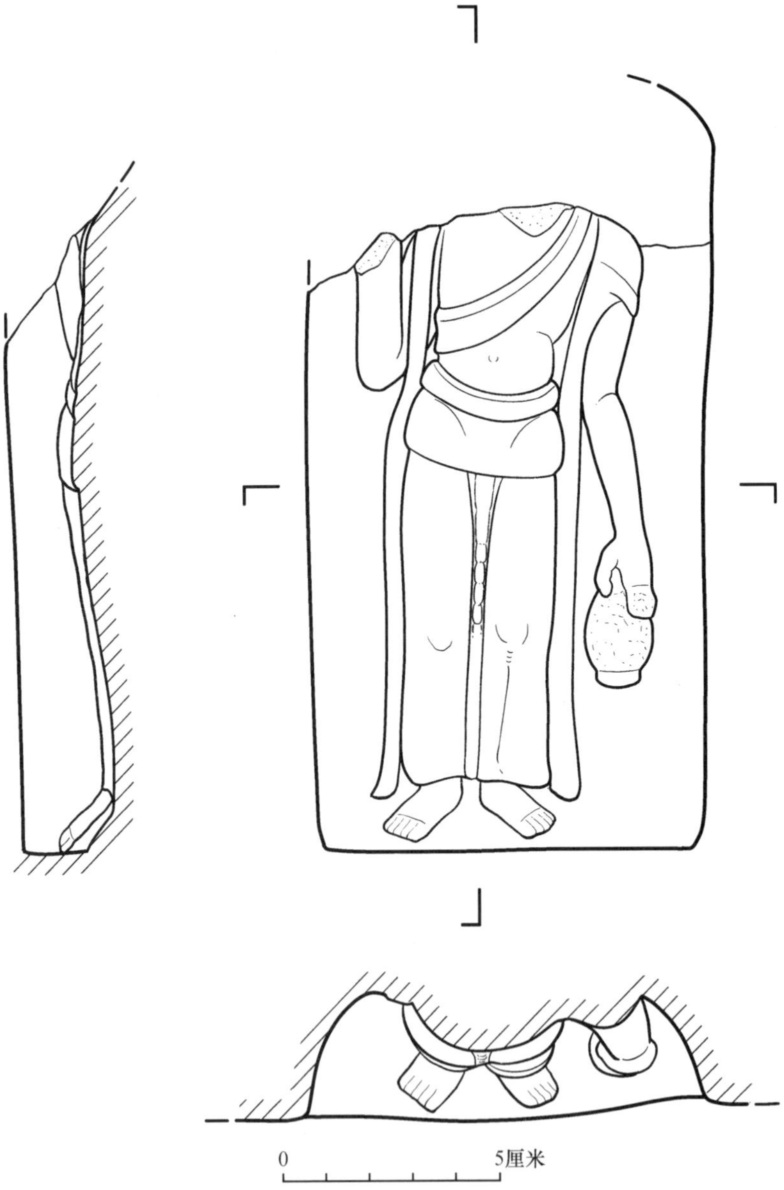

图八四　第535-71龛正、剖视图

72. 第535-72龛

位于南壁大龛右下方位置，第535-73龛左，左壁大龛右，第535-67、535-68龛上，第535-42龛下。圆拱形敞口龛，平面呈浅弧形，龛楣弧形上凸，平底，各壁呈弧形转折，壁面打磨平滑，左、右壁外敞，造像表面低于窟壁，宽47、高46、深8.6厘米。龛向60°。龛形不完整，右壁被打破，壁面施红彩（图八五；图版一一七，3）。

龛内造像不存，仅存台座，座残高10厘米，现存清代彩绘坐佛。

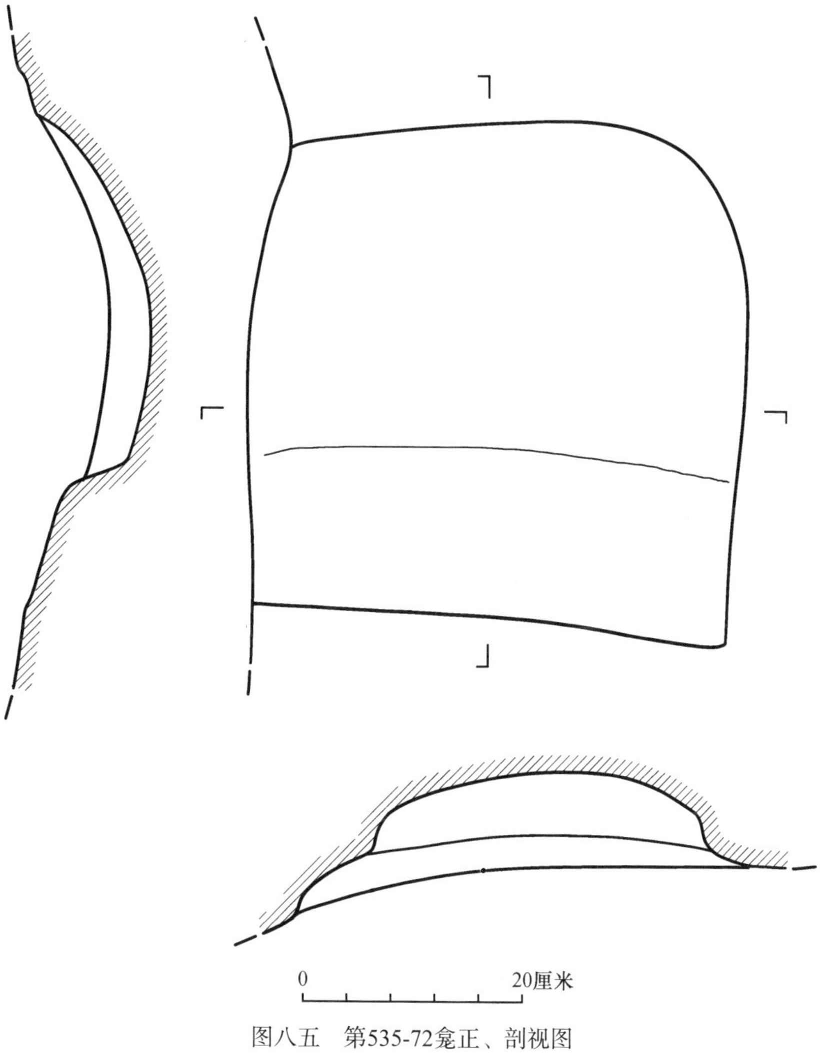

图八五 第535-72龛正、剖视图

73. 第535-73龛

位于正壁大龛左下角与左壁的交界处底部，第535-74龛左，第535-37龛下。圆拱形龛，龛壁转折，左、右壁外敞，造像表面略高于窟壁，宽40、高57、深10厘米。龛向27°。龛形不完整，残损处经修补加固，壁面施红彩，存白、绿色彩绘（图八六；图版一一七，4）。

龛内原造像不存，仅存台座，座残高9厘米。现存清代彩绘坐佛。

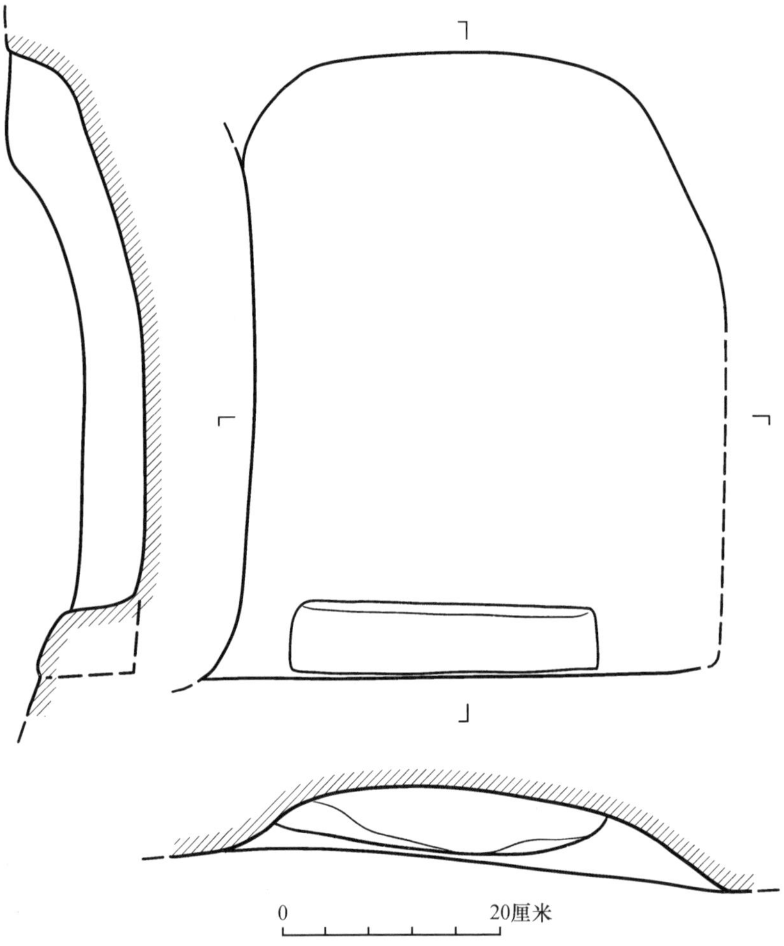

图八六　第535-73龛正、剖视图

74. 第535-74龛

位于正壁大龛左侧底部，第535-76、535-77龛左，第535-73龛右，第535-75龛上，第535-34龛下。圆拱形龛，平面呈圆弧形，顶近平，平底，各壁呈弧形转折，壁面平滑，随壁面倾斜而上深下浅，龛内雕像略低于壁面，宽39、高60、深10厘米。龛向0°。龛形不完整，龛底及侧壁外沿残损，残损风化处均经修补加固，龛壁面存红色、蓝色、白色彩绘（图八七；图版一一八，1）。

龛内造像不存，现存清代彩绘坐佛。

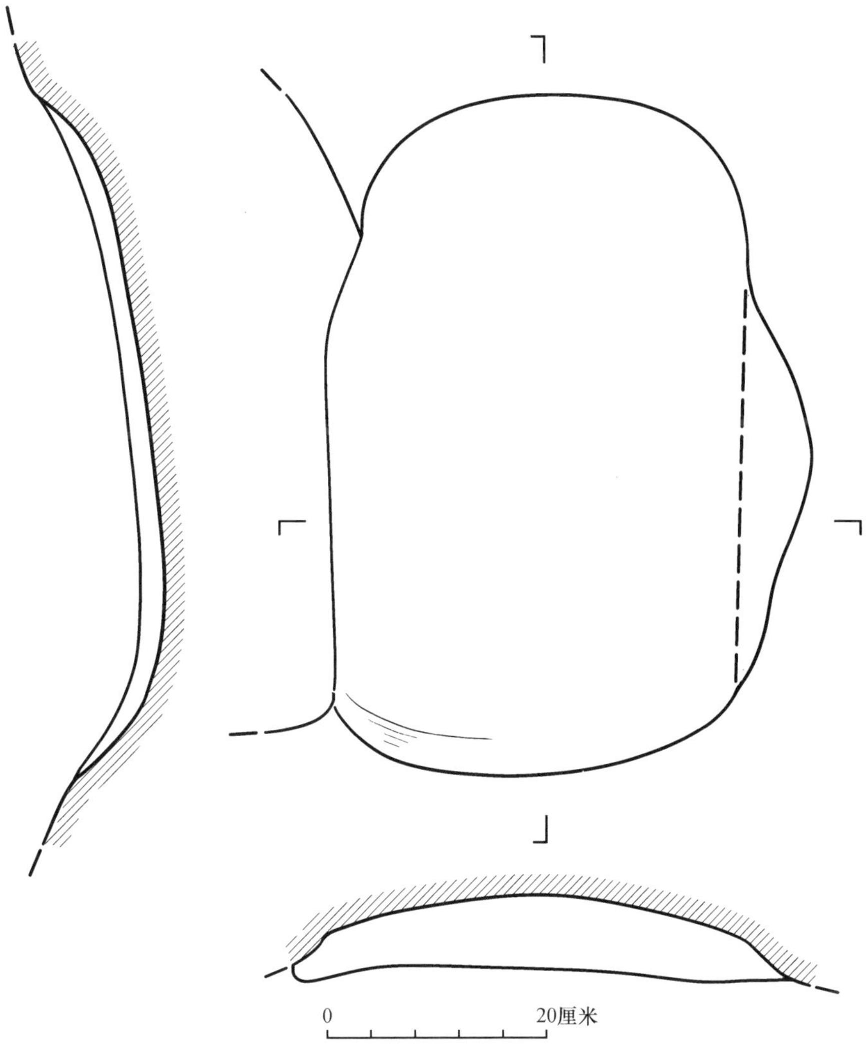

图八七　第535-74龛正、剖视图

75. 第535-75龛

位于正壁大龛左下角，第535-65龛左，第535-66龛上。圆拱形龛，平面呈圆弧形，龛壁呈弧形转折，造像表面略高于壁面，宽16、高16、深4厘米。龛向340°。龛顶及侧壁上部残失，残损风化处均经修补加固，壁面施红彩（图八八；图版一一八，3）。

龛内造像基本不存，仅余盘叠腿部，依残迹可辨正壁前造一佛结跏趺坐于方形座上，残高11、座高2厘米。头部存一圆孔，直径1厘米。

76. 第535-76龛

位于正壁大龛左侧下部，第535-78龛左，第535-74龛右，第535-77龛上，第535-32龛下。圆拱形龛，各壁呈弧形转折，宽35、高33、深4厘米。龛向333°。龛形不完整，左右壁及龛底被打破不存，壁面施红彩，存红、绿、白、黑色彩绘（图八九；图版一一八，2）。

龛内原造像不存，现存清代彩绘坐像。

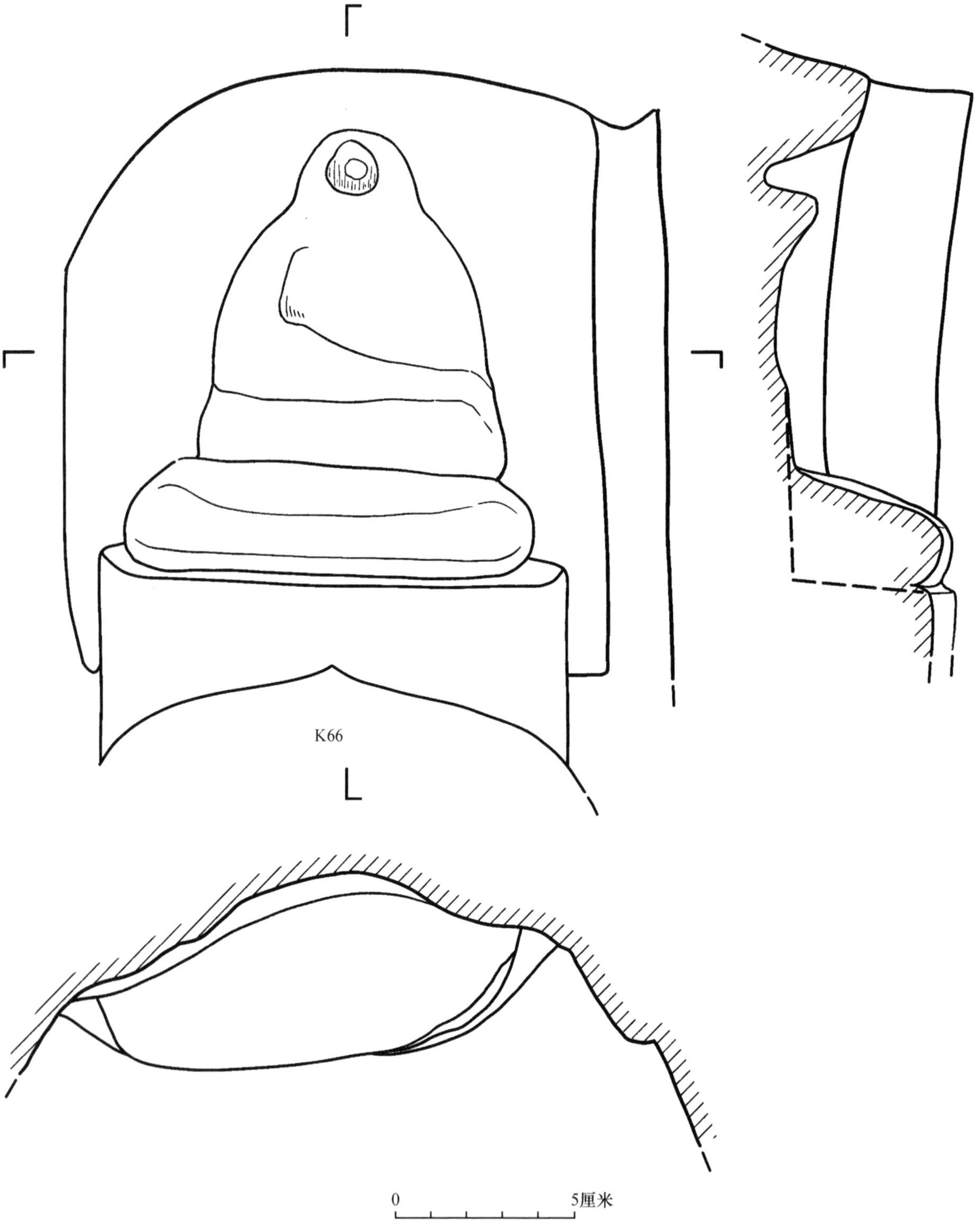

图八八　第535-75龛正、剖视图

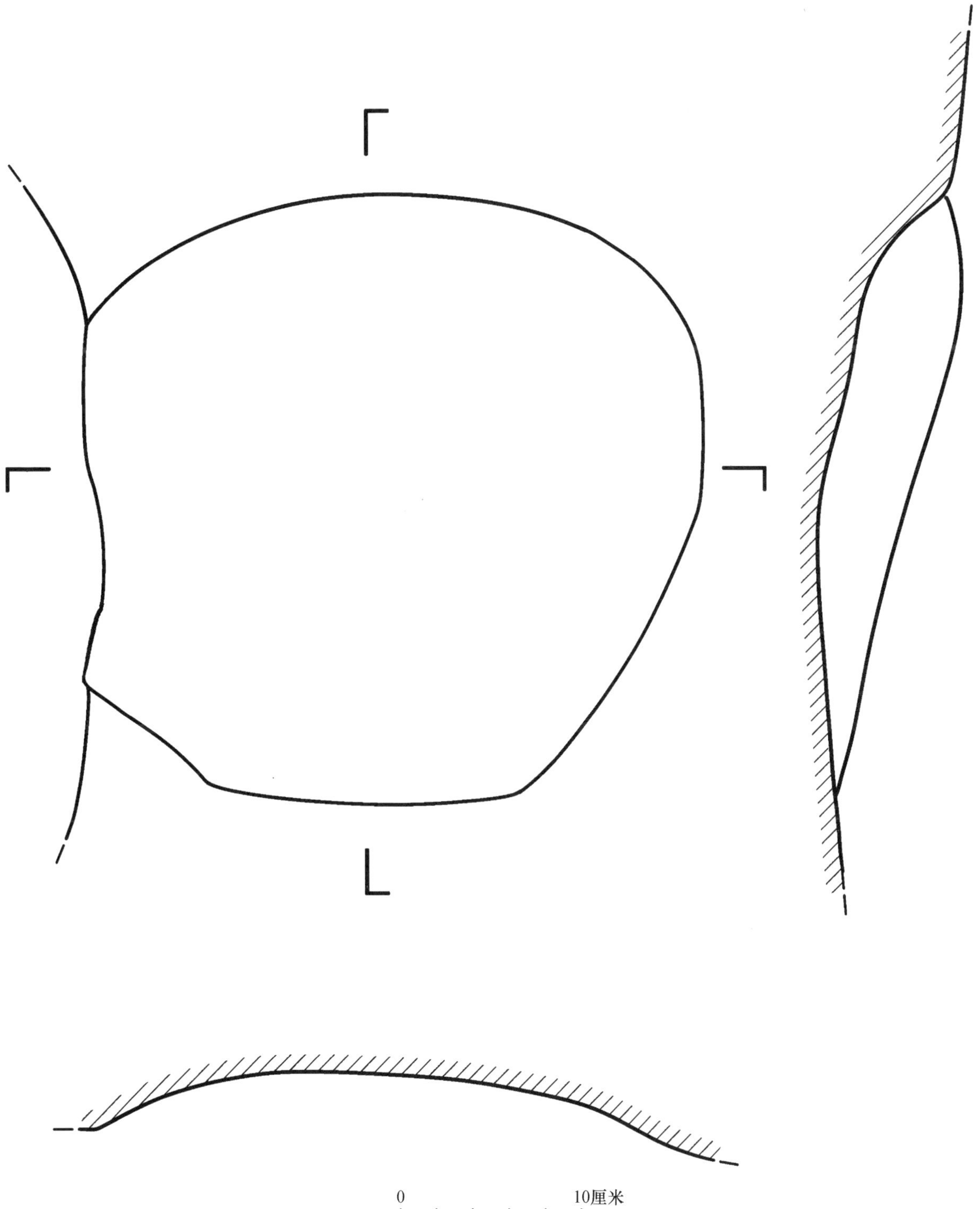

图八九 第535-76龛正、剖视图

77. 第535-77龛

位于正壁大龛左侧下部，第535-78龛左，第535-74龛右，第535-65龛上，第535-76龛下，圆拱形敞口龛，平面呈浅弧形，壁面弧形转折，宽24、高33、深9厘米。龛向330°。壁面施红彩，存红、绿、白彩绘（图九〇；图版一一九，1）。

龛内原造像不存，现存清代彩绘立像。

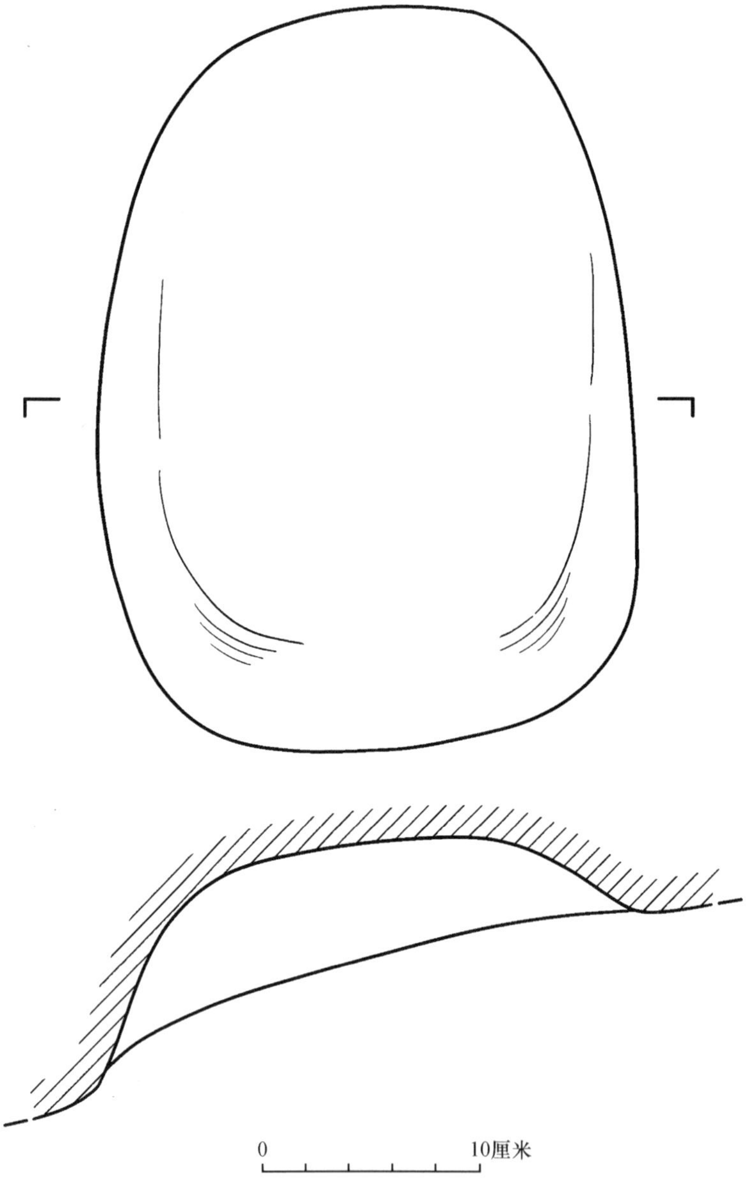

图九〇　第535-77龛正、剖视图

78. 第535-78龛

位于正壁大龛左下侧，第535-76龛右，第535-64龛上，第535-31、535-32龛下。圆拱形龛，平面呈浅弧形，各壁呈弧形转折，左、右壁及龛底被打破，龛形不完整，上深下浅，残宽55、高86、深8厘米。龛向235°。壁面施红彩（图九一；图版一一九，2）。

龛内造像不存，水平分布5个孔洞，自左至右直径分别为2、4.5、5.5、5、3厘米，自左至右深分别为3、3、4、5、3厘米。依残痕及孔洞分布，龛内原应有五尊像。

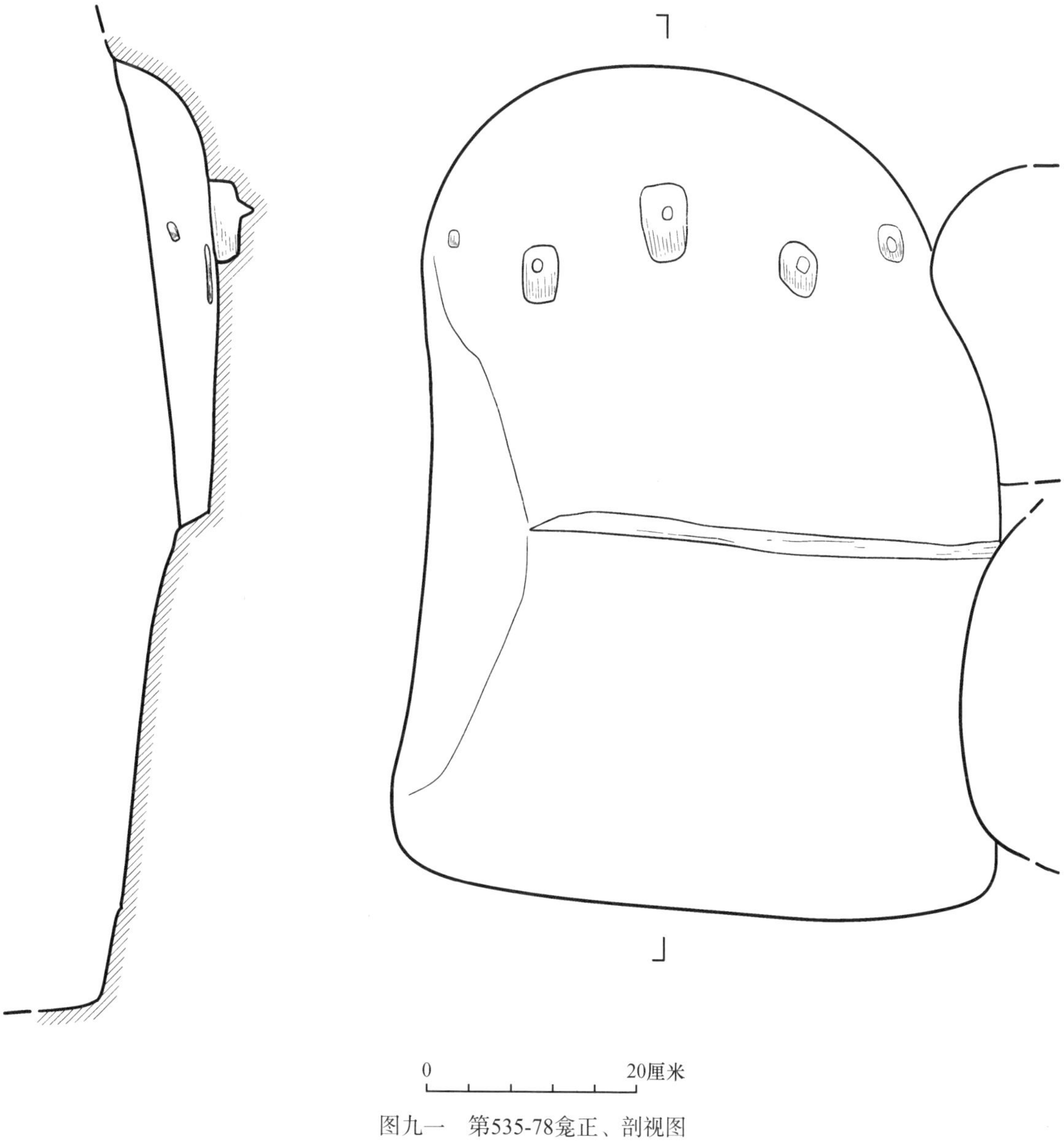

图九一 第535-78龛正、剖视图

79. 第535-79龛

位于正壁大龛右下侧，第535-54龛左侧，第535-56龛右侧，第535-55龛下方。圆拱形龛，宽6、高22厘米。龛向325°。龛形仅划刻出轮廓（图九二；图版一一九，3）。

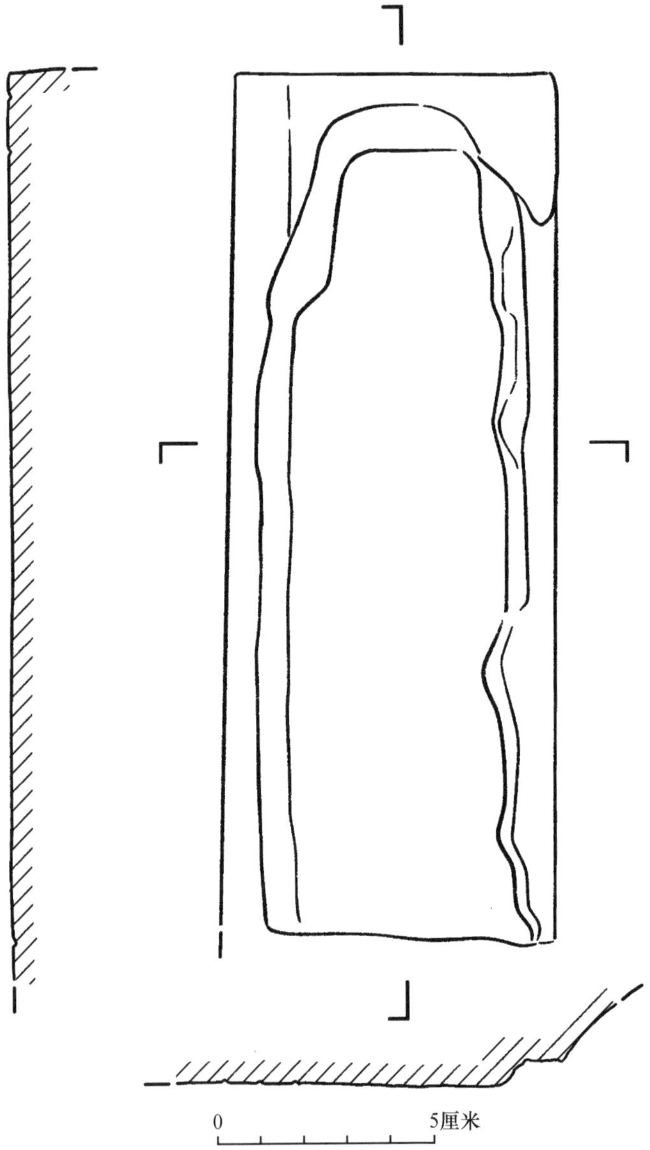

图九二　第535-79龛正、剖视图

80. 第535-80龛

位于正壁大龛右下侧，第535-81龛左，第535-52龛上，第535-90龛下。圆拱形敞口龛，平面呈弧形，各壁呈弧形转折，左、右壁外敞，造像表面略低于壁面。宽22、高44、深9厘米。龛向315°。龛形基本完整，壁面施红彩，存白、绿色彩绘（图九三；图版一一九，4）。

龛内原造像不存，仅余台座，座残高6厘米。现存清代绘彩立像。

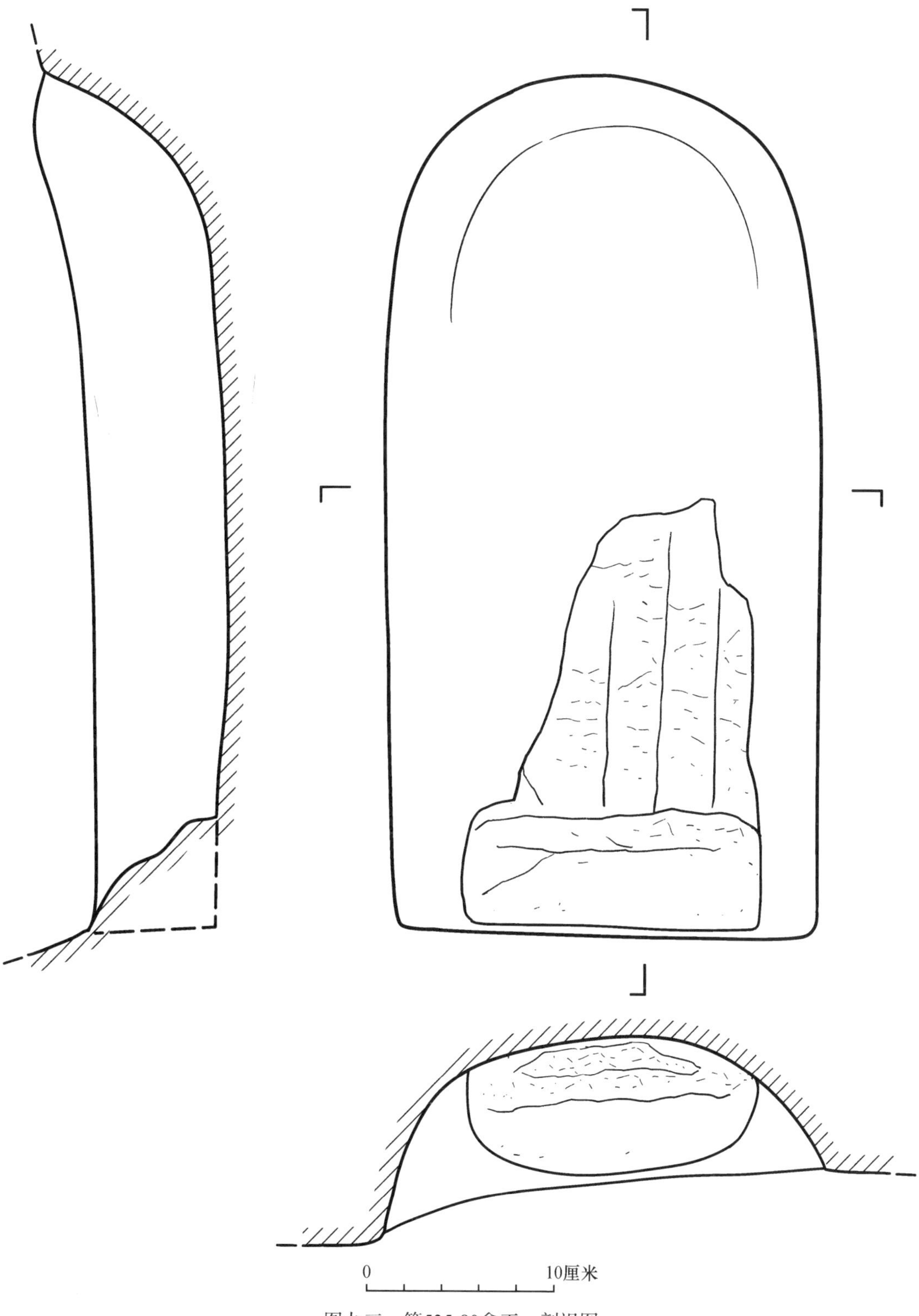

图九三　第535-80龛正、剖视图

81. 第535-81龛

位于正壁大龛右侧底部，第535-82龛左，第535-80龛右，第535-51龛上，第535-89、535-90龛下。圆拱形龛，平面呈浅弧形，各壁呈弧形转折，造像表面略高于壁面，宽16、高39、深3厘米。龛向315°。龛形基本完整，造像略残损风化，风化残损处经修补加固，壁面施红彩，造像施黑、白、绿色彩绘（图九四；图版一二〇，1）。

正壁前造一菩萨立于圆座上，头部残损严重，残高32、肩宽9、座高6厘米。似绾高发髻。斜披络腋，帔帛自双肩垂下于腿前横过一道，绕臂垂体侧及座前。收腰鼓腹，腰系带，下着长裙。左腿微屈，右手执柳枝屈肘举肩侧，左手提净瓶垂体侧（图版一二〇，2、3）。

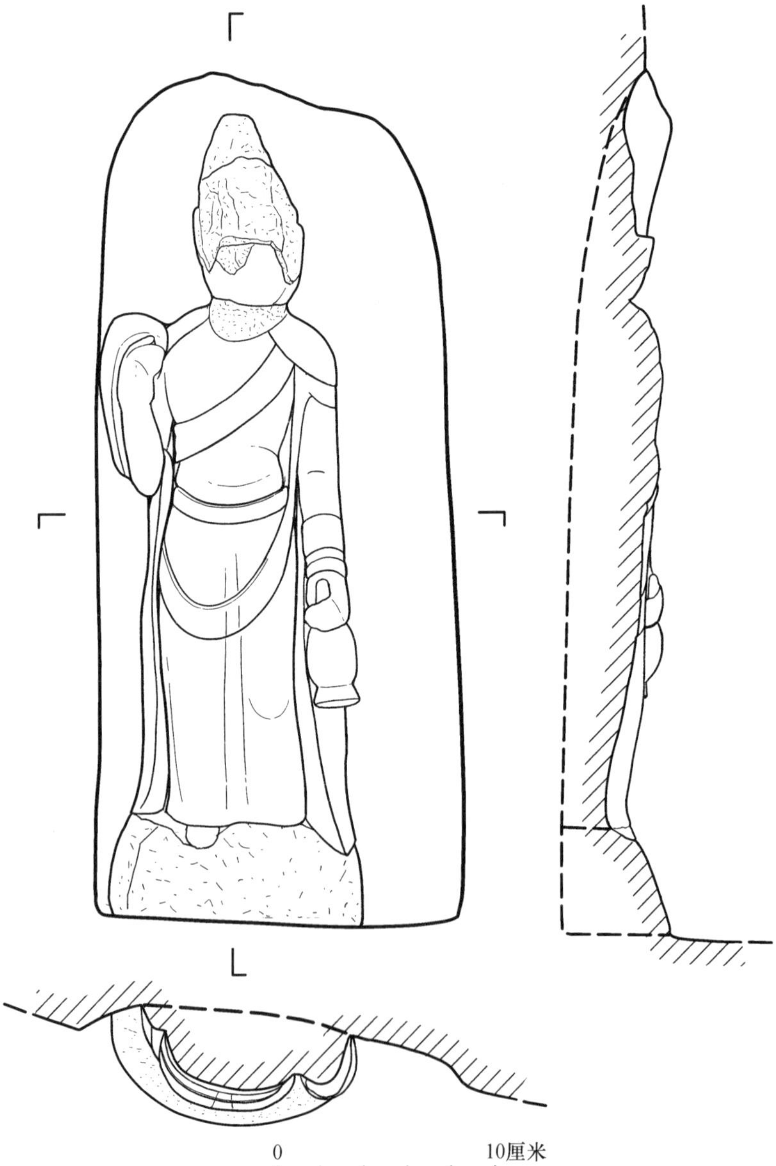

图九四　第535-81龛正、剖视图

82. 第535-82龛

位于正壁大龛右侧底部，第535-83龛左，第535-81龛右，第535-50、535-51龛上，第535-89龛下。圆拱形龛，平面呈浅弧形，各壁呈弧形转折，上深下浅，造像及台座略低于壁面，宽14、高24、深4厘米。龛向320°。龛形基本完整，造像及残损严重，风化残损处经修补加固，壁面施红彩，造像施红、绿色装彩（图九五；图版一二一，1）。

正壁前造一佛结跏趺坐于方座上，造像仅存双腿残迹及台座，座高3厘米。

83. 第535-83龛

位于正壁大龛右下侧，第535-84龛左，第535-82龛右，第535-50龛上，第535-88、535-89龛下。圆拱形龛，平面呈浅弧形，平底，各壁呈弧形转折，上深下浅，左右壁内收，造像表面略低于窟壁，宽10、高25、深4厘米。龛向320°。龛底风化，造像亦风化严重，壁面施红彩，造像存白、绿色装彩痕（图九六；图版一二一，2）。

正壁前造一菩萨立于座上，造像表面风化严重，高20、肩宽4厘米。面部方圆饱满，戴项圈。斜披络腋，下着长裙，收腰鼓腹。帔帛自双肩垂下于腿前横过一道，绕臂后垂于体侧至龛底，璎珞自双肩垂下于腹部呈X形相交，后下垂至小腿分别从膝部绕向体侧，相交处饰圆形装饰物。右手戴腕钏，执柳枝屈肘上举至肩侧，左手垂于体侧似提一物。台座与龛同宽，风化严重。

84. 第535-84龛

位于正壁大龛右侧底部，第535-85龛左，第535-83龛右，第535-50龛上，第535-88龛下。圆拱形敞口龛，平面呈浅弧形，顶近平，各壁呈弧形转折，宽22、高25、深6厘米。龛向320°。龛形基本完整，壁面施红彩，存黑、绿、白色彩绘（图九七；图版一二一，3）。

龛内原造像不存，现存清代彩绘像。

85. 第535-85龛

位于正壁大龛右侧底部，第535-84龛右，第535-13龛下。圆拱形敞口龛，平面呈浅弧，顶近平，各壁呈弧形转折，上深下浅，宽33、高35、深9厘米。龛向300°。壁面施红彩，存绿、白色彩绘（图九八；图版一二一，4）。

龛内原造像不存，现存清代彩绘坐像。

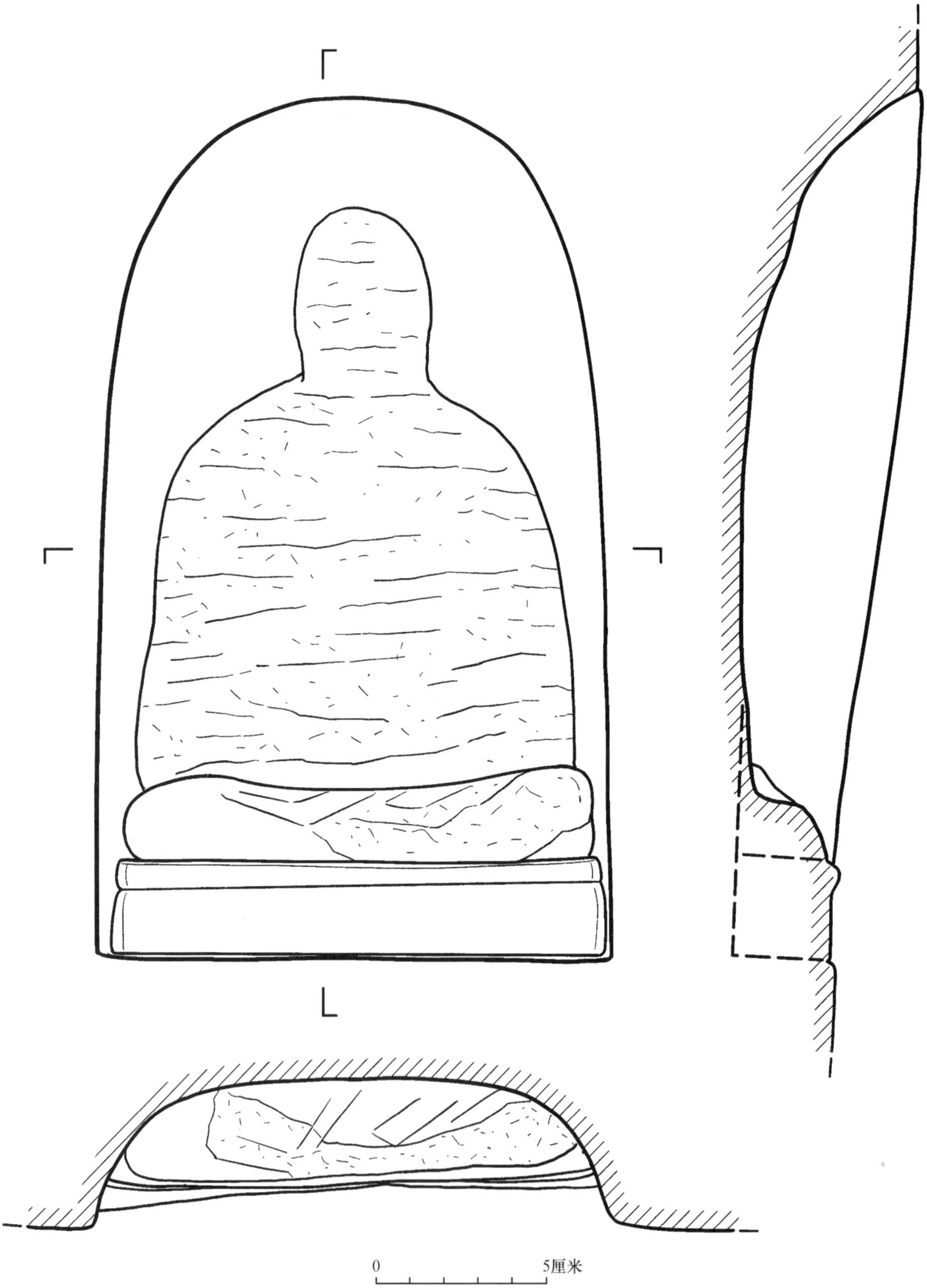

图九五　第535-82龛正、剖视图

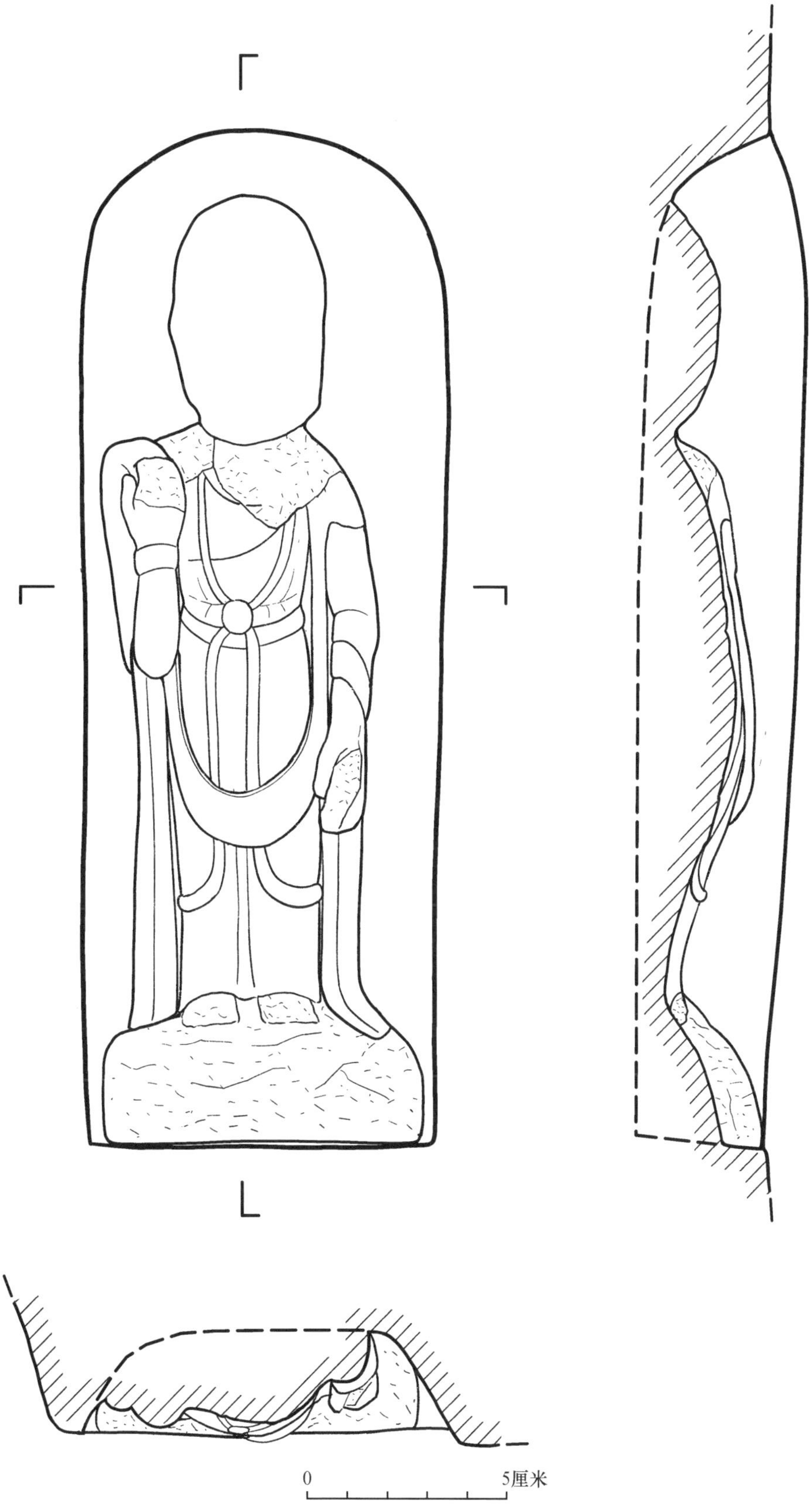

图九六 第535-83龛正、剖视图

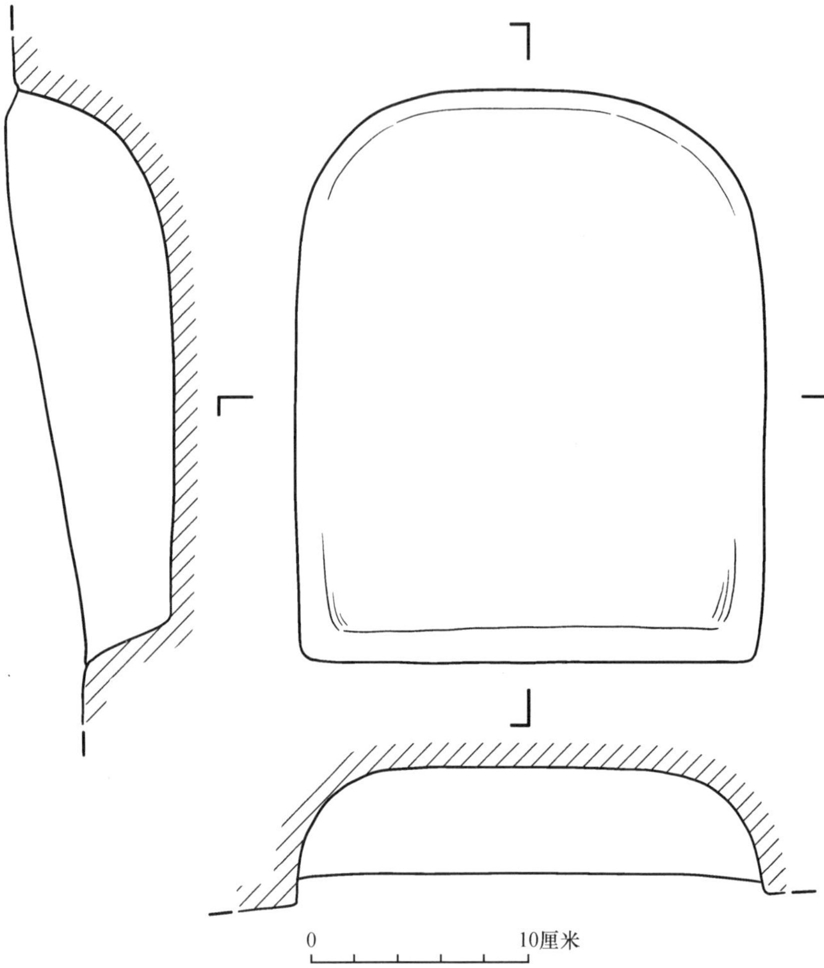

图九七　第535-84龛正、剖视图

86. 第535-86龛

位于正壁大龛右壁转折处，第535-87龛左，第535-85龛右，第535-14龛下。圆拱形敞口浅龛，平面呈浅弧形，各壁呈弧形转折，造像表面低于窟壁，宽18、高42、深5厘米。龛向254°。龛形基本完整，造像残损风化严重，风化残损处经修补加固，壁面施红彩，造像存白、绿色装彩痕（图九九；图版一二二，1）。

正壁前造一菩萨立于圆座上，造像表面风化残损严重，细节不可辨，残高33、肩宽10、座高3厘米。

87. 第535-87龛

位于北壁大龛左侧底部，第535-15龛左，第535-86龛右，第535-14龛下。圆拱形龛，平面呈浅弧形，各壁呈弧形转折，壁面打磨平滑，上深下浅，宽15、高24、深3厘米。龛向250°。龛形及造像基本完整，壁面施红彩，造像存黑、白、绿色装彩痕（图一〇〇；图版一二二，2）。

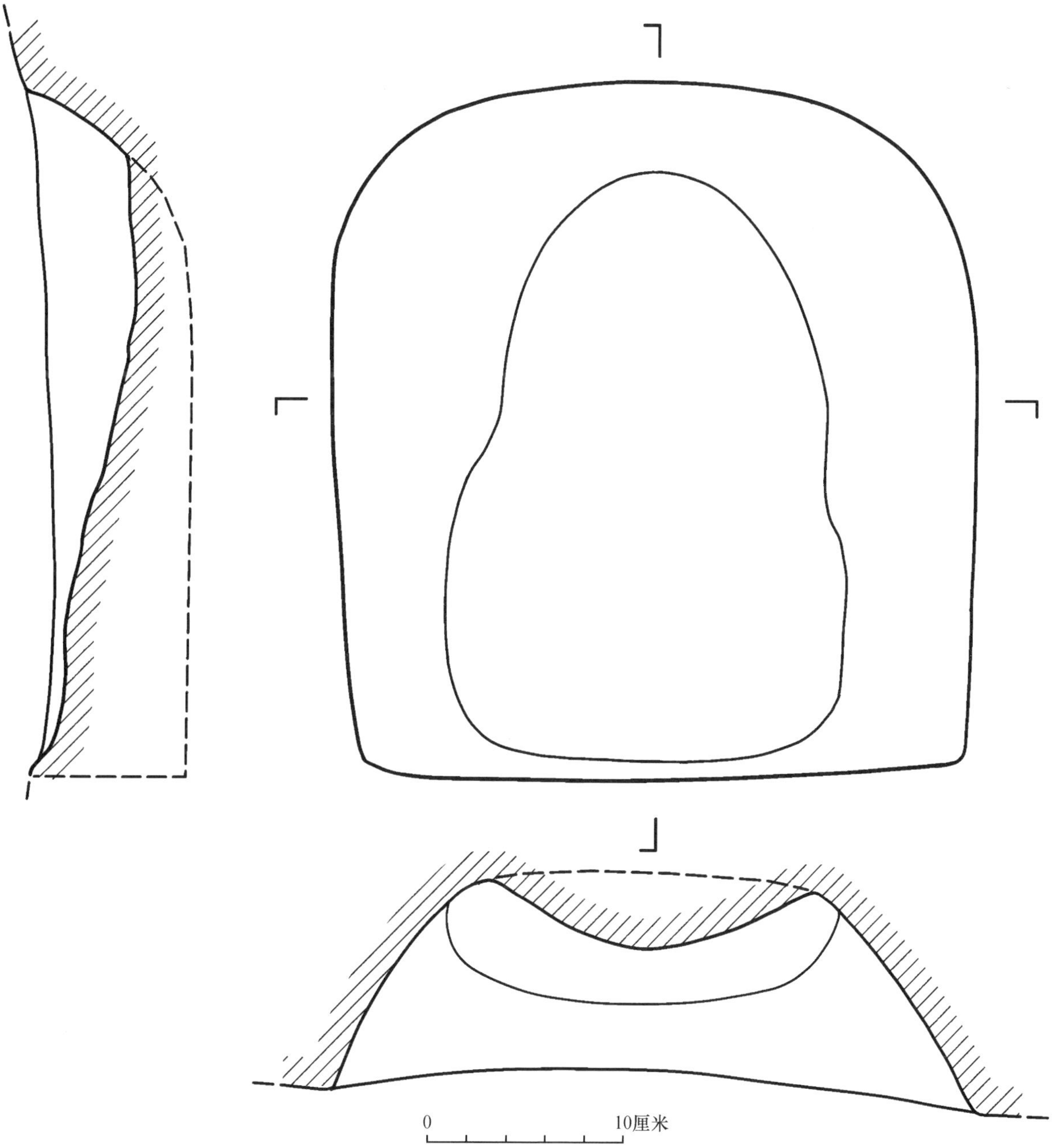

图九八　第535-85龛正、剖视图

正壁前造一佛结跏趺坐于双层方座上，头部残损，高20、肩宽10、座高3厘米。面部方圆饱满，着通肩式佛衣，双掌托一硕大宝珠于腹前，右掌压左掌（图版一二三）。

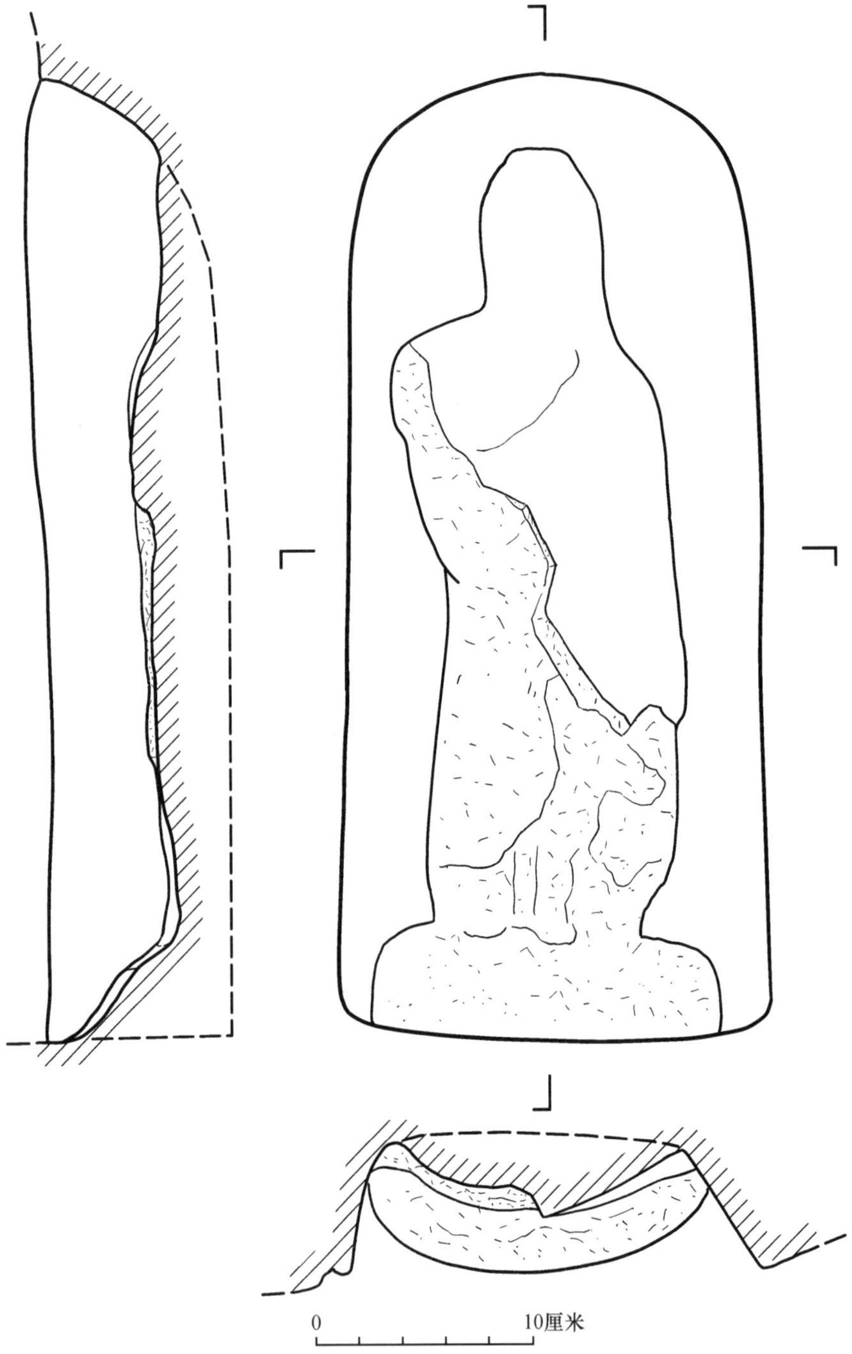

图九九　第535-86龛正、剖视图

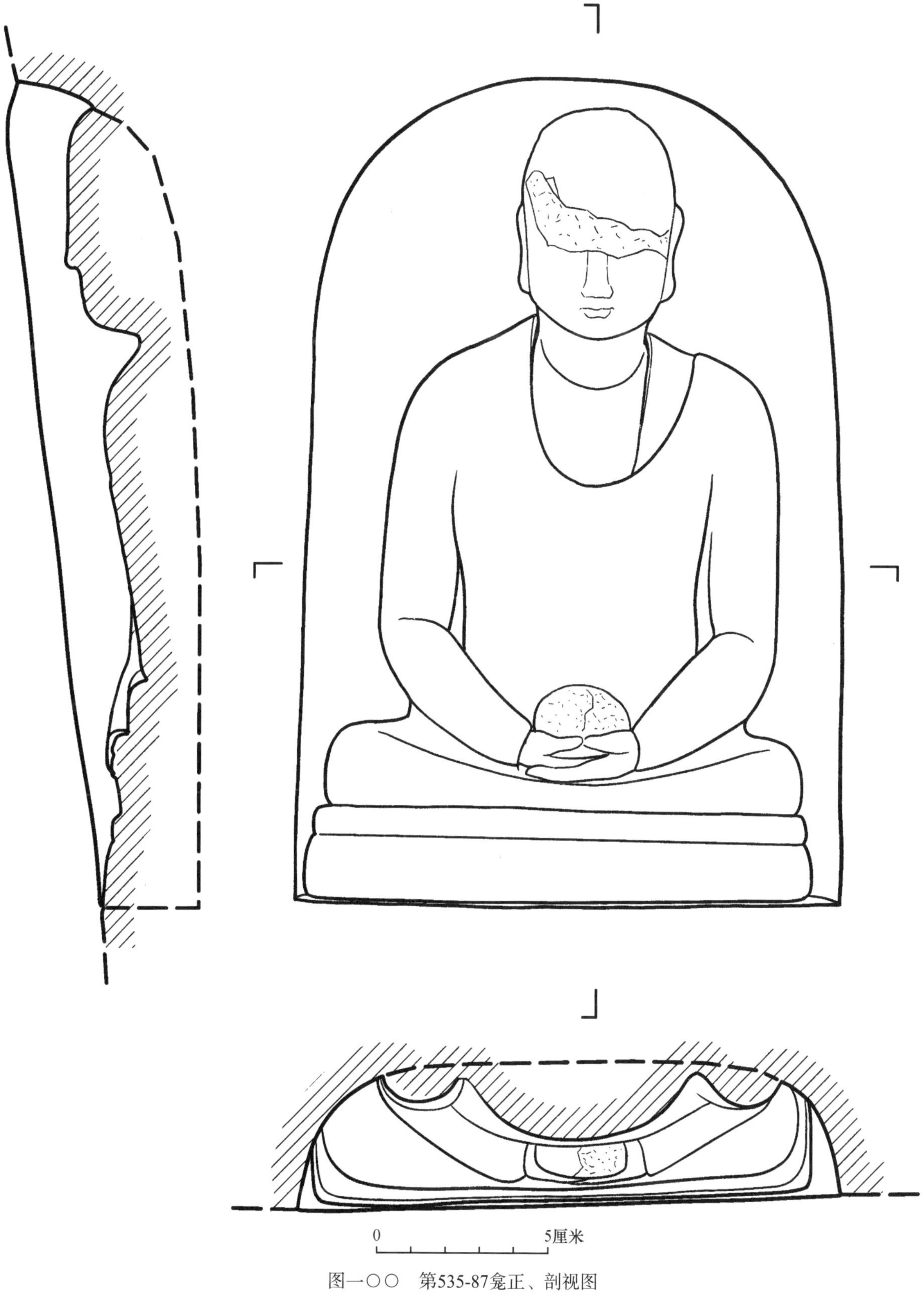

图一〇〇　第535-87龛正、剖视图

88. 第535-88龛

位于正壁大龛右侧下部，第535-13龛左，第535-89龛右，第535-84龛上，第535-93龛下。圆拱形龛，平面呈浅弧形，壁面呈弧形转折，打磨平滑，上深下浅，宽33、高43、深7厘米。龛向313°。龛形完整，壁面施红彩，绘黑白彩绘卷云，存白、绿色彩绘痕（图一〇一；图版一二四，1）。

龛内原造像不存，现存清代彩绘坐像。

89. 第535-89龛

位于正壁大龛右下部，第535-88龛左，第535-90龛右，第535-82龛上，第535-92、535-93龛下。圆拱形龛，平面呈浅弧形，龛壁转折明显，造像表面低于窟壁，宽22、高39、深4厘米。龛向325°。龛形基本完整，造像风化残损严重，风化残损处经修补加固。壁面施红彩，存绿、白色彩绘，造像存黑、白、红色装彩痕（图一〇二；图版一二四，2）。

正壁前造一佛半跏趺坐于方座上，造像头部残失，残留方圆形孔洞，直径6、深5厘米。造像风化严重，细节不可辨，残高31、肩宽10、座高10厘米。肩宽胸厚。收腰鼓腹。右手屈肘伸向龛壁。

90. 第535-90龛

位于正壁大龛右下部，第535-89龛左，第535-80、535-81龛上，第535-91、535-92龛下。圆拱形龛，平面呈浅弧形，各壁呈弧形转折，左侧壁面中部位置略凸出，随壁面倾斜而上深下浅，宽42、高63、深5厘米。龛向315°。龛形基本完整，龛壁施红彩，存红、黑、绿、白色彩绘痕（图一〇三；图版一二四，3）。

龛内原造像不存，仅余部分台座，现存清代彩绘坐像。

91. 第535-91龛

位于正壁大龛右侧中部，第535-92龛左，第535-90龛上，第535-95龛下。圆拱形龛，平面呈浅弧形，各壁呈弧形转折，壁面打磨平滑，造像略低于壁面，宽13、高26、深3厘米。龛向320°。龛形经加固后近完整，造像风化严重，壁面施红彩，造像存黑、白、绿色装彩痕（图一〇四；图版一二五，1）。

正壁前造一菩萨立像，风化残损严重，细节不可辨。高23、肩宽6厘米。绾高发髻（图版一二五，2），双肩略宽，斜披络腋，腰右扭，右手屈肘上举，左手下垂提帔帛于体侧（图版一二五，3、4）。

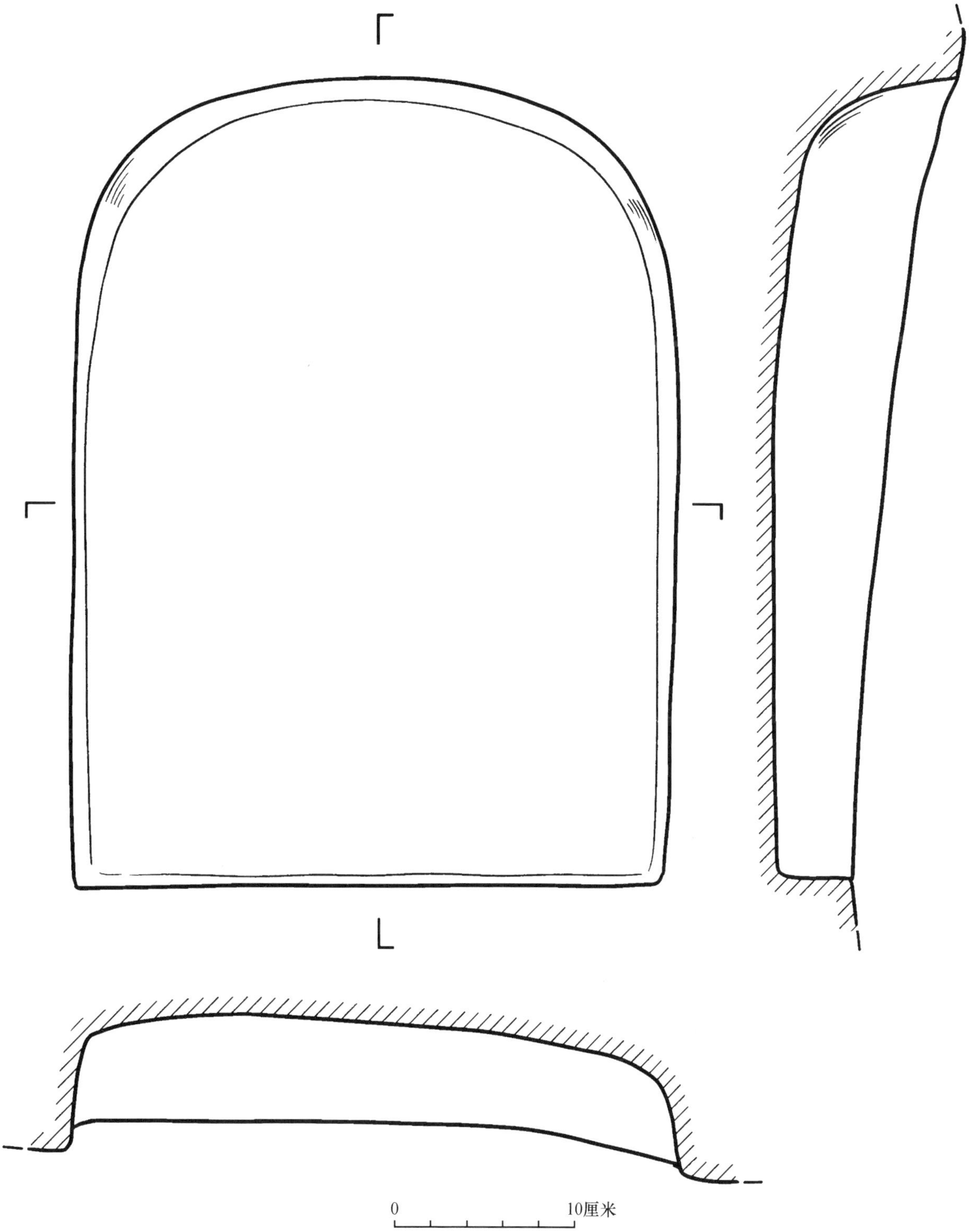

图一〇一 第535-88龛正、剖视图

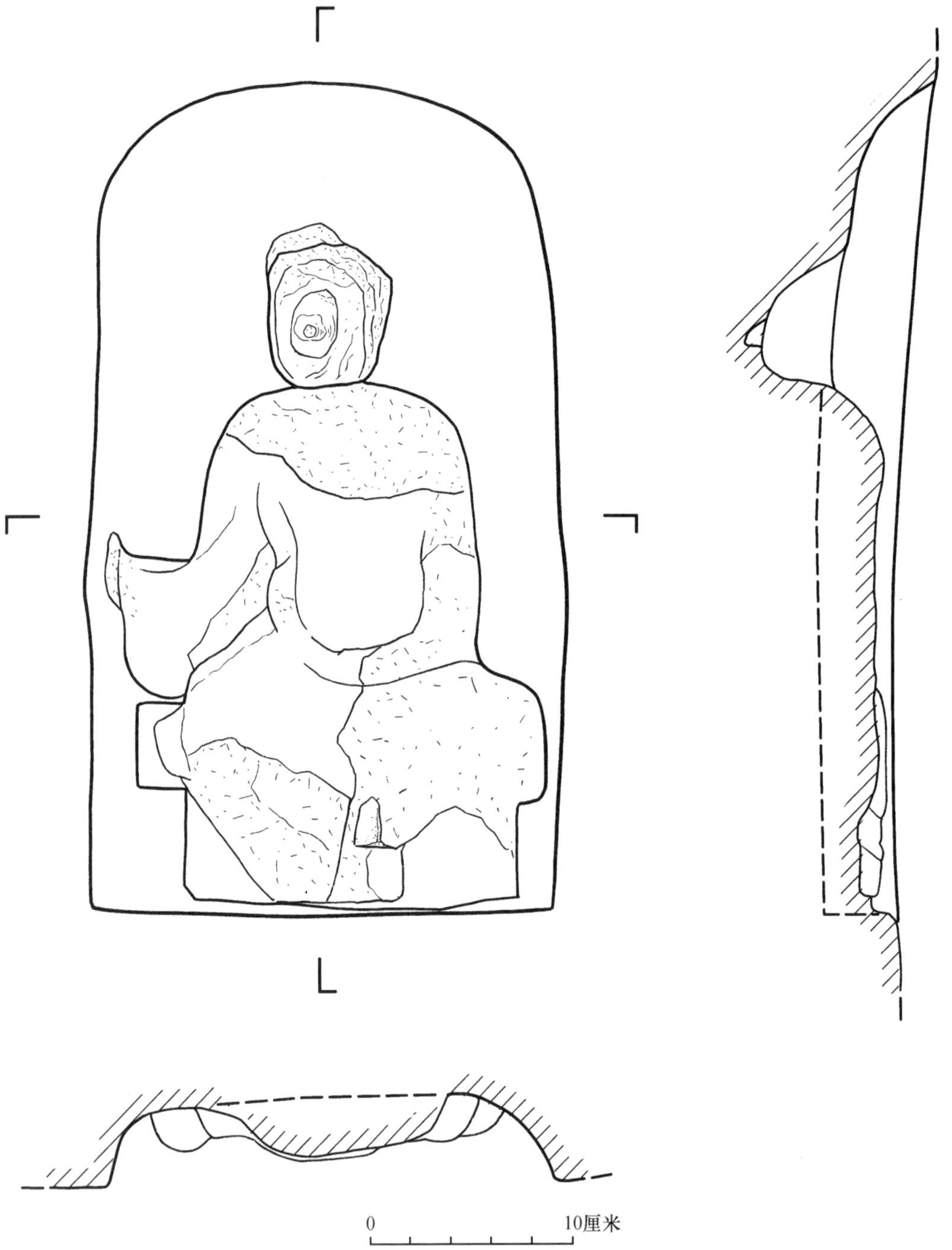

图一〇二　第535-89龛正、剖视图

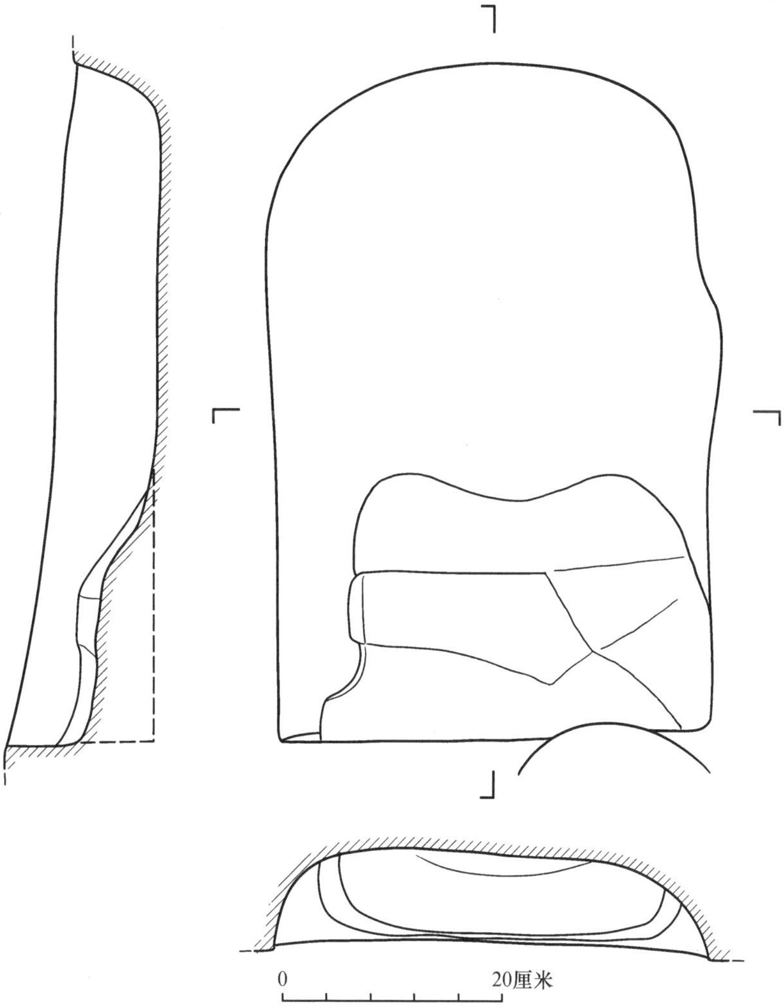

图一〇三 第535-90龛正、剖视图

92. 第535-92龛

位于正壁大龛右侧，第535-93龛左，第535-91龛右，第535-89、535-90龛上，第535-10龛下。圆拱形浅龛，平面呈浅弧形，各壁呈弧形转折，壁面打磨平滑，龛上部略深，造像表面低于窟壁，宽31、高36、深4厘米。龛向320°。龛底部及外部风化，壁面施红彩，黑、白彩绘卷云，存绿色彩绘（图一〇五；图版一二六，1）。

正壁前造一佛结跏趺坐于方座上，全身风化残损严重，手、腿、衣饰及台座细节不可辨，头部不存，残高22、肩宽11、座高7厘米。座前及龛下方各存一圆孔，直径2厘米。

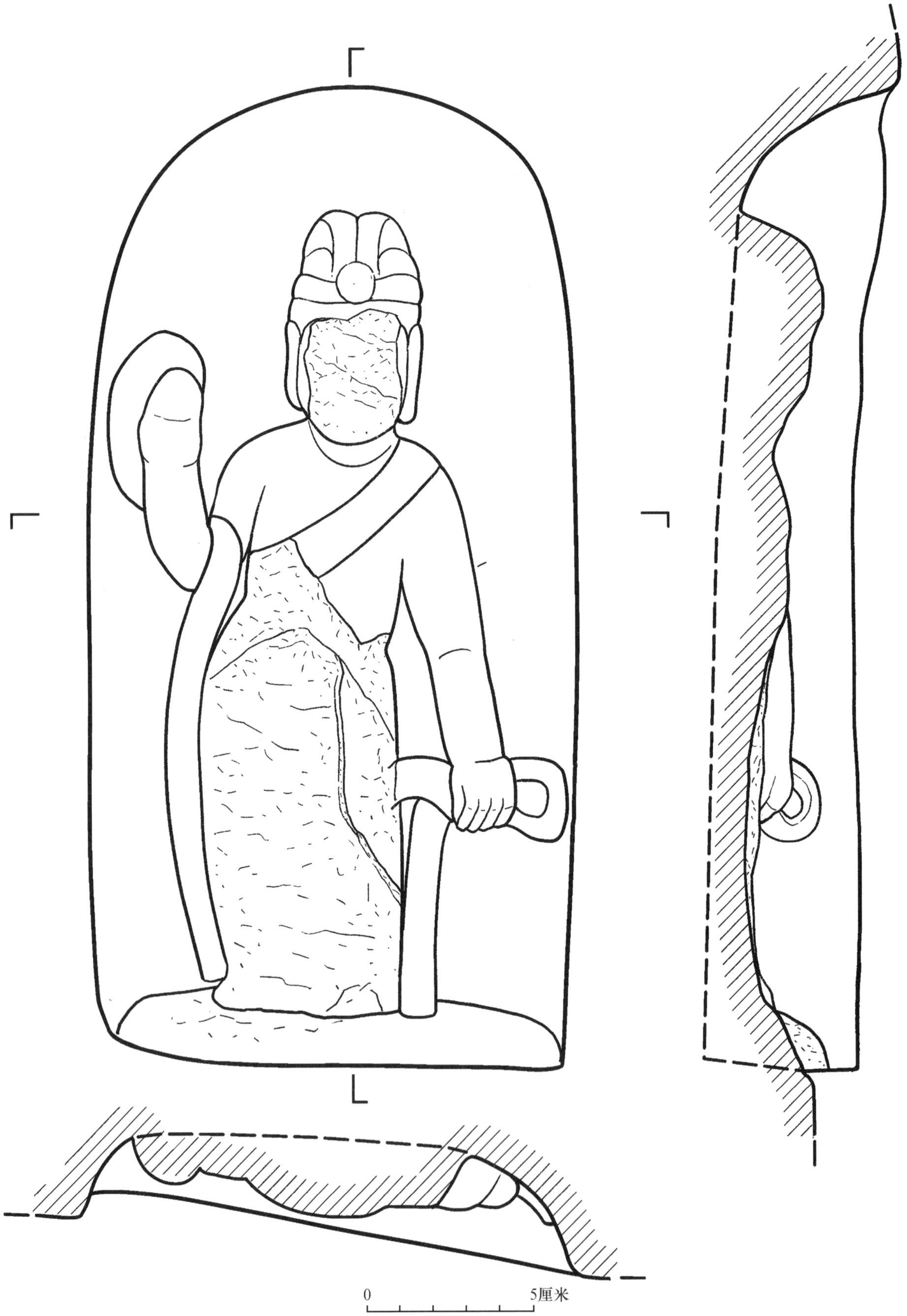

图一〇四　第535-91龛正、剖视图

图一〇五 第535-92龛正、剖视图

93. 第535-93龛

位于正壁右侧中部，第535-98龛左，第535-92龛右，第535-88龛上，第535-10龛下。圆拱形龛，平面近弧形，顶近平，各壁呈弧形转折，打磨平滑，随壁面倾斜而上深下浅，宽40、高45、深7厘米。龛向310°。龛形经修补加固基本完整，壁面施红彩，存绿、白色彩绘痕（图一〇六；图版一二六，2）。

龛内原造像不存，龛底存残坛，风化严重。龛内现存清代彩绘坐佛。

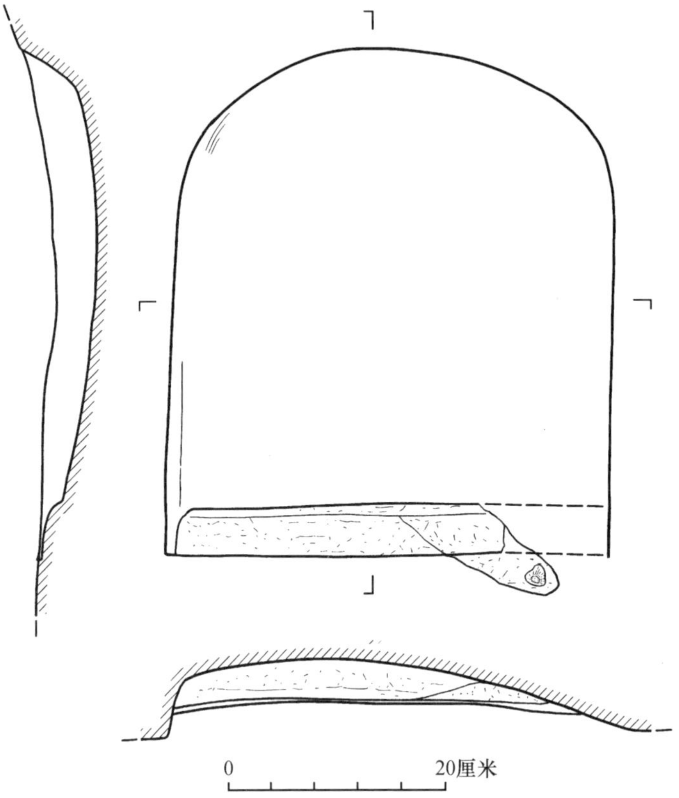

图一〇六　第535-93龛正、剖视图

94. 第535-94龛

位于北壁内侧，北壁大龛、第535-11龛右，第535-18龛上，第535-6龛下，雕凿于北壁大龛左侧龛缘之上，破坏北壁大龛龛形。圆拱形敞口浅龛，平面略呈弧形，各壁呈弧形转折，壁面平滑，随壁面走势而上深下浅，宽18、高48、深5厘米。龛向320°。龛左右壁被打破，造像保存基本完整，壁面施红彩，造像存绿、黑、白色装彩痕（图一〇七；图版一二七，1）。

正壁前造一菩萨立于圆座上，高37、肩宽9，座高6厘米。绾高发髻，戴束发冠，面部饱满，双耳仅雕轮廓（图版一二七，2）。肩宽胸厚，戴项圈。斜披络腋，下着长裙，腰束带，裙腰外翻成两片，裙尾覆足背，帔帛覆两肩搭双臂垂体侧。左手执柳枝举肩侧，右手下垂，似提帔帛（图版一二七，3），腰左扭明显，右腿微屈，左腿直立，跣足。台座表面内高外低。

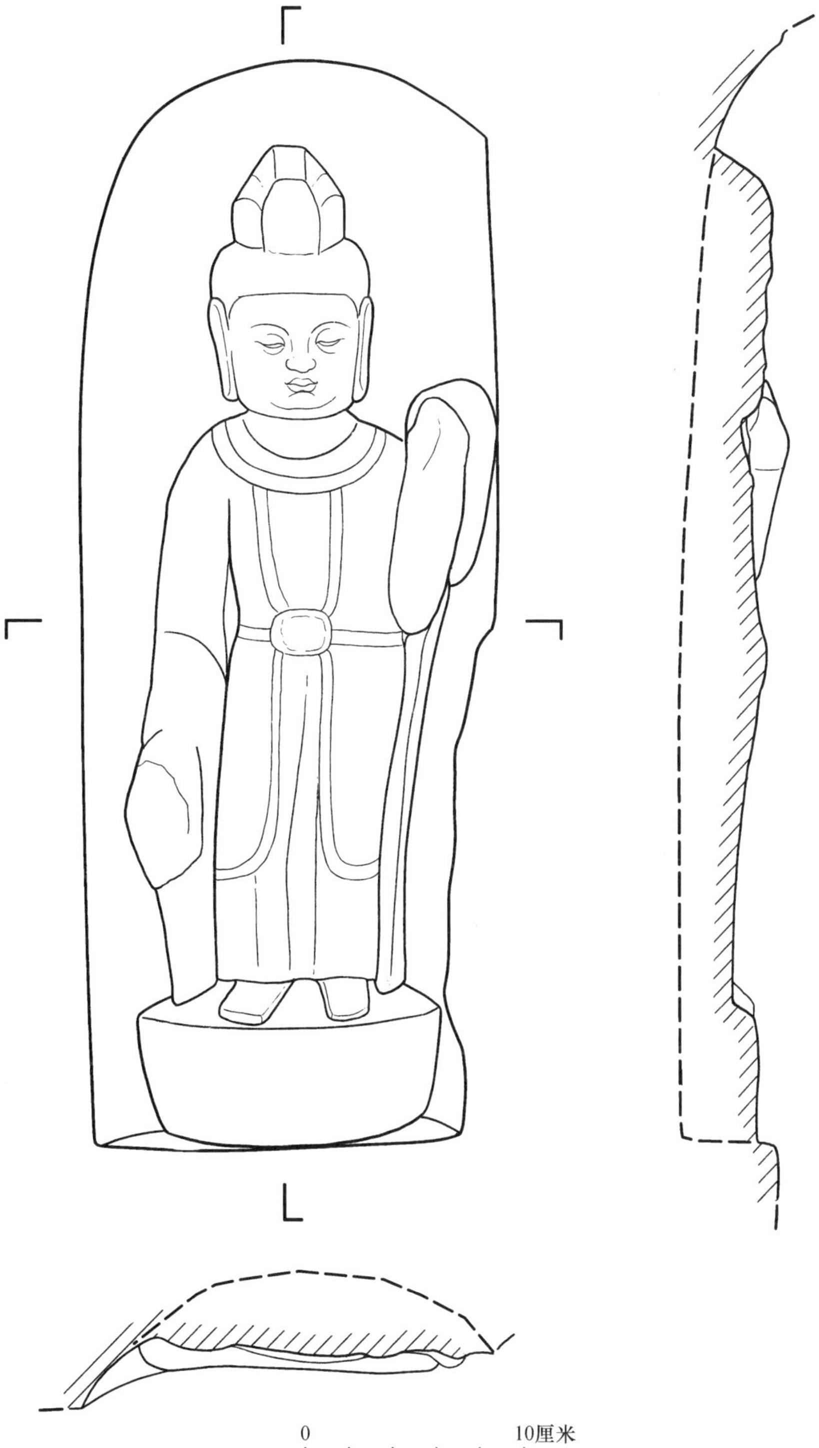

图一〇七 第535-94龛正、剖视图

95. 第535-95龛

位于正壁大龛右侧中部，第535-91龛上，第535-10龛下。尖拱形敞口龛，平面呈浅弧形，各壁呈弧形转折，壁面打磨平滑，龛上部略深，左右侧壁外略敞，造像略低于壁面。宽13、高19、深2厘米。龛向335°。龛形基本完整，造像风化较严重。壁面施红、黑彩，造像存黑、白色装彩痕（图一〇八；图版一二八，1）。

正壁前造一佛结跏趺坐于方座上，头顶残见肉髻轮廓，衣饰、手势等细节不可辨，高14、肩宽7、座高2厘米。

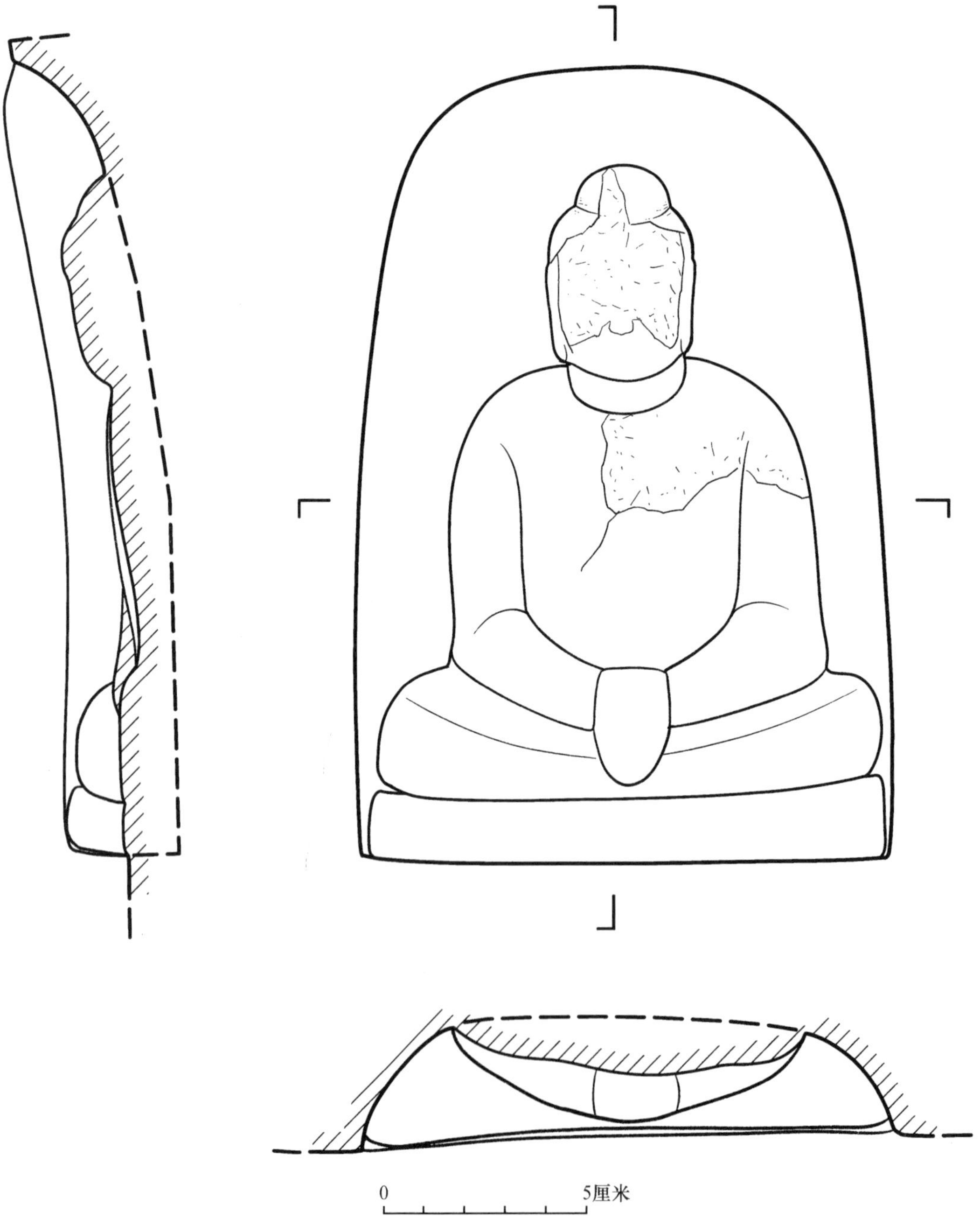

图一〇八　第535-95龛正、剖视图

96. 第535-96龛

位于正壁大龛左上部，第535-29龛左，第535-97龛右，第535-33龛上。圆拱形敞口龛，平面呈浅弧形，龛楣弧形上凸。各壁呈弧形转折，壁面打磨平滑，壁面倾斜而上深下浅，左、右壁略外敞，所处壁面呈斜弧转折而使龛两侧高于中央，造像下部表面低于窟壁，宽21、高33、深5厘米。龛向340°。龛形基本完整，造像不存，壁面施红彩（图一〇九；图版一二八，2）。

龛内造像整体脱落，仅余轮廓，依残迹可辨正壁前造一坐佛，残高25、肩宽14、座高6厘米。

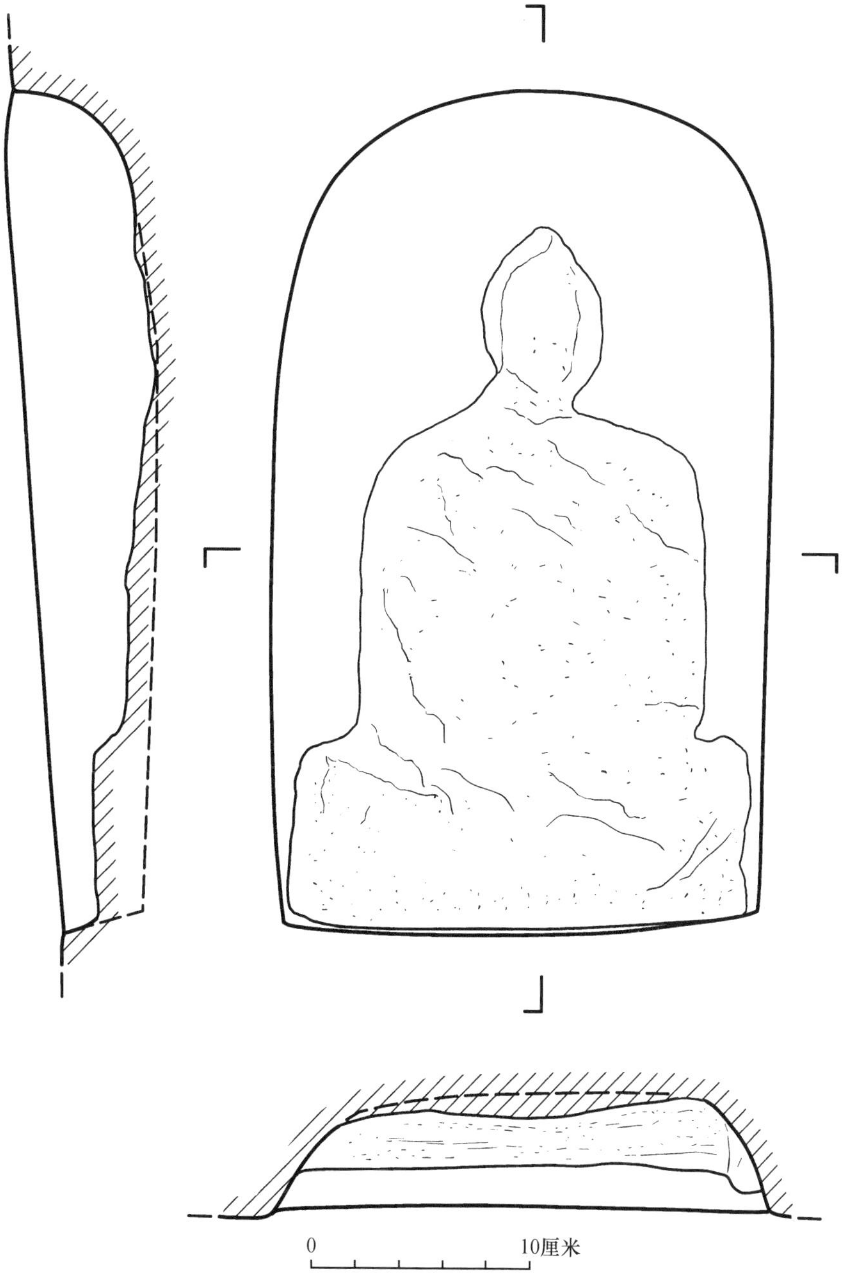

图一〇九　第535-96龛正、剖视图

97. 第535-97龛

位于正壁上部左侧，第535-96龛左，第535-35龛右，第535-33龛上。圆拱形浅龛，平面呈浅弧形，壁面呈弧形转折，打磨平滑，顶近平，略深，平底，左右壁外敞，随壁面倾斜而上深下浅，宽24、高35、深5厘米。龛向345°。龛形经修补加固完整，造像大部残损，壁面施红彩，造像存红、绿、白装彩痕（图一一〇；图版一二九，1）。

正壁前造一佛结跏趺坐于覆莲台座上，头、腰、胸、上臂及左臂不存，仅残存造像下部及台座。残高26、肩宽12、座高5厘米。双腿轮廓相接未表现叠压。双掌托宝珠于腹前，右掌压左掌。台座雕一层覆莲瓣（图版一二九，2）。

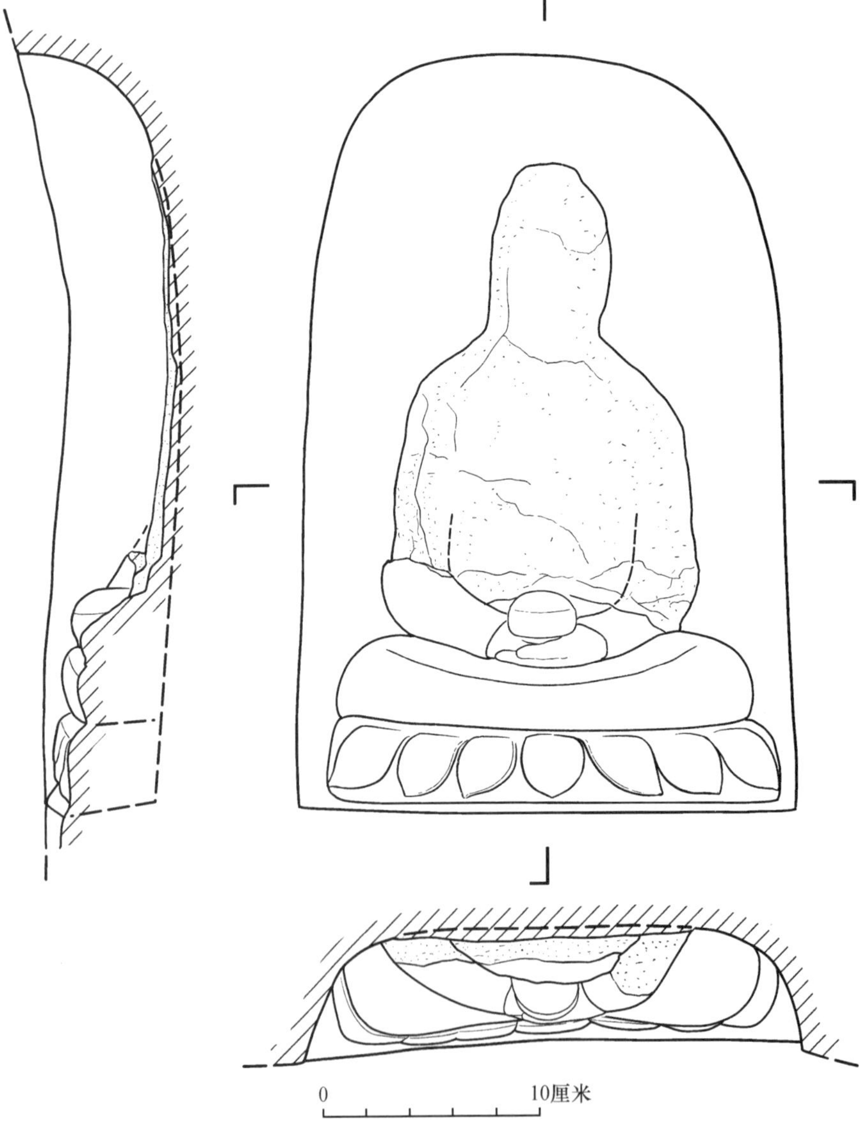

图一一〇　第535-97龛正、剖视图

98. 第535-98龛

位于正壁与北壁近转折处，第535-12龛左，第535-93龛右，第535-13龛上。龛整体残损严重，仅存圆拱形龛形，残宽12.5、残高36.5、深2.5厘米。龛向295°（图一一一；图版一三〇，1）。

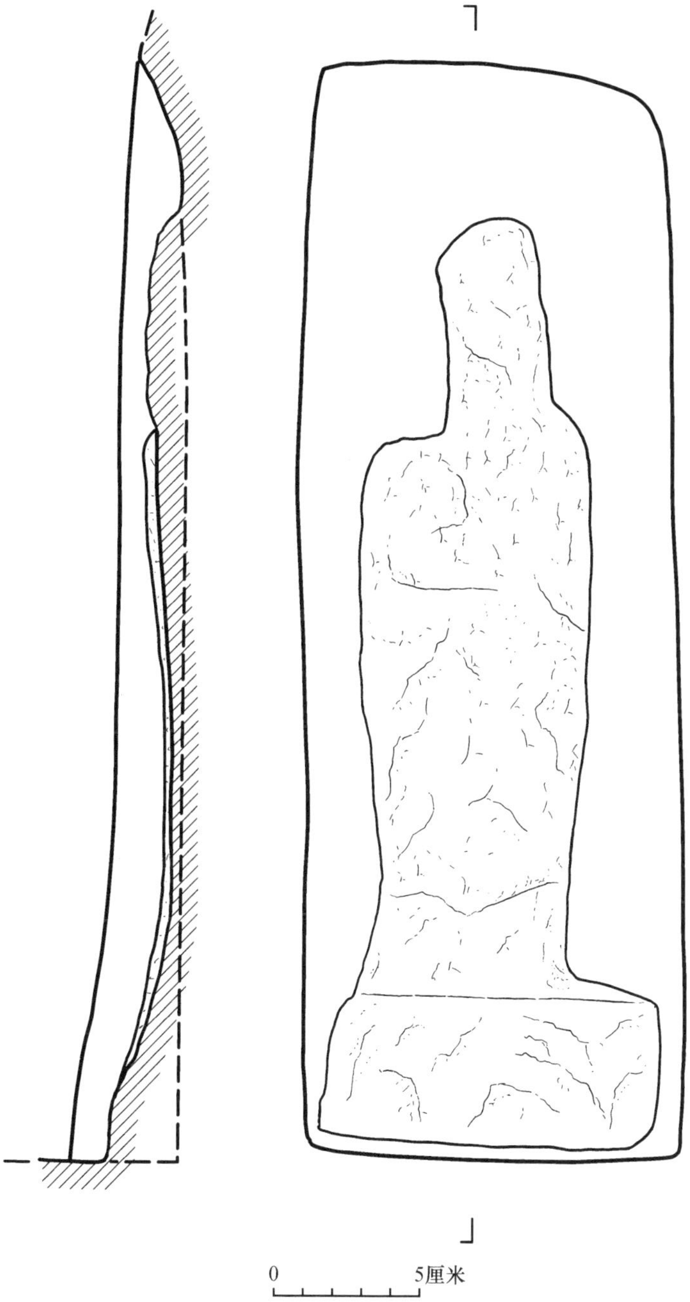

图一一一 第535-98龛正、剖视图

99. 第535-99龛

位于洞窟前壁北侧近窟顶处，第535-1龛右。圆拱形敞口龛，平面呈浅弧形，顶与正、左壁呈弧形转折，壁面打磨平滑，龛顶上方又存一线刻的拱形顶与现龛顶两侧相接，残宽50、残高46、残深7厘米，龛向150°。龛下部于民国修建公路时被整体破坏，上部中央及右侧壁面亦脱落，存拱形龛的轮廓，下有钢混结构窟口支撑，仅存造像局部，壁面施红、黑彩，造像存红、绿、白色装彩痕（图一一二；图版一三〇，2）。

龛内原造一佛二菩萨。佛居中，仅存头光之左上方轮廓，右侧菩萨已不存。左侧菩萨仅存头光、左肩及左胸，残高17厘米。绾高圆髻，戴束发三珠冠，冠两侧系结，宽缯带垂肩后，面部饱满，双耳仅雕椭圆形轮廓，可见额前发辫压双耳中部折向身后，颈略细长。可见左肩覆络腋。左臂举柳枝于龛外窟壁上（图版一三一，1）。

龛外左侧下部的窟壁上浅浮雕两身男性供养人像，所在壁面略凹，均双腿侧身跪向龛内，身体略扁平，凸出于窟壁。戴幞头，面较方，深目高鼻，下颌宽而尖。着圆领窄袖长袍，腰束带。头微前低，作恭敬状。靠前一身下身及右臂不存，残高16、肩宽7厘米，双手拢袖中拱胸前。靠后一身高20、肩宽8厘米，右手置胸前中央，掌心向内握一垂下之布帛，左手举肩侧向上伸出食指与中指，掌心向外（图版一三一，2）。

（六）龛窟题记

窟内三壁造像之间的壁面刻题记15则，其中造像题记6则（有纪年者5则），余9则为唐宋时期的游记和装彩记。位置及主要内容如下：

第535-6龛外左侧下部磨平宽12、高44、深0.5厘米壁面，刻造像记，3列，右起：“正议大夫行利州长史上柱国/弟子王行淹敬造救苦观世音/佛供养书人皇甫思义”，字径2厘米，题刻中“正”“国”为武周新字（图版一三二）。

第535-10龛外左侧磨平宽32、高80厘米壁面，刻造像记，7列，右起：“窃以法门布泽拯群生于苦海端□□……/因是以万族归依□□□况弟子行淹生逢兴运□□/半州之荣愿植善根归心三宝敬造释迦牟尼佛一铺/救苦观世音菩萨一躯愿使七代先亡□□□□见□/眷属□诸苦□一切……/大周万岁通天二年月日正议大夫行利州长史/上柱国弟□□行□……”，字径2.5厘米，题刻中“天”“年”“月”“日”“正”“国”为武周新字（图版一三三）。

第535-16龛外左侧靠下部刻造像记，宽6、高27厘米，1列，上起：“□□菩萨女容像造”，字径2厘米（图版一三四）。

第535-22龛外右侧刻造像记，宽4、高20厘米，1列，上起：“□□同主造养”，字径2厘米（图版一三五）。

第535-24龛外左侧刻题记，宽6.5、高24厘米，2列，左起：“女弟子……/儿祈……”，字径2厘米（图版一三六）。

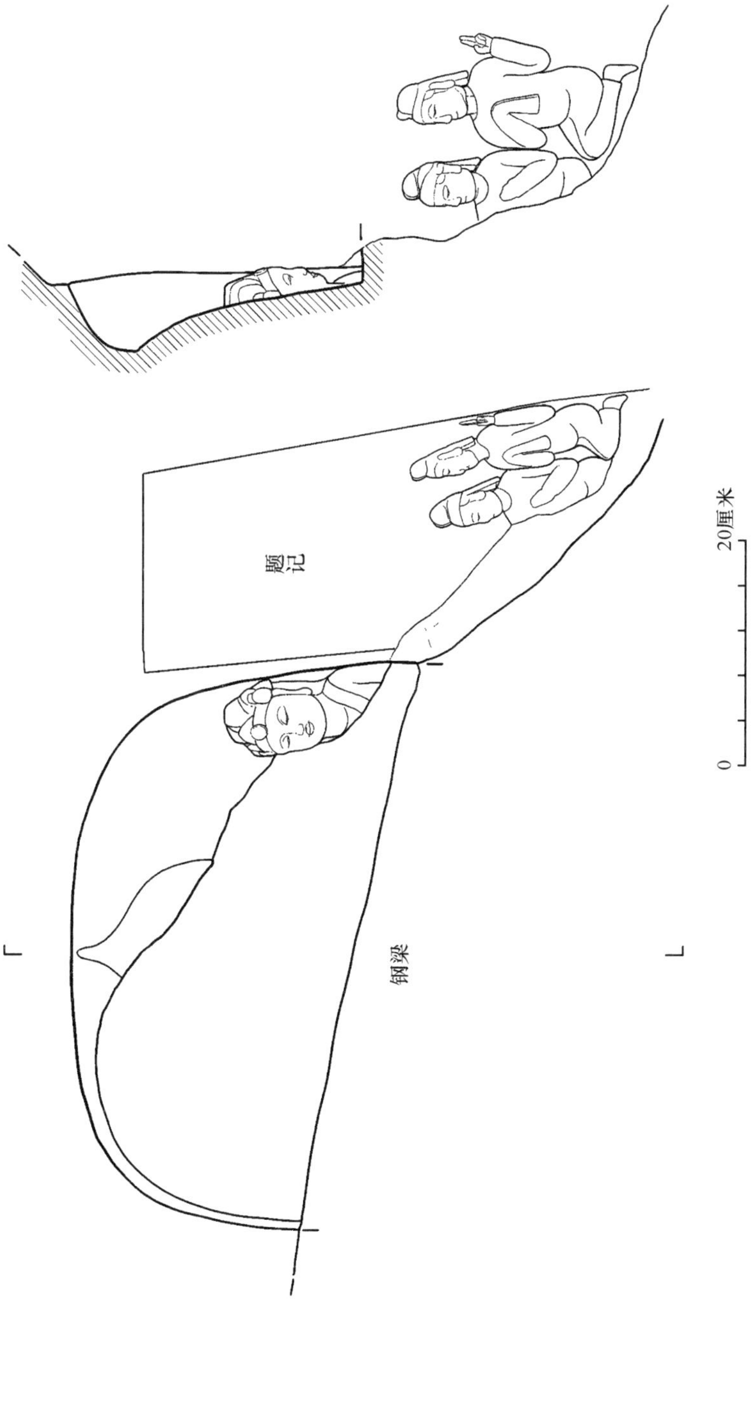

图一一二　第535-99龛正、剖视图

第535-25龛外右侧刻造像记，磨平宽50、高55厘米壁面，3列，左起："子威伯让/伯濡仲舒/同游己亥孟冬五日"，字径10厘米（图版一三七）。

第535-28龛与第535-29龛之间刻三则装彩记：

第535-28龛左侧，宽35、高80厘米，3列，左起："弟子晋国夫人冯氏讫饯/修功德一龛/广明二年正月五日记"，字径2厘米（图版一三八）。

第535-29龛右侧上方，宽35、高80厘米，5列，左起："张王郎君□□□□/行在□□/圣像……/装功德一躯中和二年/七日题"，字径2厘米（图版一三八）。

第535-29龛右侧下方，宽35、高80厘米，5列，右起："尚书屯田郎中/知益昌郡安阳/王东珣挈家饯/男审言之任潞州/熙宁甲寅降圣节日"，字径5厘米（图版一三九）。

第535-39龛左侧有两则叠压题记（图版一四〇）。

第535-39龛外左侧宽27、高40厘米壁面上，刻题记，原应为6列，每列10字，现存2列，左起："宣德郎行利州录事参军/□□□□□□来日堂□/……/……/……/……"，字径1厘米，题刻中"日"为武周新字。

该装彩题记打破上述武周题记，5列，左起："中□□□使□□□□/帛修装释迦牟尼佛一/龛□□□无事□□/自天下太平中和二年八/月廿六日题"，字径2厘米。

第535-47龛外左侧宽10、高30厘米壁面上，刻题记，1列，上起："□□□□□梓州司兵□□□"，字径2.5厘米（图版一四一）。

第535-65龛左侧壁中上部宽8、高25厘米的壁面上刻造像记，2列，右起："鄞县尉吴纪弟/见存母敬造"，字径3.5厘米（图版一四二）。

第535-67龛外右侧高17、宽3厘米的壁面上刻题记，1列，上起："直□法兴"，字径1.5厘米（图版一四三）。

第535-99龛外供养人上方刻造像记，直接刻于窟壁，宽18、高24厘米，9列，左起："大周……廿……/弟子□九思奉为过往七代/先亡□□祖妣等敬造释/迦牟尼□一铺为亡灵说法/在□□龛□内庶得先亡去/兹道□永奉□仪常对王豪/俱□□□幸承□□愿□福/□□□□□子□尽无□□/田……"，字径2厘米（图版一四四）。

第三章　结　　语

广元千佛崖摩崖造像位于广元城北，嘉陵江东岸，是四川境内规模最大的摩崖造像群。在交通史上占有重要地位的蜀道——金牛道自崖前经过，第535窟位于千佛崖摩崖造像崖壁中段下部，其左侧为北魏晚期开凿的第726窟，右侧为北魏晚期开凿的第226窟。第535窟平面近马蹄形，敞口浅穹隆顶窟，窟前部崩圮，窟内三壁凿倒凹字形坛，坛上三壁各开一个大圆拱形龛，其余壁面补凿小龛，满布窟壁。窟顶正中浮雕一朵莲花，双层莲瓣，故名莲花洞。窟宽598、高382、深378厘米，坛高53厘米。

（一）洞窟开凿和改刻年代

关于第535窟的开凿年代，此前的研究依据该窟整体造像风格、北壁大龛左上部的第535-6龛左侧“王行淹造救苦观世音记”和正壁大龛右上部的第535-10龛左侧“武周万岁通天二年王行淹造释迦牟尼佛救苦观世音记”，判断其开凿时间不晚于万岁通天二年（697年）。

2020年7月针对第535窟进行的考古调查，发现了其壁面残留的北魏时期造像遗迹，正壁大龛主尊双足所踏覆莲圆脚踏之下为一复瓣覆莲低座，较现主尊前出甚多，此莲座与莲花洞左侧北魏时期开凿的大佛窟中三尊像双足之下所踏莲座相似，均为莲蕊外围一圈覆莲瓣，相同实例亦见于邺城北魏第一期谭副造像背面线刻莲座。第535窟窟顶为穹顶且窟顶上方浮雕莲花，其与龙门石窟北魏晚期开凿的宾阳洞窟顶形状和窟顶莲花造型均相似。此外，第535窟窟形与其左侧北魏时期开凿的第726窟窟形亦相似，唯第726窟窟顶不见浮雕莲花[①]。

除前述复瓣覆莲低座和窟顶浮雕莲花外，窟内三壁保留有多处北魏晚期造像遗存。一是正壁大龛上部中央及左、右侧对称位置存北魏造像头光痕迹，被唐代小龛破坏严重。中央头光存中部左、右轮廓，厚3厘米，边缘较斜直，应为尖桃形。两侧头光存内侧中部轮廓，厚3—4厘米，左侧头光中央清晰可辨原菩萨造像的双髻轮廓。二是南、北壁大龛内侧均可见原内侧造像头光痕，外侧边缘平缓，似为圆形，厚1—2厘米。三是北壁头光下部的佛坛上有一宽24、高44、厚8厘米的方形石坯，凸出于窟壁，系原北壁内侧造像之双腿部分，原貌已不存。

---

① 张宁，雷玉华，王婷，等. 四川广元千佛崖莲花洞考古新发现［J］. 四川文物，2020（6）：88-95.

此外，通过与千佛崖摩崖造像北魏第226窟、第726窟和皇泽寺摩崖造像第38窟、第45窟窟龛形制进行比对，第535窟窟龛形制基本保留原貌，均为浅穹隆顶窟，并结合前文所述北魏造像遗迹推断，北魏晚期三壁造像应为一主尊二胁侍组合。考虑到正壁北魏头光遗迹的尺寸及第726窟造像组合形式，第535窟于北魏晚期开凿时应为立像。现今造像应是于唐代磨平原三壁造像后重新开龛，故而三壁大龛造像表面高度均低于壁面，而关于第535窟佛坛形成的年代，因“正壁前原主尊浅莲台外缘轮廓被磨平，略凸出于佛坛前唐代小龛顶部，这表明莲台原外侧轮廓应较现佛坛表面更靠前。并且，佛坛前小龛内造像多凸出于佛坛的表面，表明小龛和佛坛是统一规划开凿的。故佛坛应是武周时期改造洞窟时形成，具体做法是沿立（坐）于原窟底的造像外侧边缘向下凿切，并磨平新形成的窟底，现佛坛顶即原窟底。”①

上述遗存表明第535窟在北魏晚期完成开凿，后在武周时期经历了二次改凿。

（二）窟龛类型与题材内容

第535窟大窟窟形为敞口浅圆顶窟，窟内四壁凿3个大龛、99个小龛，龛形可分为圆拱形龛、外长方内圆拱形龛、外长方内双圆拱形龛、尖拱形龛和长方形龛四类。圆拱形龛开凿最多，计86龛；外长方内圆拱形龛，计5龛；外长方内双圆拱形龛，计1龛；尖拱形龛，计5龛；长方形龛，计3龛；龛形难损难辨者，计2龛。从龛形数量来看，以圆拱形龛为最，这与广元当地乃至四川地区同时期龛形流行趋势一致。

第535窟三壁大龛均为一佛二菩萨组合，正壁主尊为未来世弥勒佛，左壁主尊为过去世阿弥陀佛，右壁主尊为现在世释迦牟尼。第535窟三壁小龛除25个小龛损毁、1个小龛仅刻龛形造像题材难辨外，其余73个小龛，尤以单菩萨立像为多，计35例，一立佛像5例、一坐佛像12例、一佛二菩萨三尊像10例、一佛二弟子二菩萨五尊像1例、一佛二弟子二菩萨二力士七尊像1例、二菩萨立像1例、半跏趺坐菩萨像1例、一弟子像7例。

北壁大龛从造像装饰看，其题材与第366窟主尊题材一致，即菩提瑞像。第535-6龛左下方题记表明该龛题材为救苦观世音，第535-10龛左侧题记表明该龛题材为释迦牟尼，第535-99龛供养人上方题记表明该龛题材为释迦牟尼。

（三）艺术风格与时代特征

北壁大龛造像题材为菩提瑞像，该题材粉本来源于王玄策出使印度归国后带回的摩诃菩提寺弥勒菩萨塑金刚座释迦成道像，此像由随行塑工画匠宋法智摹写形象，携归长安。麟德元年（664年），玄奘法师临终前命宋法智于嘉寿殿树菩提像骨。次年，唐高宗于洛阳大敬爱寺树菩提像骨。前者为菩提瑞像传至中土后造像最早的记载，后者则是由王玄策亲自指挥的造像活

① 广元石窟研究所，西南民族大学旅游与历史文化学院，四川省文物考古研究院，四川大学考古文博学院. 四川省广元市千佛崖第535窟考古调查报告［C］// 南方民族考古（第二十九辑）. 北京：科学出版社，2024：60-95.

动[①]。考虑到题材新样式的传入，必然先流行于政治、经济、文化中心，长安地区流行菩提瑞像题材后不久，这一题材经由金牛道传入了广元地区，随即在千佛崖摩崖造像就有开凿菩提瑞像的造像活动。

通过对莲花洞102个造像龛的辨识，可以发现莲花洞存在两种差异较明显的造像风格，一种以宽肩收腰，胸腹外鼓，通体磨光，不雕或浅刻衣纹，注重凸显躯干轮廓和衣摆宽大等为特点。另一种以面部方圆，衣纹细密流畅，肩宽胸厚、胸腹略平，头冠、瓔珞、臂钏装饰繁复，体形略瘦高为特点。前者主要以第535-6、535-10和535-99龛有武周“万岁通天二年”（696—697年）和“大周”字样的三小龛为代表，与其风格相近的第535-1—535-6、535-9—535-12、535-16、535-37、535-39、535-42、535-44、535-48、535-50、535-51、535-54、535-56、535-61、535-64、535-65、535-87、535-89、535-99龛等26龛的开凿年代大致相当。后者主要为三壁大龛、535-7、535-8、535-13—535-15、535-17—535-36、535-38、535-40、535-41、535-43、535-45—535-47、535-49、535-52、535-53、535-55、535-57—535-60、535-62、535-63、535-66—535-86、535-88、535-90—535-98龛在内的76龛，与千佛崖摩崖造像开凿于神龙二年（706年）至开元十年（722年）的第493窟（神龙窟）、景云至延和年间（710—712年）的366窟[②]、先天二年（713年）的187窟（先天窟）、开元十年（722年）的513窟等洞窟风格类似[③]。

① 姚崇新. 巴蜀佛教石窟造像初步研究：以川北地区为中心［M］. 北京：中华书局，2011，228-233.

② 罗世平. 千佛崖利州毕公及造像年代考［J］. 文物，1990（6）：34-36.

③ 四川省文物管理局、成都文物考古研究所、北京大学中国考古学研究中心等. 广元石窟内容总录·千佛崖卷［M］. 成都：巴蜀书社，2014：上卷187，下卷79、111-114.

附录一　广元千佛崖摩崖造像大事记

东　晋

孝武帝太元十五年（390年）

析梓潼郡北置晋寿郡（治今昭化），改晋寿县为益昌县。又析晋寿县境东北置兴安县（治今广元老城区）。

南　北　朝

南齐明帝永泰元年（498年）

分晋寿郡之兴安县置东晋寿郡，郡、县同治今广元市老城区。

北魏正始二年（505年）

侨置益州，亦曰西益州。千佛崖大佛窟（726）、三圣堂（226）和莲花洞（535）于此后开始开凿，或于此时并立柏堂寺。

北魏延昌三年（514年）

梁秦显明寺比丘惠楞与平都寺比丘僧政敬造释迦文佛石像一躯。1983年4月，在广元市老城区原豫剧团基建工地出土。

西魏废帝三年（554年）

改西益州为利州，是广元又名利州始。

隋　朝

开皇十八年（598年）

改兴安县为绵谷县。

大业三年（607年）

改利州为义城郡。

唐　朝

武德元年（618年）

复置利州。

武周天授元年（690年）

东魏国寺僧法明等撰《大云经神皇授记义疏》（简称《大云经义疏》），言太后乃弥勒佛下生，当代唐为阎浮提主，制颁于天下。“敕两京诸州各置大云寺一区，藏《大云经》。”千佛崖柏堂寺更名为大云寺。

武周万岁通天二年（697年）

正议大夫行利州长史上柱国王行淹在莲花洞敬造释迦牟尼佛一铺和救苦观世音佛一龛（535-6、535-10）[①]。

神龙二年（706年）

转运使田某等人开凿神龙窟（493）。

景龙三年（709年）

弟子王小兰在三圣堂内开凿观音菩萨一身（226-4）。

① 表示题记所在龛窟。

延和元年（712年）

利州刺史毕重华开凿弥勒窟（365）和菩提瑞像窟（366），并作《大唐利州刺史毕公柏堂寺菩提瑞像颂并序》碑刻。

先天二年（713年）

承议郎行利州录事参军斑定方为先灵及亡妻难氏开凿先天窟（187）。

剑南道按察使银青光禄大夫行益州大都督府长史韦抗开凿大云古洞和韦抗窟（513）。

开元七年（719年）

女弟子郭奉在三圣堂窟内开凿观音菩萨一身（226-11）。

开元九年（721年）

益州大都督府长史持节剑南道节度按察使上柱国许国公武功人苏颋入蜀，捐资开窟造像，今称苏颋龛（211）。苏颋于开元九年（721年）、开元十一年（723年）两次入蜀，并写有《利州题北佛龛记》《利州北佛龛前重于去岁题处作》等诗赋。

开元十年（722年）

彭景宣为亡母郭氏开凿一龛（150）。

天宝十五年（756年）

僧广修在大云古洞造地藏、观音像一龛（512-35）。

乾元二年（759年）

杜甫由陇入蜀，途径千佛崖写《石柜阁》诗。

贞元十七年（801年）

左金吾右卫大将军李国清等人奉命进讨淮西于此题记（253）。

元和二年（807年）

女弟子真如海敬修菩萨二身（512-19）。

秘书省校书郎段文昌过此于韦抗窟题记（513）。

大中十二年（858年）

西川节度使李景让入蜀赴职于韦抗窟题记（513）。

大中十三年（859年）

尚书职方员外郎郑愚入朝过此于韦抗窟题记（513）。

咸通十四年（873年）

朝议大夫守剑州刺史上柱国赐紫金鱼袋李讽于大云古洞内修当阳佛一龛（512）。

广明二年（881年）

判官吕延宥等人慰谕过此于韦抗窟题记（513）。
使朝议大夫守内常侍上柱国赐紫金鱼袋田匡祚等人慰谕过此于韦抗窟题记（513）。
儒林郎内府令上柱国赐绯鱼袋王继颙等人宣慰过此于韦抗窟题记（513）。
晋国夫人冯氏于莲花洞中装彩造像一龛（535）。

中和元年（881年）

谏议大夫郑畯等人入朝过此于大云古洞题记（512）。

中和二年（882年）

新授朝散大夫巴州化城令王何造观音像一龛（251-1）。
副使给事郎内府令柱国刘重玫过此于韦抗窟题记（513）。

中和四年（884年）

女弟子王氏四娘装彩菩萨像一龛（512-5）。

五代十国

乾德六年（924年）

越国夫人路氏装彩弥勒窟（365）。
越国夫人四十二娘装彩菩提瑞像窟（366）。

天成二年（927年）

东川官告使客省副使金紫光禄大夫检校尚书右仆射守左卫将军兼御史大夫上柱国刘处让装彩一龛（222）。

御史大夫李仁矩慰谕过此装彩三圣堂（226）。

明德四年（937年）

王重叙于弥勒窟雕陀罗尼经幢一座（365）。

广政八年（945年）

昭武军节度通使孙宝及夫人装彩先天窟（187）。

宋　朝

咸平四年（1001年）

翰林学士西川安抚使王钦若于韦抗窟题记（513）。

大中祥符八年（1015年）

东头供奉官閤门祗候知利州军州事邓雅等人于大云古洞接官题记（512）。

嘉祐五年（1060年）

转运使李先等人同登韦抗窟题记（513）。

熙宁七年（1074年）

尚书屯田郎中知益昌郡安阳王东珣送子赴任于莲花洞题记（535）。

山东李示耿等人同登大云古洞题记（512）。

元祐三年（1088年）

知郡朝奉安宗说等人同游于韦抗窟题记（513）。

绍圣三年（1096年）

王孟聃等人于大云古洞饯行（512）。

元符三年（1100年）

颍昌裴亿过此于韦抗窟题记（513）。

吴郡孙载熙于韦抗窟题记（513）。

绍兴八年（1138年）

同州吕再兴、刘立、田忠三人装彩213号龛。

同州韩城县某某装彩睡佛龛造像四尊（746-21）。

同州白水县人崔吉与妻子严氏装彩韦抗窟（513）。

河州女弟子王氏装彩睡佛龛菩萨二尊（746-2）。

韩州孙氏等人装彩睡佛龛观音菩萨一龛（746-8）。

利州转运司主押官王泽民同妻张氏装彩三圣堂（226）。

绍兴九年（1139年）

同州白水县裴某装彩大云古洞内释迦佛一尊（512）。

黎州客人温友妻田氏装彩大云古洞窟内左大龛金刚一对（512）。

元　　朝

至元十七年（1280年）

广元路昭化县吏王逵与绵谷县吏任宽带领役夫和工匠修复千佛栈阁（746）。

至正三年（1343年）

陕西诸道行御史台监察御史朵儿只班等人装彩佛龛（213）。

至正六年（1346年）

陕西行台御史普达实礼出巡于千佛崖崖壁北段下部题记。

广元路本县千佛崖焚献僧妙全、小师道超、道越装彩千佛窟（689）。

至正七年（1347年）

前资善大夫岭北省参知政事佛嘉闾装彩阿弥陀佛窟（86）。

承直郎广元路推官周镐一家装彩137号龛。

大元保宁府上庙蓝侯提镇梁氏装彩苏颋龛二身观音（211）。

广元路经管陈文季一家装彩225号龛。

至正八年（1348年）

光禄大夫云南诸路行中书省平章政事妙空居士图鲁明卿装彩苏颋龛佛像（211）。

至正十年（1350年）

陕西监察御史范勿慰谕过此于苏颋龛题记（211）。

至正十四年（1354年）

广元路总管府总管达鲁花赤，写《千佛崖》诗一首。

至正十五年（1355年）

承务郎陕西诸道行御史台监察御史法忽尔丁等人妆銮佛像一龛（227）。

明　　朝

洪武九年（1376年）

降广元府为广元州。

洪武二十二年（1389年）

降广元州为广元县。

正统七年（1442年）

会稽人何宗毅合家途径千佛崖，同行者顾氏舍资重妆一龛并赋诗一首（229）。

正德七年（1512年）

陕西监军纪功按察使来天球、浙江绍兴府萧山县人四川利州等处兵备副使张敏时二人，题“千佛崖”三字并留诗一首（千佛崖崖壁北段）。

万历八年（1580年）

广元县令刘崇文题“千佛崖漫兴”诗一首，碑立于千佛崖大云古洞内。

天启二年（1622年）

陕西信商黄橘妻郭氏等人装彩千佛窟、大云古洞（513）。

清　代

康熙十一年（1672年）

王士祯奉诏入蜀主持四川乡试，途经千佛崖，留《千佛崖》诗一首。

雍正十三年（1735年）

康熙第十七子，果亲王爱新觉罗·胤礼奉旨赴甘孜泰宁惠远寺伴送七世达赖喇嘛格桑嘉措还藏并巡阅沿途驻防及绿营官兵，途经千佛崖，留《题千佛崖》诗一首。

乾隆六年（1741年）

广元县教谕应德伟，留《游千佛崖》诗一首。

乾隆二十二年（1757年）

张赓谟于乾隆十四年（1749年）、二十年（1755年）曾两度出任广元知县。乾隆二十二年（1757年）主持修成《广元县志》，提炼广元十二景，分别是：南渡孤舟、宝峰夜月、金山晚照、乌龙宝顶、雪峰樵歌、九峰排戟、大云千佛、丙穴鱼潜、龙洞秋云、朝天晓霞、筹笔怀古、七盘拱镇。题《大云千佛》诗一首。

乾隆五十年（1785年）

因护送《四库全书》前往盛京失职获罪而赋闲两年的李调元自通州启程历时一月返蜀，途径千佛崖，留《千佛崖》诗一首。

乾隆五十三年（1788年）

李鼎元之父李化樟去世，李鼎元偕李骥元、李本元兄弟扶柩回四川，途径千佛崖，留《千佛崖》诗一首。

道光十二年（1832年）

广元营游击蓉城何胜先在千佛崖镌长寿佛一龛（199），并立碑一通于大云古洞（512）。

道光十九年（1839年）

广元县知县徐庶卿奉四川总督觉罗宝兴之命妆修千佛崖佛龛，并撰《大中丞献山宝老夫子命重修千佛崖记》，记妆修之事。梓潼七曲武生薛应第具体负责。

道光二十二年（1842年）

钦差赴藏灌顶普善广慈大国师四世章嘉活佛在千佛崖敬镌莲花生大师像一龛（223）。

咸丰四年（1854年）

保宁府发布免征广元县钱粮的告示，并将告示镌刻于千佛崖藏佛洞内（223）。

同年，邑增生梁嘉麟、监生孙遇春、监生黄元庆追记韦抗造像功德，镌石于藏佛洞南侧崖壁上，内江高立中书。

千佛崖立《咸丰四年碑》（此碑修川陕公路时被毁），碑文记述“全崖共造像一万七千有奇”。

光绪十九年（1893年）

东京美术学院冈仓天心考察千佛崖、皇泽寺摩崖造像。

光绪二十八年（1902年）

日本建筑史学家伊东忠太随日本考察团考察千佛崖。

中华民国

民国三年（1914年）

二月，法国人谢阁兰（Victor Segalen）、瓦赞（Augusto Gilbert de Voisins）、拉尔蒂格（Jean Latirgue）等人考查广元皇泽寺、千佛崖。其调查的成果分别发表在1923—1936年巴黎出版的《中国考古调查团图录》和1930年上海商务印书馆出版的色伽兰著、冯承钧译的《中国西部考古记》等著作中。

民国二十四年（1935年）

九月，修筑川陕公路广元段，千佛崖佛像损毁甚多。

民国二十八年（1939年）

四月，张大千邀黄君璧、张目寒等人同游剑门时，首次考察千佛崖。

十二月七至九日，营造学社梁思成、刘敦桢、陈明达、莫宗江等人考察千佛崖。

民国二十九年（1940年）

十月，张大千第二次游览千佛崖。张大千拟赴敦煌，行至广元，兄善孖病逝于重庆，返重庆奔丧。

民国三十二年（1943年）

十月，张大千第三次游览千佛崖。张大千自敦煌返川考察千佛崖，得出"广元千佛岩在开元以前早有开凿"的结论。次年二月，其致好友高一涵之书札中提及："广元千佛岩在开元以前早有开凿，去岁经过，小作盘桓，发见六朝造像数处，并韦抗凿千佛功德原石，又段文昌题名，我公倘乘兴一游否？弟当北上，其间相候也。"

民国三十七年（1948年）

广元当地乡绅募资培修千佛崖，事见《培修千佛崖新造千佛寺碑》，此碑立于大元古洞（512）。

中华人民共和国

一九五四年至一九五六年

为配合宝（鸡）成（都）铁路建设，四川省文物管理委员会派出陈久恒、张彦煌、王家祐等同志对广元皇泽寺、千佛崖进行调查，并撰《广元皇泽寺及其石刻》一文，发表于《文物参考资料》1956年第5期。

一九六一年

文物考古专家史岩、温廷宽先生对千佛崖、皇泽寺摩崖造像开展调查。史岩《关于广元千佛崖造像的创始时代问题》发表于《文物》1961年第2期。温廷宽《广元千佛崖简介》发表于《文物》1961年第12期。

三月，中华人民共和国国务院公布广元皇泽寺摩崖造像、广元千佛崖摩崖造像为第一批全国重点文物保护单位。

一九六二年

北京大学阎文儒教授率队调查广元千佛崖、皇泽寺摩崖造像，对千佛崖和皇泽寺摩崖造像作了初步的分期研究。调查研究成果《四川广元千佛崖与皇泽寺》发表于《江汉考古》1990年第3期。

一九七六年

六月，广元县文物管理所正式成立，编制3人。

一九八一年

九月，四川省文化局给广元千佛崖摩崖造像拨款3万元，用于修复千佛崖栈道栏杆及危岩处理等。广元县文物管理所组织工人开工维修，工程于次年十月完成。

一九八三年

四月，广元老城区豫剧团基建工地出土佛教造像八件，其中纪年造像一件为北魏延昌三年（514年）。一九八六年九月，该工地又出土兴安县令刘约造像碑。

一九八五年

二月，经国务院批准建立省辖广元市。六月，广元县文物管理所升格为市级单位，更名为广元市文物管理所，核定编制十七人。

一九八八年

六月，美籍华人苟寿生先生为千佛崖摩崖造像捐款1万美元。广元市文物管理所用此款在千佛崖南侧修建过街牌楼，牌楼题名“石柜阁”。该牌楼于十月动工，次年七月竣工。

启动千佛窟（689）保护工程，对千佛窟周边崖壁进行了锚杆加固，并对裂缝进行了环氧树脂灌浆封堵处理。施工人员有四川省文物管理委员会曾祖懋，大足县文物保管所晏学锋，广元市文物管理所张宁、唐志工。

一九八九年

九至十二月，中国社会科学院宗教研究所佛教研究室丁明夷、张总、罗世平等人对广元皇泽寺、千佛崖摩崖造像和观音岩石窟进行了考古调查。其调查成果发表于《文物》1990年第6期。

二○○○年

广元市文物管理所委托中国文物研究所（现中国文化遗产研究院）、四川省文物考古研究所（现四川省文物考古研究院）、中国地质大学等三家单位，共同承担千佛崖摩崖造像前期勘察工作和保护方案的制订；九月，完成《四川省广元千佛崖摩崖造像保护工程方案》的制定；十一月，获国家文物局批准。

二○○○年至二○○一年

北京大学考古文博学院委派博士研究生姚崇新、成都市文物考古研究所（现成都文物考古研究院）雷玉华和广元市文物管理所联合开展广元地区石窟考古调查。

二○○二年

十二月，雷玉华、王剑平合著《广元石窟》一书由巴蜀书社出版。

二○○三年

七月，广元千佛崖摩崖造像抢险加固工程正式动工，对北大佛窟（138）周边危岩进行了加固，九月工程完工。

二○○四年

十月，由四川省人民政府公布千佛崖摩崖造像重点保护范围及一般保护范围。

二○○五年

九月，罗宗勇主编《广元石窟艺术》一书由四川美术出版社出版。

二○○六年

陕西省古建设计研究所、西安交通大学古迹与古建筑研究所共同编制了《四川省广元市千佛崖摩崖造像保护规划》，二○○九年通过国家文物局批准实施。同时，四川大学历史文化旅游学院石应平教授牵头编制了《千佛崖景区旅游规划》，以该规划为蓝本，编制了《千佛崖修建性详规》。在规划的基础上完成了景区建筑、园林、石窟病害治理等专项工程的施工图设计。

二○○八年

五月，四川省发生“汶川大地震”。九月，广元市文物管理所委托西安文物保护修复中心编制完成《广元千佛崖石窟造像地震灾害评估及主要石窟的保护修复方案》，于二○一○年七月经四川省文物管理局详审通过并批准实施。

二〇〇九年

二月，国家文物局批准《四川省广元市千佛崖摩崖造像保护规划》。

六月，西安文物保护修复中心编制《广元千佛崖石窟灾害治理及重点窟龛保护修复实施方案及预算》，同年十月通过专家评审并实施。

十月，千佛崖摩崖造像灾后重建工程正式开工建设。千佛崖前金牛道考古发掘工作同步展开。

二〇一〇年

三月，四川省人民政府发布《关于公布广元皇泽寺等56处全国重点文物保护单位文物保护规划的通知》，公布千佛崖摩崖造像的保护范围和建设控制地带。

二〇一一年

十月，广元千佛崖摩崖造像灾害治理及重点龛窟保护修复工程正式开工，国家文物局局长单霁翔出席开工典礼。该工程主要内容为加固危岩体、修复窟檐、裂隙灌浆封护等。二〇一四年年底，该工程基本竣工。

二〇一二年

一月，经过三年灾后重建，千佛崖景区正式对外开放。

三月，《四川省广元千佛崖摩崖造像保护建筑设计方案》通过国家文物局审批。

五月，广元市千佛崖石刻艺术博物馆正式成立。

十月，广元千佛崖摩崖造像文物环境监测系统工程通过国家文物局立项批复。

十月，全国旅游景区质量等级评定委员会正式发文、颁发证书，千佛崖景区成功创建为国家4A级旅游景区。

十二月，千佛崖学术研究中心建设全面完工。

二〇一三年

一月，《广元千佛崖摩崖造像保护建筑试验段设计方案》通过国家文物局审批，建议试验段选择规模较小、相对独立的龛窟，先行设计和施工。

三月，广元千佛崖景区北入口增量工程项目实施，新建北入口牌楼、大门、陈列馆、廊道，整治了北入口环境，完善了景区北段的基础配套设施，二〇一五年项目完工。

四月，千佛崖前金牛古道考古发遗址开始发掘。八月底，金牛道考古发掘工作全面结束。清理出唐代佛像、唐代佛龛遗址、南北朝古栈道孔、明代罗汉像窖藏、清代石栏桥桥面、清代残碑以及约100米的明清石板路等遗迹、遗物。

十二月，广元市千佛崖石刻艺术博物馆主编的《翰墨萦匡——广元千佛崖楹联集粹》一书，由四川美术出版社出版发行，全书共收集来自北京、西安、成都、广元、汉中等地43位全国知名书法家为千佛崖景区书写的楹联作品。

二〇一四年

六月，广元千佛崖摩崖造像壁画数字化勘察测绘项目通过国家文物局立项，广元市千佛崖石刻艺术博物馆会同北京国文琰文物保护发展有限公司编制方案，后报送国家文物局审批。

八月，由四川省文物管理局、成都文物考古研究所、北京大学中国考古学研究中心、千佛崖石刻艺术博物馆编著的《广元石窟内容总录——千佛崖卷（上、下）》由四川巴蜀书社正式出版发行。

十一月，广元千佛崖摩崖造像保护建筑试验段工程项目开工。

十二月，国内著名文保专家黄克忠、方云、王金华、韦荃、何发亮、周伟强等考察千佛崖摩崖造像并指导千佛崖本体病害治理工作。

二〇一五年

一月，广元千佛崖摩崖造像文物环境监测系统项目完成招标并启动实施。

四月，著名学者、理论家、文化史学家、散文家余秋雨先生参观千佛崖，并为景区题写了大门匾额。

五月，国家文物局批复广元千佛崖摩崖造像安全防范工程方案。

十二月，广元千佛崖摩崖造像保护建筑试验段工程月底全面完工。

二〇一六年

二月，中国文化遗产研究院副总工程师王金华、研究员郭宏等人考察千佛崖，确定“十三五”期间四川石窟保护工程示范项目。

五月，广元千佛崖摩崖造像保护窟檐工程获国家文物局批准立项。四川省文物管理局核准《广元千佛崖摩崖造像壁画数字化勘察测绘设计方案》。

七月，四川蜀道申报世界自然与文化双重遗产项目通过联合国教科文组织世界遗产委员会同意，列入中国申报世界文化遗产后备名录，获得正式申报资格。

十月，《川北佛教石窟和摩崖造像研究》一书出版。

十一月，广元千佛崖摩崖造像壁画数字化勘察测绘项目启动实施。

十二月，四川省文物管理局组织对广元千佛崖摩崖造像灾害治理及重点龛窟保护修复工程、千佛崖摩崖造像保护建筑试验段工程、千佛崖文物环境监测系统工程三个项目进行验收。专家组成员为王立平、黄克忠、王金华、孙华、方云、谢振斌、王小灵。同月，广元市发展和改革委员会对《广元千佛崖摩崖造像保护利用设施建设项目可行性研究报告》进行评审。

二〇一七年

二月，广元千佛崖摩崖造像安全防范工程项目启动实施，建立广元千佛崖摩崖造像文物安防系统。

三月，广元市千佛崖石刻艺术博物馆与中国文化遗产研究院、陕西师范大学历史文化遗产保护科研中心共同开展莲花洞造像保护修复项目前期系列科研调查和实验加固工作。

四月，中国文化遗产研究院编制的《广元千佛崖摩崖造像——莲花洞造像保护修复工程（第一阶段）设计方案》经国家文物局批复通过。

十月，由国家文物局主办，中国文化遗产研究院承办的“2017年石质文物保护修复技术培训班开班暨川渝石窟保护利用重大专项——广元千佛崖摩崖造像莲花洞造像保护修复示范项目启动仪式”在广元千佛崖景区举行。

十二月，广元千佛崖摩崖造像保护利用设施建设项目顺利开工。

二〇一八年

十月，广元千佛崖摩崖造像壁画数字化勘察测绘项目组织初验，专家组成员为黄克忠、颜劲松、雷玉华。

十一月，《广元千佛崖摩崖造像北区危岩治理项目设计方案》由四川省文物局批复通过。

十二月，《广元石窟研究文集》出版。

二〇一九年

三月，四川省文物局组织对广元千佛崖摩崖造像壁画数字化勘察测绘项目进行验收，专家组成员为韦荃、杨晓飞、李连。

五月，广元千佛崖摩崖造像北区危岩治理项目经四川省文物局核准实施，项目主要对北大佛窟以北至景区北大门间的崖体进行病害治理。

十月，广元千佛崖摩崖造像保护窟檐项目完成设计方案编制并开始意见征集，该项目为川渝石窟示范项目。

十一月，广元千佛崖摩崖造像——莲花洞造像保护修复项目（第一阶段）由中国文化遗产研究院中标开始实施，该项目对莲花洞的造像和彩绘进行修复保护。

二〇二〇年

七月，四川大学考古文博学院、西南民族大学、四川省考古研究院和广元市千佛崖石刻艺术博物馆联合开展千佛崖535号窟（莲花洞）考古调查。

八月，广元千佛崖摩崖造像北区危岩治理项目由甘肃中铁建设工程有限公司中标并正式进场施工。

十月，广元千佛崖摩崖造像睡佛龛保护修缮项目经国家文物局批复立项。

十一月，中国社会科学院考古研究所博士生导师李裕群教授一行考察广元石窟。

十二月，王剑平馆长荣获“四川省青城计划天府文化领军人才”荣誉称号。

二〇二一年

三月，广元千佛崖摩崖造像——莲花洞造像保护修复项目（第一阶段）完工。

六月，剑门蜀道国家级风景名胜区千佛崖景区北段景观生态修复项目经过方案设计、评审、资金申请、主管部门审批、省文物局报备、造价咨询、财政评审、公开采购等环节后开始施工建设。

九月，国家文物局批复广元千佛崖摩崖造像水害治理前期勘察研究项目立项（文物保函2021［1086］号）。同月，启动《广元千佛崖莲花洞考古报告》的编写工作。

十月，完成了剑门蜀道国家级风景名胜区千佛崖景区北段景观生态修复项目竣工验收。同时，该项目还通过了由广元市林业局、广元市财政局组织的现场绩效评估。同月，启动编撰《中国石窟文化丛书》第一辑《广元石窟》。

二〇二二年

三月，完善《广元千佛崖莲花洞考古报告》，对报告文本进行补充完善，绪论、正文、结语、大事记等部分陆续成形。同月，广元市千佛崖石刻艺术博物馆与成都理工大学合作申报的“广元市重点研发项目——广元千佛崖石窟地质特征及风化病害研究项目”经广元市科技局立项。

四月，《广元千佛崖摩崖造像睡佛龛造像保护修缮项目方案》通过四川省文物局批复，广元市千佛崖石刻艺术博物馆根据批复意见修改完善后报四川省文物局核准。

六月，广元市千佛崖石刻艺术博物馆申报的“广元千佛申报崖摩崖造像题记研究”获批四川省2022年度文博科研课题一般项目（项目批准号：SCWW2022B04）。

九月，开展四川省名碑名刻遴选及摸底调研工作，按照国家文物局部署，开展千佛崖摩崖造像碑刻情况实地调查。调查碑刻10则，年代涵盖唐、五代、宋、元、明、清等时期。上报入选6则碑刻，其余4则碑刻作为摸底储备项目。同月，《中国石窟文化丛书》第一辑《广元石窟》出版。

二〇二三年

三月，整合广元市千佛崖石刻艺术博物馆和广元市皇泽寺博物馆原有力量，成立了广元石窟研究所，广元石窟保护研究利用工作迎来新的发展机遇。

五月，广元石窟研究所联合大足石刻研究院开展重庆市文保资金项目《巴蜀石窟全集》工作，采集市域内石窟寺及摩崖造像数字影像，深化广元石窟历史文化价值研究，推动川渝两地石窟院所交流合作。同月，广元千佛崖摩崖造像北区危岩治理项目、广元千佛崖摩崖造像——

莲花洞保护修复项目顺利通过四川省文物局终验。

九月，广元石窟研究所申报的国家社科基金课题“四川广元千佛崖摩崖造像北朝洞窟考古调查与研究”获批立项（批准编号：23BKG027），实现我市国家社科基金“零”的突破。

十一月，广元千佛崖摩崖造像水害治理前期勘察研究项目进场施工。

十二月，四川省2023年度文博科研课题一般项目“广元千佛崖摩崖造像大佛窟（第726号窟）考古调查与整理”获批立项（项目批准号：SCWW2023C26）。同月，广元千佛崖摩崖造像睡佛龛保护修缮项目进场施工。

二〇二四年

四月，广元石窟研究所选派舒灵扬、杨星参与为期两个月的“考古中国”蜀道调查（汉中段、剑阁段）项目。

五月，广元石窟研究所与四川大学考古文博学院联合共建的“教学与科研实践基地”挂牌成立，这是双方深化院所交流、培育专业人才过程中的又一重要里程碑；广元石窟研究所《四川北朝石窟造像的调查与研究》一文荣选为四川省博物馆协会2023年度四川省博物馆优秀文博科研成果；由广元石窟研究所参与指导拍摄的纪录片《蜀道问窟》在CCTV9频道播出，反响热烈。

六月，广元石窟研究所联合龙门石窟研究院、洛阳日报报业集团掌上洛阳客户端开展“云上龙门牵手广元石窟”大型直播活动。活动吸引了包括新华社在内的50余家媒体及文博KOL账号联播，直播观看量超1250万人次。

七月，广元石窟研究所上报《广元石窟数字化采集勘察及保护利用项目方案》，获四川省文物局批复通过（川文物保〔2024〕79号）。

十一月，广元石窟研究所联合中铁科研院文化遗产保护研究院建立广元千佛崖景区文物健康监测预警平台。

十二月，广元石窟研究所赵希申报的四川省文物局文博科研课题《广元千佛崖石刻彩绘典型病害治理研究——以牟尼阁造像彩绘保护为例》（SCWW2024B11）、刘蕊申报的四川省文物局文博科研课题《广元千佛崖摩崖造像千佛窟(第689号窟)考古调查与美学研究》（SCWW2024C09）成功立项；广元千佛崖摩崖造像睡佛龛保护修复项目完成项目初验；广元千佛崖摩崖造像大佛窟造像保护修复项目通过国家文物局批复立项。

附录二　四川广元千佛崖莲花洞考古新发现

张　宁（广元市千佛崖石刻艺术博物馆）

雷玉华（西南民族大学）

王　婷（四川省文物考古研究院）

李　凯（四川省文物考古研究院）

千佛崖位于广元市城北5千米的嘉陵江东岸山崖上，崖体南北绵延，崖前是嘉陵江，也是古蜀道金牛道以及著名的栈阁石柜阁所在①。佛教石窟和摩崖造像分布在长388米的崖壁上，现存950个龛窟。最高的龛窟距地面45.5米，大小窟龛层叠分布，最密集的区域内有14层之多②，是四川境内规模最大的石窟及石刻摩崖造像群。现存的造像最早开凿于北魏时期，唐代最多。按开凿先后，此前的研究者将其分为五个时期，第一期为北魏时期，仅有位于崖壁底层的第226和726两个洞窟。位于726窟北侧（右侧）的莲花洞被毁，20世纪80年代用水泥修补了现在的窟口及窟前部。现在的莲花洞窟平面呈敞口横长方形，浅圆顶，中部略呈穹隆形，窟内三壁凿倒凹字形坛，坛上方三壁各开一个圆拱形大龛。窟高3.82、宽5.98、深3.78米，坛高0.53米，正（东）壁大龛高2.63、宽2.25、深0.5米。三壁三龛中各雕一佛二菩萨像。窟顶正中浮雕一朵大莲花，双层莲瓣，正中为圆形莲蕊，故名莲花洞，清代施以彩绘并改绘成太极八卦图案。窟顶周围有清代彩绘的缠枝花卉。窟内造像风化毁损较严重，正壁大龛造像风化剥蚀较重，经清代修补后仍然有大面积脱落。左（南）壁大龛左侧壁被划到了第四期前段，即武周前期③。

---

① 过去我们一直认为千佛崖造像区南端下方栈道为金牛道最险段之一——石柜阁所在，此从旧说。近年龚静秋、王洪燕考证认为，石柜阁应该是早期“飞仙阁”在明清以后的称呼，地点在今广元市北沙河镇南华村飞仙关。参看龚静秋，王洪燕. 千佛崖金牛道遗址发掘记［C］// 中国蜀道学术研讨会论文集. 西安：三秦出版社，2014：483-490.

② 此前的资料均说是13层，现据北京国文琰文化遗产保护中心有限公司提供的扫描全景图观察，应该为14层。

③ 雷玉华，罗春晓，王剑平. 川北佛教石窟和摩崖造像研究［M］. 兰州：甘肃教育出版社，2016.

一、莲花洞现状

莲花洞编号第535号，位于千佛崖中段下层，紧邻古蜀道边（图一）。左侧[①]是北魏时期开凿的大佛窟（第726号），左上方有武周时期开凿的神龙大佛（第493号），右侧上方是开凿于唐代的千佛崖的中心洞窟大云古洞（第512号）。洞前即是金牛道（老川陕公路所在），汶川地震灾后重建中改成了参观道路。

窟前部及窟口下部于1935—1936年修建川陕公路时崩圮，左胁侍菩萨佛座不存。左侧菩萨残存头光痕迹，佛座经现代修补。右壁（北）大龛右侧壁及右下角崩圮，右胁侍菩萨仅存头光残痕。后代在三壁壁面及坛基正面补凿了众多无统一规划的小龛[②]（图二）。

二、莲花洞考古再调查

莲花洞现存正壁大龛主尊脚前有一朵大莲花，就像一个大而薄的垫子，实际上是一个复瓣覆莲低座（图三）。

此前的学者要么没有注意到，要么以为是正壁大龛主尊弥勒佛的莲座。这次调查时发现，倚坐的弥勒佛双脚各踏在一朵小莲台上，两个小莲台置于覆莲低座靠近壁面一侧的边缘，证明此覆莲低座不是这尊弥勒佛的，否则不会将脚放到莲座边缘。如果莲座是此尊弥勒佛的，弥勒佛就要将双腿向前伸直，双脚才够得到莲座中间，显然佛像不会呈现那样的姿势。现存弥勒佛腰以下残损以后在清代经过修补，修补泥皮剥落后，膝部和双手掌露出了黄砂石胎，但右脚所踏的小莲台基本保存完好（图四）。小莲台的黄砂石质与双膝、双手及窟所在崖壁一致，证明其衣褶在清代修补时虽然有所改变，但佛像的位置与身体姿势没有被改动过，也就是说其双脚的距离一开始就够不着前方的大莲花座，这也进一步证明了弥勒佛前方垫子似的低覆莲座不是它的。结合正壁大龛及其前方的低莲座仔细观察，大龛是在莲座之后的壁面上开凿而成。从大莲座的形状看，其上可能原来是一尊靠正壁站立的像，原来正壁的位置就是现存弥勒佛脚踏小莲座中间的位置，现在还可以看到开凿大龛时留下的一条不太清楚的分界线。现存大龛上方壁面上还可以看到原来立像的头光残痕，头光残痕又被后代所开的第535-25、525-26、535-27、535-28四个小龛所破坏，但仍然可以看出崖壁上原来浮雕的凸出的头光痕迹。凸出崖壁的残痕还可以连成桃形样式（图五）。在正壁大龛右上方与第535-25号龛右下方之间尤其清楚，头光的桃尖位置在第535-25与535-26龛之间还可以隐约看到。在正壁大龛上方两侧还可以

① 文中左右均以窟龛中造像之左右为准。

② 2000年调查时确定为69个小龛；2019年12月进行的维修工作前期调查中又有新发现，增加至89个；2020年7月的考古调查中增加至99个，详见后文。

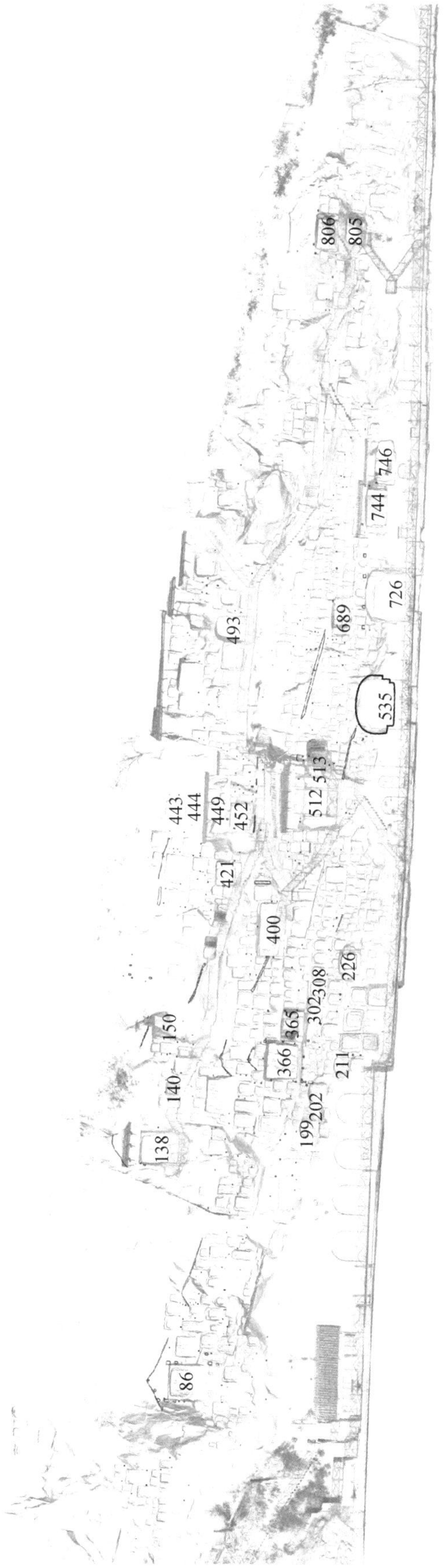

图一　莲花洞（第535号）位置示意图

图二　莲花洞全景图（西—东）

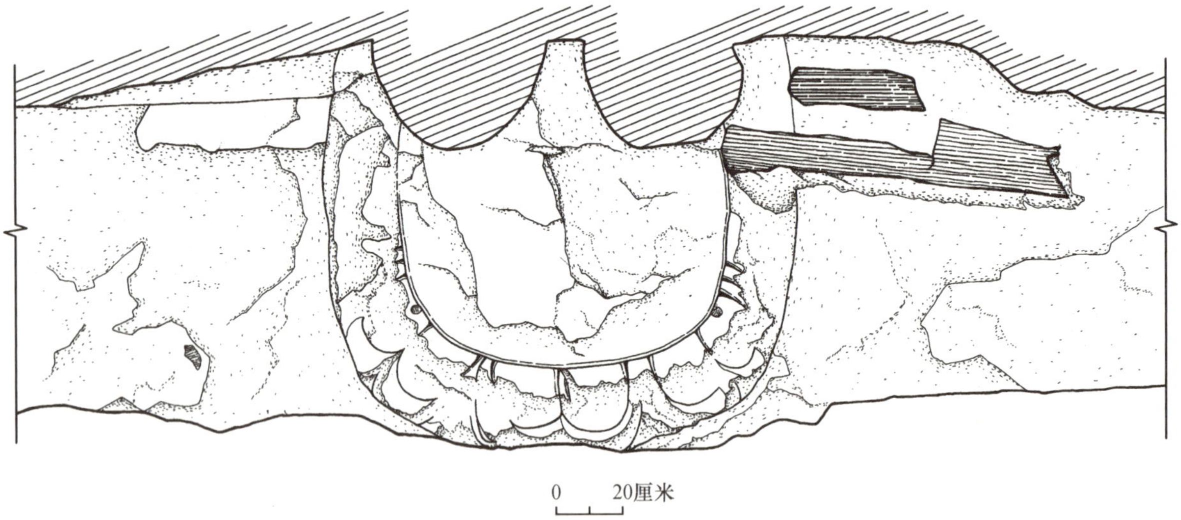

图三　正壁大龛前大莲座

找到二胁侍的证据：第535-10号龛左侧长方形题记框左下方与正壁大龛右上方之间，有原来右侧胁侍头光痕迹；正壁大龛左上方与第535-29号龛右下方之间有左胁侍头光残痕（图六）。由此，可以确定正壁大龛前方的低覆莲座早于大龛开凿，它原来属于一尊立于正壁的造像，且两侧有胁侍像，三尊像都有头光。莲座上虽然不明显，但仍然有可能是原像脚的痕迹。

图四 正壁弥勒佛脚下的小莲台与前面的大莲台（北—南）

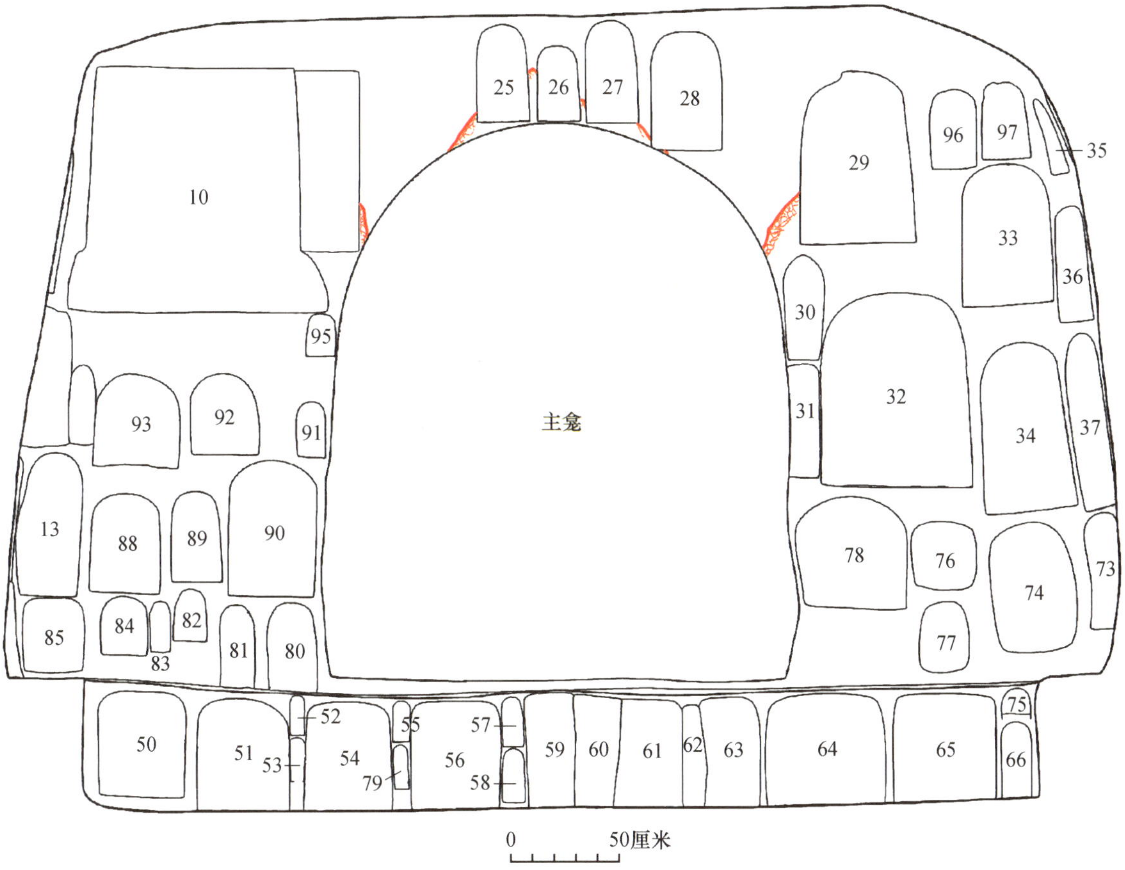

图五 正壁大龛立面早期头光遗迹分布图

从正壁原来主尊立像残存的莲座观察，莲台所在位置为原来莲花洞的后壁坛面。参考第726窟以及现存三壁倒凹字形坛宽窄不统一、边缘不整齐的情况，此低莲座所在位置也有可能是原来的地坪在后来向下开拓了约0.53米形成了现在的地坪和三壁倒凹字形坛。现存的三壁坛前面，后代开满了小龛，从造像组合、龛形、造像形态上看，大多数小龛都有武周时期的特征（图七）。

图六　正壁大龛早期头光遗迹细节（西—东）

图七　武周时期坛前小龛（西—东）

窟右壁除了主龛外，在武周时期就已经开满了小龛，武周时期有题记的小龛集中在此壁上方及主龛两侧（图八）。壁面下方，主龛左下侧后代开凿的第535-17号小龛所在岩块却高高凸出于光滑的壁面，与其他小龛不在一个平面上，说明这里很可能原来有一尊高浮雕立像被大窟改造时破坏了，留下了这块略显粗糙的岩块（图九）。窟左壁已无痕迹可寻。

图八　窟右壁造像龛分布图

莲花洞后壁的莲座像一个薄薄的毯垫，中间是圆形莲蕊，边沿一周莲瓣，这种座在北魏时期比较多见，早在邺城北魏第一期谭副造像线刻图案中就有（图一〇）[①]。莲花洞的穹顶和大莲花与北魏晚期洛阳宾阳洞窟顶莲花如出一辙，不仅窟顶形状相似，连莲花的形状、花瓣、浮雕的厚度都很相似（图一一、图一二）。唯一不同的是莲花洞的大莲花被清代彩绘后外观形状的辨识观察易受干扰（图一三）。

① 资料来源于成都市博物馆2020年1—8月“映世菩提”展展品。

图九　莲花洞535-17号龛造像（南—北）

图一〇　邺城谭副造像背面线刻莲座

图一一　莲花洞窟顶浅浮雕莲花

图一二　龙门石窟宾阳洞窟顶及莲花

再看莲花洞左侧的北魏大佛窟（第726号），此窟呈横长方形，弧壁，穹顶，与莲花洞窟形相似，不同的是顶上没有大莲花。但此窟三壁各立一尊大像，均立于低覆莲座上。此三尊像的大莲座都极低，扁扁的像垫子一样，与第535窟正壁底部的大莲座一样，都是一圈莲蕊，一圈覆莲瓣。左右壁二菩萨莲座边缘已看不清莲瓣，但正壁主尊莲座左侧还有两片莲瓣可以看清楚，与第535窟正壁底部大莲座几乎一样（图一四）。

由此，可以推测，第535窟最初开凿于北魏时期，其风格元素与第726窟一样，来源于北方，与北魏都城洛阳关系密切。若如此，则第226、535、726窟为千佛崖现存的三个北魏洞窟（图一五）。从外立面看，第535窟原地坪略高于其左侧的第726窟，而与第726窟左右相邻。三个北魏窟中北侧的第226窟面积最小，位置稍高于前二者，距离也稍远，为北魏晚期典型的三壁三龛式结构。第535窟在开凿之初与第726窟一样都是佛殿窟，二者结构、布局基本相同，只是武周时期被改造成了三壁三龛窟。

图一三　莲花洞窟顶浅浮雕彩绘莲花

图一四　千佛崖第726窟主尊的低莲座

图一五　千佛崖北魏时期洞窟位置示意图（西—东）

三、开窟年代的重新认识

这次调查发现正壁与右壁大龛都有后代改造的遗迹。正壁主尊脚前的大莲花与窟顶大莲花均早于现存三壁三龛大像。三壁大龛在武周时期经过改造，现在所存的倒凹字形坛可能是原来三壁造像的坛，也可能是将原来地坪下降约0.53米形成的，改造年代即原来认定的开窟时间：武周时期。

《广元石窟内容总录・千佛崖卷（下卷）》等有关资料将莲花洞的开凿年代确定为初唐。依据是此前洞内最早的有造像题记的小龛535-10的左侧外壁上有“大周万岁通天二年”（697年）题记[①]，内容是王行淹“敬造释迦牟尼佛一铺，救苦观世音菩萨一躯”。正壁的第535-10号龛应该就是所造“释迦牟尼佛一铺”，右壁的第535-6号龛为其所造的救苦观世音菩萨一躯。因此，当时将大窟开凿的时间下限定为武周万岁通天年间。

从窟内现有题记看，第535-6、535-10、535-99号都开凿于武周时期。在第535-1号龛左侧也发现了一则题记，虽然目前被烟苔覆盖，不能识读，但此则题记字体与第535-99号龛相同，且两龛相邻，龛形相同，很可能是同一时期开凿。这几个有题记的武周小龛均位于大窟前壁、右壁、右壁与后壁交界处，位置都比较高，靠近右壁和正壁大龛。证明这几龛为大窟三壁大龛开凿之后不久即开凿的小龛。同时，也进一步说明大窟三壁大龛的时代下限是武周时期。

这次发现正壁大龛主尊前的莲花非现存大龛中主尊所有，现存大龛为破坏了此莲花上的大像后重新雕刻，原来大像的头光还有残留。再对比窟顶大莲花，与洛阳龙门宾阳洞中的大莲花非常相似。因此，推测此窟开凿于北魏后期，武周时期在三壁开了大龛。从右壁残存的石块、正壁大龛主尊后移的情况看，开凿三个大龛时底部壁面可能略有后移，或者右壁原来的造像下部没有清理干净，留下了一块岩石。这块岩石高高凸出于现在的窟壁，而且如果右壁原来有像的话，此岩石正好应该是造像所在的位置，后代又在这块高高凸起的岩块上开凿了第535-17号龛。

改造之后立即有人在窟内补凿小龛，所以现在可以看到大量后代补凿的小龛。虽然只有四个小龛有武周时期题记，但对比窟内众多小龛，从造像风格上看，应该全部雕刻于唐代，且大多数有武周时期的风格。特别是三壁坛正面的武周风格小龛，大部分都与大窟改成三壁三龛的年代一致。

现存的倒凹字形坛有两种可能，一是原来（北魏）开窟时即是三壁设坛的形式，武周时在坛正面开了一周小龛。还有一种可能，即武周时期将三壁造像改成三壁三龛的同时，将地坪向下降了约0.53米，形成现在看到的倒凹字形坛。这样推测的理由有两点：一是与之时代相同、布局相同的第726窟没有凹字形坛，三壁造像直接站立在毯垫一样的低莲座上；二是三壁的坛边缘不太整齐，若是原来开凿的坛应该边缘比较齐整，宽窄较一致。同时，在千佛崖对岸的皇

① “万岁通天”年号使用约一年半，从公元696年4月至公元697年9月29日。

泽寺也有一批北魏的龛窟在武周时期被改刻，均没有三壁设坛的情况。例如第15号中心柱窟，此窟三壁没有坛，改造成三壁三龛窟后，原来的飞天、菩萨裙子下摆等还有比较清楚的残迹，再加上北朝雕刻的中心柱未被改动，因此改动部分极容易辨认。再如第45号窟，亦是在武周时期被改成了三壁三龛窟，三壁同样没有坛，但北朝时雕刻的二龙交缠龛楣等时代特征明显的痕迹尚存。这些现象说明，唐代武周时期，广元有一批北朝窟龛被改造了，可作为莲花洞在武周时期被改刻的参考。

四、其他收获

除了大窟始凿年代的重新确定之外，此次调查还有三项收获，一是新增加了30多个后代补凿小龛；二是发现大窟之前有前壁，并在前壁新发现了后代（武周时期）补凿小龛，且有开龛题记；三是对莲花洞武周时期造像题材的认识。

2000年调查时确定窟内有69个后代开凿小龛，2019年12月进行维修工作前期调查时又有新发现，增加至89个，2020年7月的调查中增加至99个。其中535-99号龛位于窟前壁右上角，圆拱形龛，仅存左上角，龛内造像仅存左侧菩萨上半身。但龛外左侧两身供养人像还保存完整，戴幞头，穿窄袖长袍，身形清瘦，胡跪，是初唐时期典型的人物形象。其旁有竖刻九列造像题记，被烟苔覆盖，可识读内容有：

大周……廿……/弟子□九思奉为过往七代/先亡□□祖妣等敬造释/迦牟尼□一铺为亡灵说法/在□□龛□内庶得先亡去/兹道□永奉□仪常对王豪/俱□□□幸承□□愿□福/□□□□□子□尽无□□/田……

因此，此龛当开凿于武周时期（图一六）。

窟内开凿三壁三龛，这是北方石窟从北魏以来的传统，三龛各造一佛，即三佛题材，也是中原地区北朝以来的传统。窟内正壁主尊为弥勒佛，在佛教中弥勒佛是未来佛，说明这是造的三世佛题材，即过去、现在、未来佛。右壁为菩提瑞像，即释迦牟尼降魔成道像，也就是现在佛，那么按过去、现在、未来三世佛的概念，左壁自然应该是过去佛燃灯佛。释迦牟尼着袒右袈裟，戴七宝项圈的样式，是唐初去印度的使者王玄策随行画家摹写回国，带到长安，各地再去摹写流传的菩提瑞像。在千佛崖第366号窟内的“菩提像铭”中对其在中土的来源、时间及流传说得很清楚，佛教典籍中也有相应记载。而将弥勒佛放在窟内正中位置，与武则天自称弥勒佛，为夺取唐的政权制造舆论的历史背景有关。天授元年“东魏国寺僧法明等撰写《大云经》四卷，表上之，言太后乃弥勒佛下生，当代唐为阎浮提主，制颁于天下。”[①]因此，莲花

① 司马光. 资治通鉴：卷二百四. 唐纪二十［M］. 北京：中华书局. 2022：6581.

图一六　莲花洞前壁第535-1与535-99号龛局部（东—西）

洞开凿的以弥勒佛为主尊的三壁三龛时间上限当不早于天授元年（690年），与龙门石窟摩崖三佛龛的开凿原因相同。

窟内的大量元素也反映出此窟与长安造像的密切关系。除前述三大龛造像外，大量的小龛中也可以看到武周前后长安的元素。窟中大量的小龛多集中开凿在这一时期，组合为一佛二菩萨像的有10龛，单尊地藏像8龛，指日月瑞像7龛，单身菩萨立像35龛。这些小龛中大多数佛像面部丰圆，宽肩，隆胸，收腰，许多佛像不出衣纹。菩萨立像多扭腰站立，裙摆紧、窄，透出双腿轮廓，露出双膝和脚踝。衣裙紧贴身体，不出衣纹，显露出身体的轮廓，这与唐初僧人不断参访印度，并带回笈多时期产生的秣菟罗造像风格有关。又“天后时，符瑞图谶为上下所同好，自后秘密神异之说风行”[①]，莲花洞中菩提瑞像、指日月瑞像等题材的流行还应该是这种历史背景下的产物。

① 汤用彤. 隋唐佛教史稿［M］. 北京：中华书局，2016：27.

后　记

广元，地处川北要冲，凭借其特殊的地理位置，自古以来便是兵家必争之地。回溯南北朝时期，广元地区的政权归属频繁更迭，在北魏、南梁、西魏、北周之间交替易主。这些政权皆佛事兴盛、造像繁多，受此影响，开窟之风逐渐传入广元。20世纪80年代，广元老城区豫剧团曾两次出土佛教造像，其中的北魏延昌三年（514年）造像碑有力地证明了至迟在北魏晚期广元地区的佛教活动已然兴起。独特的地理位置使广元成为北方佛教造像艺术传入蜀地的首站，在四川佛教造像艺术研究领域占据重要地位。因此，深入探究广元地区佛教造像艺术的发展脉络，对推动四川地区佛教造像的研究工作意义重大，有利于相关研究的全面开展与深度拓展。

自2017年起，当时的广元市千佛崖石刻艺术博物馆（现广元石窟研究所）联合四川省文物考古研究院、四川大学考古文博学院、西南民族大学等单位，针对千佛崖莲花洞展开了多次考古调查。经过不懈努力，取得了一系列阶段性成果，为广元地区北朝造像的保护与研究工作注入了新的活力。基于前期丰富的考古资料积累，以及对相关研究的不断深入，2021年9月，我所正式启动《广元千佛崖莲花洞考古报告》的编写工作。

在项目实施过程中，我们得到了国家文物局、四川省文物局和广元市文化广电旅游局（广元市文物局）的大力支持与悉心指导。敦煌研究院、云冈研究院、龙门石窟研究院、大足石刻研究院、麦积山石窟研究所等文博单位的同仁慷慨相助，赠予他们出版的考古研究专著，为我们提供了宝贵的借鉴经验。四川大学考古文博学院的白彬、董华锋等诸位先生审阅了考古报告的初稿。科学出版社的柴丽丽女士在考古报告排版、校对等方面投入了大量的精力。在此，向所有在《广元千佛崖莲花洞考古报告》编纂过程中给予帮助的单位和个人致以诚挚的感谢。

在工作推进过程中，我们还延伸出“广元千佛崖摩崖造像题记研究”“广元千佛崖摩崖造像大佛窟（第726号窟）考古调查与整理”“广元千佛崖摩崖造像千佛窟（第689号窟）考古调查与美学研究”等多项四川省文物局文物博物馆领域科研课题。通过不断细化工作成果，使研究内容更加扎实、具体。此外，《广元千佛崖莲花洞考古报告》也是2023年度国家社会科学基金项目“四川广元千佛崖摩崖造像北朝洞窟考古调查与研究”的重要阶段性成果之一。

在石窟寺考古调查以及考古报告编写工作的记录、测绘、拍摄等环节，我们严格遵循国家文物局颁布的《石窟寺考古报告编写体例指南》的要求开展工作，同时充分考虑石窟寺文物的独特特征，力求在规范与特点之间达到平衡。然而，受精力与能力所限，调查编写过程中难免存在疏漏与错误。在此，我们诚恳地希望广大读者能够批评指正，助力我们在后续的报告编写工作中不断改进、提升。

王剑平

2025年3月14日

千佛崖摩崖造像全景图（西北—东南）

图版二

1. 公路铁路崖壁图（西南—东北）

2. 千佛崖摩崖造像正射影像图（西北—东南）

千佛崖崖壁图

第535窟崖壁近景图（西北—东南）

图版四

第535窟外立面（西北—东南）

1. 金牛道（南—北）

2. 石栏桥（西北—东南）

金牛道、石栏桥

1. 罗汉像窖藏遗址（西南—东北）

2. 栈道孔（东南—西北）

罗汉像窖藏遗址、栈道孔

第535窟正壁（西北—东南）

第535窟北壁（西南—东北）

第535窟南壁（东北—西南）

第535窟正壁大龛北魏台座遗存

1. 正壁大龛上方北魏头光遗迹（西北—东南）

2. 正壁大龛左侧北魏头光遗迹（西北—东南）

3. 正壁大龛右侧北魏头光遗迹（西北—东南）

第535窟正壁北魏遗迹

1. 北壁北魏遗迹全景（西南—东北）

2. 北壁大龛左下方北魏石坯（西南—东北）

3. 北壁大龛左侧北魏头光遗迹（西南—东北）

第535窟北壁北魏遗迹

第535窟南壁北魏遗迹（东北—西南）

1. 低坛全景（西北—东南）

2. 低坛正面图（西北—东南）

第535窟低坛全景、低坛正面图

1. 低坛右面图（西南—东北）

2. 低坛左面图（东北—西南）

第535窟低坛右面、左面图

第535窟窟顶

第535窟地面

第535窟正壁大龛全景（西北—东南）

第535窟正壁大龛主尊（西北—东南）

1. 头部正面（西北—东南）

2. 头部左侧面（西—东）

第535窟正壁大龛主尊头部

第535窟正壁大龛左侧菩萨（北—南）

图版二二

1. 头部正面（北—南）

2. 头部左侧（西北—东南）

3. 发冠（北—南）

第535窟正壁大龛左侧菩萨头部

1. 瓔珞（北—南）

2. 帔帛（西北—东南）

第535窟正壁大龛左侧菩萨衣饰

第535窟正壁大龛右侧菩萨（西北—东南）

1. 头部正面（西北—东南）

2. 头部右侧（北—南）

3. 发冠中央立佛发饰（西北—东南）

第535窟正壁大龛右侧菩萨头部

第535窟北壁大龛全景（西南—东北）

第535窟北壁大龛左壁（西北—东南）

图版二八

第535窟北壁大龛主尊（西南—东北）

1. 头部正面（西南—东北）

2. 头部侧面（南—北）

第535窟北壁大龛主尊头部

1. 项链（西南—东北）

2. 腕钏（西南—东北）

第535窟北壁大龛主尊项链、腕钏

1. 左手（西南—东北）

2. 右手（西南—东北）

第535窟北壁大龛主尊左右手姿势

图版三二

第535窟北壁大龛菩萨（西—东）

1. 头部正面（西—东）

2. 头部左侧（西南—东北）

第535窟北壁大龛菩萨头部

1. 项圈（西—东）

2. 璎珞（西—东）

第535窟北壁大龛菩萨项圈、璎珞

1. 左手腕钏（西—东）

2. 右手腕钏（西—东）

3. 右臂臂钏（西—东）

第535窟北壁大龛菩萨腕钏、臂钏

第535窟南壁大龛全景（东北—西南）

1. 左壁（东—西）

2. 右壁（北—南）

第535窟南壁大龛左、右壁

第535窟南壁大龛主尊（东北—西南）

1. 头部正面（东北—西南）

2. 头部右侧（东—西）

第535窟南壁大龛主尊头部

1. 右手（东北—西南）

2. 左侧衣角（东北—西南）

第535窟南壁大龛主尊右手、左侧衣角

第535窟南壁大龛菩萨（北—南）

1. 头部正面（北—南）

2. 头部右侧（东—西）

3. 臂钏、腕钏（东—西）

第535窟南壁大龛菩萨头部、臂钏、腕钏

1. 瓔珞（北—南）

2. 帔帛（北—南）

第535窟南壁大龛菩萨瓔珞、帔帛

第535-1龛全景（西南—东北）

1. 第535-1龛主尊（西南—东北）

2. 主尊左手手势（西南—东北）

第535-1龛主尊及其左手手势

1. 头部远景（西南—东北）

2. 头部近景（西南—东北）

3. 头部左侧（南—北）

4. 头部右侧（西—东）

第535-1龛主尊头部

1. 第535-1龛左侧菩萨（西北—东南）

2. 第535-1龛左侧菩萨头部（西—东）

3. 第535-1龛左侧菩萨头部左侧（西北—东南）

第535-1龛左侧菩萨

1. 第535-1龛右侧菩萨（南—北）

2. 第535-1龛右侧菩萨头部（南—北）

3. 第535-1龛右侧菩萨头部右侧（西南—东北）

第535-1龛右侧菩萨

1. 第535-2龛（西南—东北）

2. 第535-3龛（西南—东北）

3. 第535-4龛（西南—东北）

第535-2、535-3、535-4龛

1. 第535-5龛全景（西南—东北）

2. 第535-5龛主尊（西南—东北）

第535-5龛全景、主尊

1. 第535-5龛主尊头部（西南—东北）

2. 第535-5龛主尊身体、台座、手部（西南—东北）

3. 第535-5龛左侧菩萨（西南—东北）

4. 第535-5龛右侧菩萨（西南—东北）

第535-5龛主尊细部及两侧菩萨

1. 第535-6龛（西南—东北）

2. 第535-6龛造像头部（西南—东北）

3. 第535-6龛造像左手（西南—东北）

4. 第535-6龛造像右手（西南—东北）

第535-6龛

1. 第535-7龛（西南—东北）

2. 第535-7龛左侧菩萨（西南—东北）

3. 第535-7龛右侧菩萨（西南—东北）

1. 第535-8龛（西—东）

2. 第535-8龛造像头部（西—东）

3. 第535-8龛造像左手（西—东）

4. 第535-8龛造像右手（西—东）

第535-8龛

1. 第535-9龛（西南—东北）

2. 第535-9龛造像头部正面（西南—东北）

3. 第535-9龛造像头部左侧（南—北）

4. 第535-9龛造像右手（西南—东北）

第535-9龛

图版五六

1. 第535-10龛全景（西北—东南）

2. 第535-10龛造像全景（西北—东南）

第535-10龛全景

1. 第535-10龛主尊（西北—东南）

2. 第535-10龛主尊左手
（西北—东南）

3. 第535-10龛主尊右手
（西北—东南）

第535-10龛主尊

1. 第535-10龛左侧弟子（北—南）

2. 第535-10龛左侧弟子头部（北—南）

3. 第535-10龛左侧弟子手部（北—南）

第535-10龛左侧弟子

1. 第535-10龛左侧菩萨（北—南）

2. 第535-10龛左侧菩萨头部（北—南）

3. 第535-10龛左侧菩萨左手（北—南）

第535-10龛左侧菩萨

1. 第535-10龛左侧力士及狮子（北—南）

2. 第535-10龛左侧力士头部（北—南）

3. 第535-10龛左侧狮子（北—南）

第535-10龛左侧力士、狮子

1. 第535-10龛右侧弟子及菩萨（西—东）

2. 第535-10龛右侧力士（西北—东南）

第535-10龛右侧弟子、菩萨、力士

1. 第535-11龛（西—东）

2. 第535-11龛造像右手（西—东）

第535-11龛

1. 第535-12龛（西—东）

2. 第535-13龛（西—东）

3. 第535-14龛（西南—东北）

第535-12、535-13、535-14龛

1. 第535-15龛（西南—东北）

2. 第535-15龛造像头部正面（西南—东北）

3. 第535-15龛造像头部右侧（西—东）

4. 第535-15龛造像右手（西南—东北）

第535-15龛

1. 第535-16龛（西南—东北）

2. 第535-16龛造像头部（西南—东北）

3. 第535-16龛造像左手（西南—东北）

4. 第535-16龛造像右手（西南—东北）

第535-16龛

1. 第535-17龛（西—东）

2. 第535-17龛造像头左侧（南—北）

3. 第535-17龛造像左手（西北—东南）

4. 第535-17龛造像右手（西南—东北）

第535-17龛

1. 第535-18龛（西—东）

2. 第535-18龛造像头部（西—东）

3. 第535-18龛造像头左侧（南—北）

4. 第535-18龛造像右手（西—东）

第535-18龛

1. 第535-19龛（西—东）

2. 第535-19龛造像头部（西—东）

3. 第535-19龛造像左手（西北—东南）

4. 第535-19龛造像右手（西北—东南）

第535-19龛

1. 第535-20龛（西北—东南）

2. 第535-20龛造像头部
（西北—东南）

3. 第535-20龛造像右手
（西北—东南）

1. 第535-21龛（西南—东北）

2. 第535-22龛（西南—东北）

3. 第535-22龛造像头部（西南—东北）

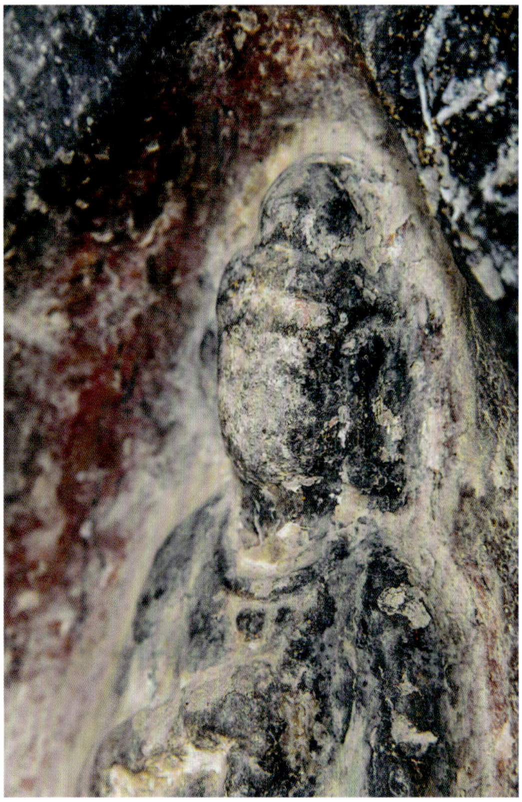

4. 第535-22龛造像头左侧（南—北）

第535-21、535-22龛

1. 第535-23龛（西南—东北）

2. 第535-23龛造像头部（西南—东北）

3. 第535-24龛（西南—东北）

第535-23、535-24龛

1. 第535-25龛（西北—东南）

2. 第535-25龛造像头部（西北—东南）

3. 第535-26龛（西北—东南）

4. 第535-26龛造像头部（西北—东南）

第535-25、535-26龛

1. 第535-27龛（西北—东南）

2. 第535-27龛造像头部（西北—东南）

第535-27龛

1. 第535-28龛（西北—东南）

2. 第535-28龛造像头部（西北—东南）

3. 第535-28龛造像左手（西北—东南）

4. 第535-28龛造像右手（西北—东南）

第535-28龛

1. 第535-29龛（西北—东南）

2. 第535-29龛造像右手（西北—东南）

第535-29龛

1. 第535-30龛（西北—东南）

2. 第535-30龛造像头部（西北—东南）

3. 第535-30龛造像左手（西北—东南）

4. 第535-30龛造像右手（西北—东南）

1. 第535-31龛（西北—东南）

2. 第535-31龛造像头部（西北—东南）

3. 第535-31龛造像头右侧（北—南）

4. 第535-31龛造像右手（西北—东南）

第535-31龛

1. 第535-32龛（西北—东南）

2. 第535-32龛主尊（西北—东南）

3. 第535-32龛主尊右手（西北—东南）

第535-32龛全景、主尊、主尊右手

1. 第535-32龛左侧菩萨（北—南）

2. 第535-32龛右侧菩萨（西—东）

3. 第535-32龛主尊台座（西北—东南）

第535-32龛左、右侧菩萨及主尊台座

1. 第535-32龛左侧菩萨右手（西北—东南）

2. 第535-32龛右侧菩萨左手（西北—东南）

3. 第535-32龛右侧菩萨右手（西北—东南）

第535-32龛左侧菩萨右手及右侧菩萨左、右手

1. 第535-33龛（北—南）

2. 第535-33龛造像左手（北—南）

3. 第535-34龛（北—南）

第535-33、535-34龛

1. 第535-35龛（东北—西南）

2. 第535-35龛造像头部（东北—西南）

3. 第535-35龛造像左手（东北—西南）

4. 第535-35龛造像右手（东北—西南）

第535-35龛

1. 第535-36龛（东北—西南）

2. 第535-36龛造像头右侧（东—西）

第535-36龛

1. 第535-37龛（东北—西南）

2. 第535-37龛造像左手（东北—西南）

3. 第535-37龛造像右手（东北—西南）

第535-37龛

1. 第535-38龛（东北—西南）

2. 第535-38龛造像头部（东北—西南）

3. 第535-38龛造像左手（东北—西南）

4. 第535-38龛造像右手（东北—西南）

第535-38龛

1. 第535-39龛（东北—西南）

2. 第535-39龛主尊（东北—西南）

3. 第535-39龛左侧菩萨（东北—西南）

4. 第535-39龛右侧菩萨（东北—西南）

第535-39龛

1. 第535-40龛（东北—西南）

2. 第535-40龛造像左手（东北—西南）

3. 第535-40龛造像右手（东北—西南）

第535-40龛

图版八八

1. 第535-41龛（东北—西南）

2. 第535-41龛造像头部（东北—西南）

3. 第535-42龛（东北—西南）

4. 第535-42龛造像右手（东北—西南）

第535-41、535-42龛

1. 第535-43龛（东北—西南）

2. 第535-43龛造像头部（东北—西南）

3. 第535-43龛造像手印（东北—西南）

1. 第535-44龛（西南—东北）

2. 第535-44龛主尊（西南—东北）

3. 第535-44龛左侧菩萨（西南—东北）

4. 第535-45龛（西南—东北）

第535-44、535-45龛

1. 第535-46龛（西南—东北）

2. 第535-46龛造像头部（西南—东北）

3. 第535-46龛造像右手（西南—东北）

第535-46龛

1. 第535-47龛（西南—东北）

2. 第535-47龛造像头部（西南—东北）

3. 第535-47龛造像左手（西南—东北）

4. 第535-47龛造像右手（西南—东北）

第535-47龛

1. 第535-48龛（西南—东北）

2. 第535-48龛造像头部（西南—东北）

3. 第535-48龛造像右手（西南—东北）

第535-48龛

1. 第535-49龛（西南—东北）

2. 第535-49龛造像头部（西南—东北）

3. 第535-49龛造像左手（西南—东北）

4. 第535-49龛造像右手（西南—东北）

第535-49龛

1. 第535-50龛（西北—东南）

2. 第535-50龛主尊（西北—东南）

第535-50龛全景、主尊

1. 第535-50龛左侧菩萨（北—南）

2. 第535-50龛右侧菩萨（西—东）

3. 第535-50龛左侧菩萨头部（北—南）

4. 第535-50龛左侧菩萨左手（北—南）

第535-50龛左右侧菩萨

1. 第535-51龛（西北—东南）

2. 第535-51龛主尊（西北—东南）

第535-51龛全景、主尊

1. 第535-51龛左侧菩萨（北—南）

2. 第535-51龛左侧菩萨头部（北—南）

3. 第535-51龛右侧菩萨（西—东）

4. 第535-51龛右侧菩萨头部（西—东）

第535-51龛左右侧菩萨

1. 第535-52龛（西北—东南）

2. 第535-53龛（西北—东南）

第535-52、535-53龛

1. 第535-54龛（西北—东南）

2. 第535-54龛主尊（西北—东南）

3. 第535-54龛主尊头部（西北—东南）

4. 第535-54龛主尊头右侧（北—南）

第535-54龛全景、主尊

1. 第535-54龛左侧菩萨（北—南）

2. 第535-54龛左侧菩萨（北—南）

3. 第535-54龛右侧菩萨（西—东）

第535-54龛左右侧菩萨

1. 第535-55龛（西北—东南）

2. 第535-56龛（西北—东南）

3. 第535-56龛主尊（西北—东南）

第535-55、535-56龛及其主尊

1. 第535-56龛左侧菩萨（北—南）

2. 第535-56龛右侧菩萨（西北—东南）

3. 第535-56龛主尊手势（西北—东南）

第535-56龛主尊手势、左右侧菩萨

1. 第535-57龛（西北—东南）

2. 第535-58龛（西北—东南）

3. 第535-58龛造像头部（西北—东南）

第535-57、535-58龛

1. 第535-59龛（西北—东南）

2. 第535-59龛造像右侧面（北—南）

3. 第535-59龛造像右手（西北—东南）

第535-59龛

1. 第535-60龛（西北—东南）

2. 第535-60龛造像手部（西北—东南）

第535-60龛

1. 第535-61龛（西北—东南）

2. 第535-61龛造像左手（西北—东南）

第535-61龛

1. 第535-62龛（西北—东南）

2. 第535-62龛造像（西北—东南）

3. 第535-62龛造像头部（西北—东南）

4. 第535-62龛造像头右侧（北—南）

第535-62龛

1. 第535-63龛（西北—东南）

2. 第535-63龛造像头部（西北—东南）

第535-63龛全景、造像头部

1. 第535-63龛造像头部左侧（西—东）

2. 第535-63龛造像头部右侧（东北—西南）

3. 第535-63龛造像左手（西北—东南）

4. 第535-63龛造像右手（西北—东南）

第535-63龛造像头侧、手部

第535-64龛全景（西北—东南）

1. 第535-64龛主尊（西北—东南）

2. 第535-64龛主尊头部（西北—东南）

3. 第535-64龛主尊手部（西北—东南）

第535-64龛主尊

1. 第535-64龛左侧弟子（西北—东南）

2. 第535-64龛左侧菩萨（西北—东南）

3. 第535-64龛左侧供养人（西北—东南）

第535-64龛左侧弟子、菩萨、供养人

1. 第535-64龛右侧弟子（西北—东南）

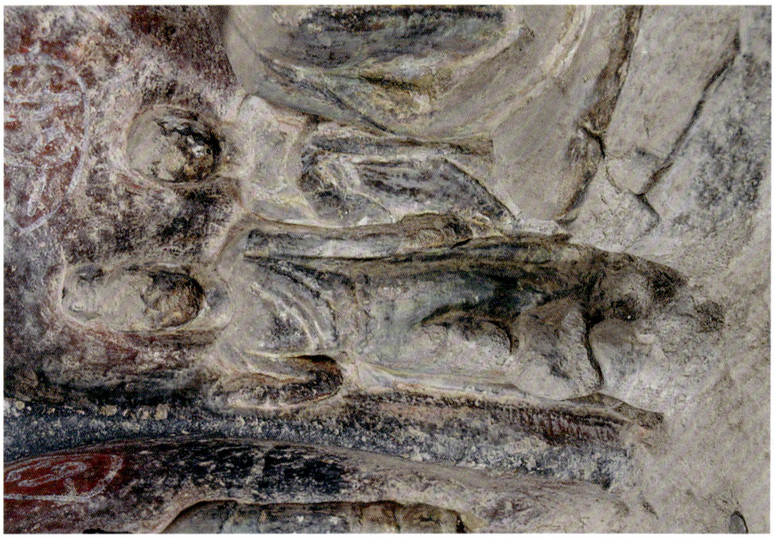

2. 第535-64龛右侧菩萨（西—东）

3. 第535-64龛右侧供养人（西—东）

第535-64龛右侧弟子、菩萨、供养人

1. 第535-65龛（西北—东南）

2. 第535-65龛主尊（西北—东南）

3. 第535-65龛左侧菩萨（北—南）

4. 第535-65龛右侧菩萨（西北—东南）

第535-65龛

图版一一六

1. 第535-66龛（北—南）

2. 第535-67龛（东北—西南）

3. 第535-68龛（东北—西南）

4. 第535-69龛（东北—西南）

第535-66、535-67、535-68、535-69龛

1. 第535-70龛（东北—西南）

2. 第535-71龛（东北—西南）

3. 第535-72龛（东北—西南）

4. 第535-73龛（北—南）

第535-70、535-71、535-72、535-73龛

1. 第535-74龛（北—南）

2. 第535-76龛（北—南）

3. 第535-75龛（北—南）

第535-74、535-75、535-76龛

1. 第535-77龛（北—南）

2. 第535-78龛（北—南）

3. 第535-79龛（西北—东南）

4. 第535-80龛（西北—东南）

第535-77、535-78、535-79、535-80龛

1. 第535-81龛（西北—东南）

2. 第535-81龛造像左手（西北—东南）

3. 第535-81龛造像右手（西北—东南）

第535-81龛

1. 第535-82龛（西北—东南）

2. 第535-83龛（西北—东南）

3. 第535-84龛（西北—东南）

4. 第535-85龛（西北—东南）

第535-82、535-83、535-84、535-85龛

图版一二二

1. 第535-86龛（西南—东北）

2. 第535-87龛（西南—东北）

第535-86、535-87龛

1. 第535-87龛造像头部（西南—东北）

2. 第535-87龛造像头右侧（西—东）

3. 第535-87龛造像手部（西南—东北）

第535-87龛细部图

1. 第535-88龛（西北—东南）

2. 第535-89龛（西北—东南）

3. 第535-90龛（西北—东南）

第535-88、535-89、535-90龛

1. 第535-91龛（西北—东南）

2. 第535-91龛造像头部（西北—东南）

3. 第5325-91龛造像左手（西北—东南）

4. 第5325-91龛造像右手（西北—东南）

第535-91龛

1. 第535-92龛（西北—东南）

2. 第535-93龛（西北—东南）

第535-92、535-93龛

1. 第535-94龛（西北—东南）

2. 第535-94龛造像头部（西北—东南）

3. 第535-94龛造像左手（西北—东南）

第535-94龛

1. 第535-95龛（西北—东南）

2. 第535-96龛（北—南）

第535-95、535-96龛

1. 第535-97龛（北—南）

2. 第535-97龛造像双手捧宝珠（北—南）

第535-97龛

1. 第535-98龛（西北—东南）

2. 第535-99龛（东南—西北）

第535-98、535-99龛

1. 第535-99龛菩萨（东南—西北）

2. 第535-99龛左侧供养人（南—北）

第535-99龛细部图

1. 实拍图

2. 微痕提取

第535-6龛左下方题记（西—东）

1. 实拍图

2. 微痕提取

第535-10龛左侧题记（西北—东南）

第535-16龛左侧题记（西南—东北）

第535-22龛右侧题记（西南—东北）

第535-24龛左侧题记（西南—东北）

1. 实拍图

2. 微痕提取

第535-25龛外右侧题记（西北—东南）

1. 实拍图

2. 微痕提取

第535-28龛左侧、535-29龛右侧题记（西北—东南）

1. 实拍图

2. 微痕提取

第535-29龛右侧下方题记（西北—东南）

1. 实拍图

2. 微痕提取

第535-39龛外左侧题记（东北—西南）

第535-47龛左侧题记（西南—东北）

第535-65龛左壁题记（东北—西南）

第535-67龛右侧题记（东北—西南）

1. 实拍图

2. 微痕提取

第535-99龛左侧题记（南—北）

1. 千佛崖与金牛古蜀道（西南—东北）

2. 千佛崖北段（西—东）

千佛崖崖壁图

（采自常盘大定、关野贞《中国文化史迹》）

1. 千佛崖北段龛窟（东北—西南）

2. 千佛崖535号莲花洞（北—南）

千佛崖崖壁与莲花洞

［采自伯施曼《中国的建筑与景观（1906—1909年）》］

千佛崖全景（西北—东南）
（采自谢阁兰《中华考古图志》）

1. 千佛崖北段全景（东北—西南）

2. 千佛崖535号莲花洞（西北—东南）

千佛崖全景

［采自梁思成《梁思成全集》第三卷《西南建筑图说（一）——四川部分》］

1. 千佛崖535号莲花洞前（西—东）

2. 千佛崖崖壁北段（东北—西南）

千佛崖崖壁及崖前道路

（广元石窟研究所旧藏资料）

图版一五〇

1. 张大千1943考察敦煌石窟返川时和友人在千佛崖前合影（东北—西南）

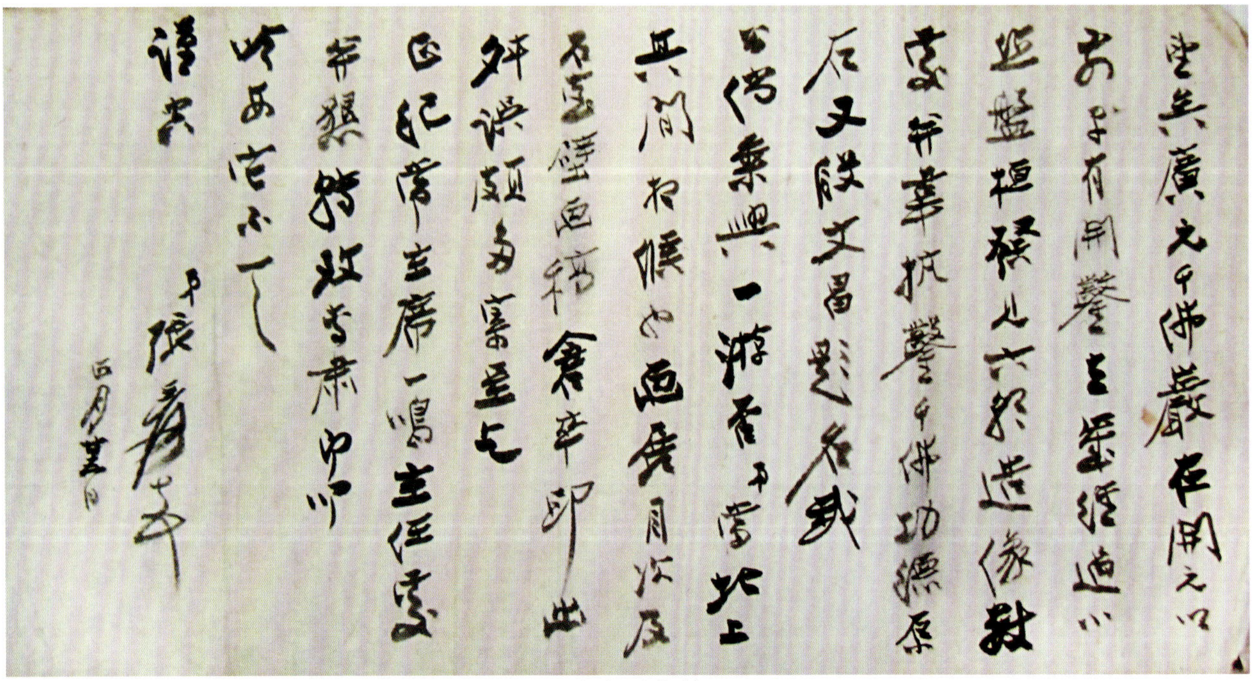

2. 张大千信件

张大千考察千佛崖摩崖造像

千佛崖全景（东北—西南）

（20世纪50年代拍摄，四川省文物考古研究院供图）

千佛崖第535窟（北—南）

（20世纪50年代拍摄，四川省文物考古研究院供图）

千佛崖第535窟右壁（西南—东北）

（20世纪50年代拍摄，四川省文物考古研究院供图）

千佛崖第535窟左壁（东北—西南）
（20世纪50年代拍摄，四川省文物考古研究院供图）

千佛崖崖壁及崖前公路（西南—东北）
（20世纪50年代拍摄，四川省文物考古研究院供图）

1. 项目组成员张亮进行窟龛描述（北—南）

2. 项目组成员何睿琦进行图片采集（南—北）

3. 项目组成员舒灵扬进行线图校对（西南—东北）

4. 项目组成员侯文嫣进行线图绘制（西南—东北）

工作照

1. 项目组组长王剑平组织北朝洞窟调查（南—北）

2. 项目组成员调查北朝洞窟（东南—西北）

1. 项目组成员开展洞窟调查（北—南）

2. 项目组成员开展图片采集（西北—东南）

工作照

1. 项目组成员开展线图绘制（西南—东北）

2. 项目组成员开展图片采集（东北—西南）

工作照

1. 项目组成员开展洞窟调查（长梯搭设在20世纪水泥支护上）（西—东）

2. 项目组成员开展线图绘制（东北—西南）

工作照